환황해 협력 1

환황해
해양경제협력과 자원개발

양희철 편저

郭锐 李宝刚 金银焕 田涛 공저
宋伦 田其云 玄东日 王璇
刘永虎 尹增强 陈勇 杨军
陈雷

서 문

　반폐쇄해인 황해를 둘러싼 한국과 중국, 그리고 북한은 지역해 환경보전과 자원관리라는 강한 생존적 협력 수요에 직면해 있다. 그러나 동북아를 둘러싼 정치 및 군사안보, 지역패권 확보 등의 구조적 갈등 요소는 황해지역을 기반으로 하는 국가 간 협력을 어렵게 하는 요인으로 작용하고 있다. 물론 황해를 둘러싼 정치 구조적 장애요인도 있다. 한국과 북한의 장기적 갈등과 지역해 패권확보를 위한 강대국 간의 대립 역시 환황해의 안정적 협력 체계의 정착을 어렵게 한다.

　그러나 황해는 전통적으로 국가 간 협력보다 지역민의 교류와 생활공간으로 먼저 활용되었다. 국가경제와 정치적 이해가 협력과 갈등을 결정하는 우선적 조건으로 작용하는 긴장구도에도 불구하고, 여전히 황해는 '지역해 거주민의 생존권'을 중심으로 결정되어야 하는 이유이다. 따라서 역내의 높은 경제적 의존에도 불구하고 군사적 경쟁과 상호 위협은 높아가는 이른바 "Asia Paradox"라는 환경적 한계의 극복을 위해서도 새로운 조정력 혹은 협력체계의 정착이 필요한 때다.

　환황해 해양발전논단은 국가 간 협력의 즉각적 이행을 의도하지 않는다. 연구영역에서의 학술적 교류와 이해를 바탕으로 황해지역의 점진적 협력확대와 지속가능한 이용을 도모하는데 있다. 협력이 가능한 영역과 불가한 영역을 제한하지도 않을 것이다. 지역해 거주민의 생존권이 경성적 이슈(hard issue)와 연성적 이슈(soft issue)를 구분하며 다가오지는 않기 때문이다. 우리는 황해로 쏟아지는 행위가 주권(主權)의 모습이건, 혹은 국가별 핵심이익(核心利益)의 모습이건 모두 거주민의 생존권에 관한 문제라는 것과 국가 간 갈등의 모든 요소에는 반드시 학술적 영역을 매개로 하는 문제해결 방식이 분명히 존재한다는 것을 믿는다. 황해를 매개로 하는 모든 국가 정책 역시 타당하고 정당한 이유에 기반 한다는 것 역시 이해한다.

환황해 해양발전논단은 한국해양과학기술원 해양정책연구소(소장: 양희철)가 주최/주관하여 2016년 12월 12일 중국 청도에서 처음 개최되었다. 환황해 해양발전논단에서 참여자들은 연구성과의 우수성을 서로 공유하고, 국가간 갈등 요소에 대하여는 바람직한 해결방향과 정책적 제언을 모색할 것이다. 해양환경, 해양자원(수산, 광물), 해양공간계획, 신재생에너지, 기후변화, 해양재난, 원자력안전, 해양질병 등 모든 영역에서 정보교류와 연구협력 기반을 구축할 것이며, 황해에서 전개되는 모든 국가정책과 인간활동에 대한 이해를 제고하려고 노력할 것이다. 국가별 해양수산 정책의 소개와 최근 영역별 연구현황 및 문제점, 국가 간 우위에 있는 연구동향과 접근방법, 한계 등에 대한 자발적 협력은 환황해 해양발전논단을 더욱 지혜로운 플랫폼으로 확대하는 기반이 될 것이다. 환황해 해양발전논단에서는 특히 북한의 참여를 지속적으로 유도할 것이며, 해양수산 영역에서 북한의 제도적 관리체계 구축과 발전, 지역해 연구 정보와 기술적 성과 확산을 위해서도 노력할 것이다.

우리는 환황해 협력이 국가의 이익을 주제로 하는 거대한 담론이 아닌 황해를 터전으로 하는 지역민의 생존을 위한 협력으로 점진적 전환이 선행되어야 한다고 본다. 이를 위해 환황해 해양발전논단은 항상 열려있다. 국가기관, 연구기관, NGO, 학계 모두가 대상이다. 다만 주제는 각국의 이익을 위한 발제와 논의가 아닌 황해의 해양수산 지식을 공유하고 지속가능한 발전이 정착되는 지역해로 전환시키기 위한 협력이어야 한다.

환황해 해양발전논단은 황해를 매개로 하는 국가 간 교류와 신뢰의 한계를 타개하기 위하여 한국과 중국학자를 중심으로 추진되었다. 제1회 회의에서는 중국의 요녕성 해양수산과학연구원, 대련해양대학, 연변대학, 중국국가해양국 제1해양연구소, 중국수산과학원, 길림성 사회과학원, 중국해양대, 산동성 해양 및 어업청, 중국어업협회 등 약 23명이 참석하였으며, 한국에서는 한국해양과학기술원 해양정책연구소 8명의 전문가가 참여하였다.

환황해 해양발전논단은 중국과 한국, 그리고 아직은 참여가 제한된 북한 학자를 주축으로 추진된다. 이들은 국가 혹은 남북간 갈등의 일면을 가지면서도, 항상 동일한 지역해를 매개로 공동의 생존방식과 협력을 고민하여야 하는 현재의 정착자들이기 때문이다. 그러나 황해는 현재와 다음 세대가 지속가능한 이용을 위해 끊임없이 소통하여야 하는 세대와 세대 간의 터전이어야 한다. 황해의 발전이 국가, 개인, 혹은 도시의 것이 아닌 환황해 지역민의 생존을 위해 계획되고 이용되며, 존재되어야 하는 이유다.

환황해 해양발전논단은 협력을 의제의 기조로 하면서도, 자국의 해양정책 현안과 해양환경의 현재, 해양과학기술의 개선과 발전을 위한 노력과 성취, 황해 해양문제에 관한 반성적 회고를 진솔하게 담아내면서 상호 이해의 폭을 넓히고자 한다. 따라서 환황해 해양발전논단에 참석하는 모든 학자들은 영역별 전문가이면서, 지역해 생존을 모색하는 활동가이며, 지역해 협력을 위해 국가의 의지를 유도하는 정책결정의 조력자이기도 하다.

환황해 해양발전논단의 참석자들의 모습 또한 이러한 취지와 기대에서 벗어나지 않았다. 더할 수 없는 참석자들의 적극성과 의지에 감사의 마음을 전한다.

환황해 해양발전논단에 참여하신 모든 전문가를 대표하여

양 희 철

목 차

1. 북한의 경제변화 및 전망 1
   玄东日(Xuan Dongri)

2. 중국 두만강경제구와 북한 경제협력에 관한 연구 19
   郭锐(Guo Rui)

3. 중국의 해양전략과 길림성 동북아 해상협력에 관한 고찰 41
   王璇(Wang Xuan)

4. 북한의 해양자원개발연구 동태 65
   玄东日(Xuan Dongri)

5. 중국 황해해역 해양에너지 개발 현황 및 발전전망 75
   田其云(Tian Qiyun)

6. 황해분지 지질구조 및 석유자원 개발에 관한 연구 107
   李宝刚(Li Baogang)

7. 북황해 수산업의 지속가능한 발전을 위한 새로운 메커니즘 145
   宋伦(Song Lun)

8. 황해지역 수산자원 보존에 관한 법적쟁점 고찰 165
   金银焕(Jin Yinhuan)

9. 북황해 해조장(海藻場) 조성 기술에 대한 연구 및 응용 189
   田涛(Tian Tao), 陈勇(Chen Yong), 刘永虎(Liu Yonghu), 杨军(Yang Jun),
   尹增强(Yin Zengqiang), 陈雷(Chen Lei)

* 본 총서는 한국해양과학기술원 연구과제 "동북아 해양의 평화적 관리협력을 통한 남북한 통일시대 해양정책 수립 연구" 및 "동북아 해양갈등 관리를 통한 남북한 해양정책 수립 연구"의 일환으로 발간되었다.

환황해 해양경제협력과 자원개발

01
북한의 경제변화 및 전망

玄东日(Xuan Dongri)

북한의 경제변화 및 전망

玄东日(Xuan Dongri*)

국문초록

본 논문에서는 2012년 북한 김정은체제가 들어오면서 북한경제 변화를 두 가지 방면으로 서술하면서 향후 북한경제를 전망해 보았다. 북한 경제변화를 정책적인 측면과 경제성과적 측면으로 나누어 서술하였다. 정책적인 측면에서의 변화는 특구개발구 확대신설, 기업 "관리방식조치"시험실시, 농촌분조관리책임제(포전담당제) 도입실시와 경제관리통제권 내각귀속에 관하여 논의하였으며, 북한의 경제변화 성과 부분에서는 2013년 북한 GDP총액은 249.98억불, 2014년에는 261.32억불, 일인당 GDP 1,013불로서 전년대비 7.5% 성장, 2013년 양식 생산량은 566만 톤, 2014년 571만 톤 등 경제적인 수치에 대하여 서술하였다. 향후 전망에서는 경제강성국가에 내포되어 있는 세 가지 내용을 바탕으로 향후 발전전망을 세 가지 측면으로 추정해 보았다.

키워드: 북한경제, 김정은체제, 북한경제의 변화, 경제강성국가, 발전전망

---

* 연변대학교 경영학과 교수, 연변대학교 동북아연구원장. 메일 drxuan@ybu.edu.cn.

I. 서론

　오랜 세월동안 북한은 국제사회에서 신비로운 면사에 드리워 다른 사람들이 그 진짜 모습을 파악하기 어려웠다. 그 주요 이유는 첫째, 정보공개 채널이 너무 협소하다는 점이다. 둘째, 북한은 종래로 통계자료를 대내외에 공개하지 않는다는 점이다. 셋째, 북한의 대부분 정책들은 문건으로 작성되어 공포 실시되는 것이 아니라 최고영도자의 연설과 담화들에서 표현되고 풀이된다는 점이다. 넷째로는 북한 전 지역 내 자유로운 지역적 유동이 통제되고 있고 외국인일 경우 더욱 그러하다고 할 수 있다는 점이다. 이런 맥락에서 볼 때, 지난 4년간 북한의 변화를 객관적이면서 비교적 정확하게 해독해낸다는 것은 쉬운 일이 아니라고 생각된다. 그럼에도 불구하고 북한의 변화를 주시하고 해독해 내려고 하는 이유는 지난 20년간 북한은 줄곧 국제사회 제재 속에서 변화와 발전이 이루어졌다는 점 그리고 현재 진행 중인 유례없는 국제사회 대북제재가 향후 북한경제에 어느 정도의 악영향을 미칠 것인가는 지켜봐야 알겠지만 분명한 것은 북한이 자기식대로 계속 변화와 발전을 추구할 것이라는 것만은 틀림없을 것이라고 확신한다는 점이다. 그렇다면 북한의 변화가 국제사회에 주는 시사점은 무엇일까? 국제사회가 북한의 새로운 변화 속에서 제재 외에 다른 해결책 실마리를 찾을 수는 없을까? 라는 의문을 제기하고 싶다.

　2012년 김정은체제가 들어서면서 북한지역에서는 조용히 변화의 조짐을 보여 왔다. 북한변화의 중심에는 경제강성국가 건설이라는 이슈가 공식 등장하면서 대외교류 대폭확대(개방이 아닌 개방), "경영관리방식"개선(개혁이 아닌 개혁)이 시작되었다. 2012년 4월 15일 김일성주석탄생100주기 기념행사에서 김정은 제1국방위원장은 "새로운 세기 산업혁명의 불꽃을 지펴 경제강성대국건설의 길로 나가자!"라는 연설을 하였다. 4월 19일 김정은 제1국방위원장은 로동신문에, 우리는 반드시 인민생활개선을 위한 경제강성대국 건설의 위대한 전변을 이룩하자"라는 연설을 발표하였다. 현재 국제사회 일부학자들은 이 두개 연설을 김정은집권 근 4년간의 북한대내정책기본기조라는 분석을 내놓고 있다. 이런 맥락에서 보면 고 김정일 국방위원장시대 선군정치 기치 하에 "강성대국전략(1999년)" 실행 중심을 국방건설(핵무장)에 두었다면 김정은 시대에 들어오면서 선군정치기치 하에 "강성대국전략" 중심이 서서히 인민생활개선을 중심으로 하는 경제강성대국 건설로 전환되고 있다고 볼 수 있다. 2013년 북한은 "핵무장과 경제병진" 노선을 선포하면서 국제사회 지속적 비난을 받아왔다. 물론 대외적으로는 계속 핵무장을 주장하고 있지만 대내적으로는 인민생활개선과 향상을 둘러싸고 경제회생과 재건을 위하여 유례없는 개선 조치들을 시험실시하면서 안간힘을 쓰고 있는 모습도 주목하여야 할 부분이라고 본다.

II. 북한의 새로운 경제변화

2011년말 김정은 체제가 들어서면서 가장 먼저 추진한 것이 "12.18그룹"(전문가자문기구) 전문가를 구성하여 순차적으로 중국 등 세계 여러 나라에 파견하여 세계 여러 나라들의 부동한 경제발전 모델과 경험을 수집하여 북한 경제 회생과 재건에 참고적인 자문을 제공하게 되었다고 전해졌다. 2012년에 들어서면서 북한의 변화가 시작되는데 아래와 같은 두 가지 방면으로 정리할 수 있다.

2. 정책적인 측면에서의 변화

1) 특구개발구 확대신설

개성공단, 금강산, 나선특구에 이어 2014년 6월에는 원산-금강산국제관광특구 〈원산, 금강산, 마식령, 문천시와 주변 7개군 일부지역을 통합(개발총면적, 436km^2)〉를 지정하였고 7월에는 신의주 특구 〈신의주지구, 신의주시 중심지역을 포함하여 마전동, 당적동, 남민리, 대계도지구; 대계도를 중심으로 신도, 임도, 다사도(개발총면적:63km^2)》를 지정하였다. 2013년 5월 "개발구법"을 제정하였고 각 도 산하 13개 개발구지정, 2014년 6월 6개, 2015년 2개 추가 지정하였다. 현재 총 6개특구와 21개 개발구를 설정하였다.

개발구는 (1) 공업개발구, (2) 농업개발구, (3) 관광개발구, (4) 수출가공구, (5) 고신기술개발구 등 다섯가지 유형으로 나뉜다. 특구와 개발구설립의 주목적은 첫째로 비록 제한되어 있지만 일종 "개방"의 시험으로 볼 수 있고 둘째로 외국투자유치라고 할 수 있고, 셋째로 북한식(우리식) 발전모델 모색이라고 할 수 있다. 북한은 2012년 5월과 2014년 5월 평양에서 대형투자설명회를 개최하였고 몇년간 줄곧 중국의 베이징, 창춘, 다롄 등지에서 투자설명회와 상품전시회 등 행사를 진행하여왔다. 특히 나선지역의 경우 2012년부터 공식 등록된 외국기업이 50여 개 늘어났고 외국계은행도 5개 등록되어 있으며 2014년 6월까지 나선지역 외국투자총액이 4.1억유로에 달한다.

2) 기업 "관리방식조치" 시험실시

2013년부터 북한에서는 우리식관리방식 개선이란 명분하에 기업에게 "독립채산권"을 부여하는 개선조치를 시험실시하기 시작하였다. 구체적인 내용을 보면 크게 두 가지라 할 수 있다.

첫째는 정부로부터 하달되던 계획지표들을 대폭 축소하고 동시에 기업이 시장을 상대로 독립 · 자주적으로 경영하는 지표를 늘였다는 것이다. 동시에 상황에 따라 정부지표를 기업지표로 전환시킬 수 있다. 둘째로 정부는 기업에 최저한도의 자금과 물자만 조달하고 기업은 제품판매 이윤을 정부와 나눈다는 형식이다.

기업은 나눈 이윤을 확대재생산에 투입할 수도 있고 종업원의 노임향상과 기타복지에도 쓸 수 있다. 북한 측 소개에 따르면 "관리방식개선"조치를 선행 시험 실시한 기업들은 엄청난 효율상승효과와 노임상승효과를 가져왔다고 전해지고 있다. 소개에 따르면 관리개선조치를 실시하지 않은 분야에서의 노동자들의 월노임을 4,000원대로 보면 관리개선을 실시한 분야의 노동자들 월노임은 20만~30만, 개별적 분야는 50만원에 달한다고 전한다. 일부 중국학자들은 "관리방식개선"조치를 지난 80년대 초반 중국 국유기업의 "확권양익(扩权让利)" 개혁과 흡사하다고 분석하고 있다. 북측 소개에 따르면 2014년부터 특수 업종을 제외하고는 "관리방식개선"조치가 전면적으로 확대보급 되었다고 전해지고 있다.

3) 농촌분조관리책임제(포전담당제) 도입 실시

2013년부터 북한 협동농장들에서 "분조관리책임제"를 도입하기 시작하였다. 2014년의 확대를 거쳐 현재는 전 지역에 포전 담당제를 보급시켰다. "분조관리책임제"의 구체내용을 들여다보면 형식상에서는 원래 10~20명으로 구성된 분조형태를 줄여 적게는 3~5명으로 구성하고 어떤 분산거주마을에서는 심지어 두개 농호를 분조로 구성시켰다고 한다.

내용상에서 보면 분조를 단위로 노동량을 기입하고 노동성과를 계산하며 지역의 구체적인 상황에 근거하여 "포전담당"책임제로도 할 수 있다. 분조관리책임제 도입 목적은 첫째로 농민들의 노동적극성을 최대한 동원하는 것이고 둘째는 농민들의 노동과 노동성과물을 더욱 긴밀히 결합시키는데 있다. 북한 측 관련기구 연구보고에 따르면 2013년 "분조관리책임제"시험실시 중에서 효과가 가장 좋은 것이 2개 농가를 분조로 한 시험이었다고 전하고 있다. 분조관리책임제의 특징은 두개의 측면에서 볼 수 있는데 하나는 노동효율의 증대이고 여기에 따르는 양식생산량의 증가라고 볼 수 있다. 다른 하나는 분조단위의 노동성과와 분배를 직접 연결시킨다는 데 있다. 이것이 농민들의 분배수익과 직접연결될 수 있다는 점이다. 현재 북한의 "분조관리책임제(포전담당제)"는 중국 농촌에서 지난 80년대 중반 정착된 농가중심경영방식(包产到户, 包干到户)에는 미치지 못했지만 80년대 초반 "연산책임제(联产责任制)"에는 상당히 근접된 변화로 볼 수 있다.

4) 국가경제통제권 내각에 집중(국민경제재건)

지난 80년대 후반부터 북한경제는 급속한 하락세를 보여왔다. 계획경제제도를 뒷받침하는 공급제도가 무너지기 시작하면서 시장이 생겨났고, 90년대에 들어서면서 "당경제"와 "군부경제"(특수경제)가 등장하면서 북한경제는 "고난의 행군"이라는 최악의 상황을 맞이하게 된다. 현재 북한경제는 "내각경제(정부경제)", "당경제(특수경제)", "군부경제(특수경제)", "시장경제" 등 4개 부분으로 분리되어 중앙정부차원에서 국민경제 통제가 상당히 어려운 상황에 빠져버렸다.

2012년 김정은 체제가 들어서면서 이러한 국면을 바로잡기 위하여 4월 6일 김정은 제1국방위원장은 "경제강성대국의 실현과 인민생활개선의 혁명적 전환을 위하여 경제사업에 관계되는 모든 권한을 반드시 내각에 집중시켜야 하며 철저하게 내각의 통일영도하에서 문제를 해결하는 규칙과 질서를 확립해야 한다"란 강화를 발표하였다. 이를 계기로 원 군부소속에서 산업전망이 가장 좋은 5개 광산 (생장광산, 남계광산, 대흥광산, 룡양광산, 쌍룡광산)과 4개 가공기업 (성진내화물공장, 대흥 마그네시아크링카분공장, 룡양 마그네시아크링카분공장, 단천 마그네시아크링카공장)을 1차적으로 내각 산하에 귀속시킴으로서 국가경제통제권을 내각에 집중시키는 전환을 시작하였다. 국민경제통제권확립을 위하여 2013년 3월 개각을 실시하여 경제통으로 불리는 박봉주를 내각총리로 임명하여 새로운 경제관리개선과 경제관리 부서를 조정 강화시키고 모든 "경제관리개선" 조치들을 내각에서 통일적으로 관리하는 새로운 양상을 보여 왔다. 북한 측 소개에 따르면 현재 내각에서는 수시로 전문가들을 불러들여 "관리개선"조치를 둘러싸고 여러 가지 프로젝트들을 연구하고 시범적으로 추진하는 것으로 전해지고 있다.

2. 이룩한 경제성과

2012년 김정은 정권이 들어서면서 위에서 언급한 정책적 변화에 힘입어,

경제건설 분야에서 뚜렷한 변화가 일어났다. 특히 북한 전 지역 생산성기업과 농촌지역에 유례없는 기업의 생산증대 고조와 노동자들의 노동적극성 붐이 일어나기 시작하였다. 2013년 북한 GDP총액은 249.98억불, 2014년에는 261.32억불, 일인당 GDP 1,013불로서 전년대비 7.5% 성장, 2013년 양식 생산량은 566만 톤, 2014년 571만 톤, 2015년에는 전년수준과 비슷할 것으로 짐작하고 있다. 2014년도 국가예산은 예산수익 2조 5억 9,700만원(북한화폐), 예산지출은 2조 4억 3,410만 원(북한화폐)으로 전해지고 있다.

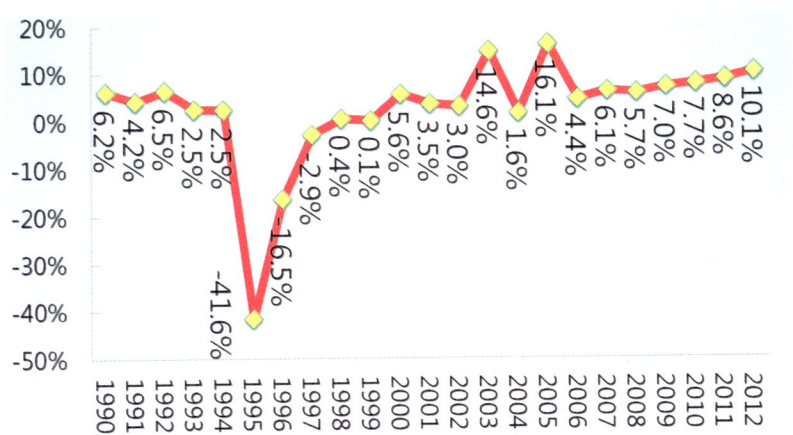

출처: 일본조선대학 박재훈 교수("조선경제현황"논문에서 발췌, 2013년9월6일)
[그림-1] 국가예산 증가 추세(1990~2012년)

구체적인 산업분야 경제성과를 보면 북한에는 제철산업과 화학공업을 국가산업의 두개의 기둥으로 여기고 있다. 제철분야에서는 2009년 성진제철소의 코크스를 사용하지 않는 제철기술 성공에 이어, 2015년 황해제철소에서는 무연탄 산소 제철기술 개발 성공으로 오랫동안 외국 코크스 수입에 의존하는 국면을 끝내고 자력자강이라는 새로운 토대 하에 철강산업 발전의 획기적인 계기를 마련하였다고 할 수 있다. 남흥·흥남 화학연합기업소를 대표로 하는 화학공업분야에서는 석탄의 가스화 개발에 이어 질소비료 생산에서도 상당한 증진을 보이고 있다.

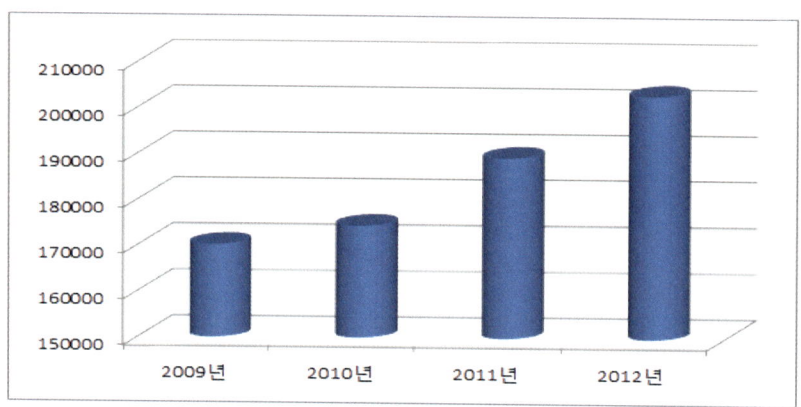

출처: 일본조선대학 박재훈 교수("조선경제현황"논문에서 발췌, 2013년9월6일)

[그림-2] 질소비료 생산 증가율(2009년~2012년)

자강도 희천연하기계연합기업소에서는 개발한 CNC기술로 장시간 낙후된 제철산업 및 발전소들의 설비개조가 개시되면서 CNC기술이 기타 산업으로의 응용이 나날이 늘어가고 있다. 특히 인민생활개선을 구현하는 경공업분야에서 연 1,000만 켤레 생산능력을 갖춘 평양 양말공장이 가동, 김정숙 방직공장에서는 가방원단 국산화 생산에 성공 및 천연염색 국산화 성공으로 오랫동안 외국수입으로만 가능했던 방직-침직 산업발전에 새로운 계기를 마련하였다고 전해진다. 평양현대화식료품공장 가동, 평양대동강맥주 중국유럽 수출, 천년화장품 국산화 개발 성공 및 시장투입 등은 주민생활 개선에 새로운 활기를 불어넣고 있다.

국민들의 식생활과 직접 관련된 농업분야에서는 식량문제 안정화와 증대를 위하여 상당한 우량종자 개발 및 우량종자 파종면적 확대, 수십만헥타르 규격 포전 정리(800km^2, 1000km^2)완료, 황해도 물길건설을 대표로 하는 전국 수백km 자연흐름식 물길건설 완료, 경운기, 비료, 농약, 박막 등 영농물자

생산 분야에서 뚜렷한 회복과 증가세를 보이고 있고 축산부분에서는 국영축산, 농장축산, 개인부업축산을 병행하면서 세포지구의 대규모축산기지건설을 추진하고 있다. 최근 축산업발전 중에 사료문제를 해결하고자 외국에서 인입한 종자로 북한의 풍토에 순화시켜 생산성과 영양가가 높은 "애국풀" 개발 성공으로 양식 대용 사료문제 해결에 새로운 계기가 열렸다고 전해지고 있다. 수산분야에서는 지난 80년대 중반기 일인당 수산 소비량이 세계적 수준에 도달했던 목표를 회복하고자 새로운 어로체계와 어로방법 확립 물고기 저장시설과 가공확대, 철갑상어와 대서양 연어 양식성공을 바탕으로 800여종의 수산자원개발에서 더 많은 어종을 바다양식, 강과 호수양식 개발로 끌어들이고 있다. 이밖에도 경공업과 농업분야에서 많은 새로운 성과와 기상들이 나타나고 있다.

III. 향후 북한경제 전망

지난 5월7일에 열린 북한노동당 7차 대회는 새로운 김정은시대 진입을 명분화, 공식화하였다고 볼 수 있다. 정치적 측면에서 보면 고김정일 선군정치시대가 김정은의 당중심의 새로운 시대전환이라고 볼 수 있고 경제적 측면에서 보면 김정일시대 강성국가(사상정치강국, 군사강국, 경제강국)전략의 중심을 군사강국건설에 두었다면 김정은시대 강성국가전략 중심은 서서히 경제강성국가로의 전변이라고 볼 수 있다.

경제적 시각에서 주목해야 할 부분은 이번 노동당 7차 대표대회에서 향후 국가발전 5개년 전략을 제시한 부분이라고 볼 수 있다. 앞서 있은 신년사에서 김정은 제1국방위원장은 "우리당은 인민생활문제를 천만가지 국사가운데 제1국사로 내세우고 있습니다."라고 제시한 바 있는데 이번 당대회의 김정은의 연설은 신년사의 연장선에서 김일성주석의 주체사상, 김정일 국방위원장의 선군정치, 인민생활 향상을 제 1국사로 한줄에 연결시키고 일원화함으로써 향후 전략적 발전방향을 제시하였다고 분석할 수 있다. 물론 북한의 특징상 선대의 유훈을 계승한다는 명분하에 주체사상의 존엄과 선군정치 하에 핵무장 강화, 국방건설강화를 우선시하는 제법을 사용하겠지만 지난 4년간 김정은의 대내적인 정책취향을 살펴보면 인민생활향상을 목표로 한 경제건설 중심으로 걸어온 것만은 틀림없다. 인민생활문제를 제 1국사로 내세운다는 표현은 인민생활향상을 취지로 하는 경제건설을 첫자리에 놓고 추진하겠다는 확고한 신념의 표시이다. 또한 2012년 4월 15일 김일성탄생100주기 열병식에서 "우리인민들이 다시는 허리띠를 조이지 않게 하겠다는 것이 우리당의 확고한 신념이다"는 연설의 연장선이고 구체화라고 볼 수 있다. 지난시기 북한은 선후로 두 차례의 7개년 계획을 제정 실시하였고 3차에 걸친 과학기술발전 5개년 계획을 실시한바 있지만 획기적인 인민생활의 경제변혁을 이룩하지 못했다. 그 이유는 국가발전계획 자체가 중공업 위주의 체계와 국방을 우선시하는 기조에서 제정되어 시행되었기 때문에 국가경제실력 성장에는 도움이 되었겠지만 인민생활 향상에 까지는 직접적인 연결이 될 수 없었다는 한계가 있었다.

그러나 이번에 제정된 5개년 발전전략은 인민생활 향상을 우선시하는 기조에서 제정되어 시행되었다는 점에 주목할 필요가 있다고 본다. 특히 지난 4년간 관리개선 조치를 실시하면서 광범위한 생산부분의 적극성이 고조되었고 생산효율이 대폭 증대되는 상황 하에 시장 활성화도 상당히 진척이 된 상황이고 광대한 국민들의 부의 욕망이 상당히 움터 있는 상황에서 실시되는 만큼 그 기대효과를 크게 볼 수 있다는 점이다. 미국의 미래학자 토플러는 "부의 미래"라는 책에서 중국의 개혁개방을 서술하는 대목에 이런 말을 하였다. 중국 덩쇼핑의 가장 위대한 업적은 10억 중국인들 가슴에 부의 욕망을 지펴주었다는 점이다. 이는 부의 욕망이 개혁개방정책과 아울러 지난 30여 년 간 중국 경제 급성장의 원동력이 되었다 해도 과언이 아닐 것이다.

북한의 경우도 지난 4년간의 대외교류확대(제한된 개방), 관리제한조치실시(제한된 개혁)를 하면서 광범한 국민들의 부의 욕망이 상당히 부풀려져 있는 시점에서 향후 지속적인 북한식 개선조치확대와 새로운 탐색과 아울러 북한 경제강성국가 건설이 획기적인 변화의 원동력으로 적용할 수 있다는 점이다. 향후 북한경제발전은 경제강성국가 건설 5개년 발전전략 맥락에서 추이할 수 있을 것으로 본다.

북한 경제강성국가 전략에는 아래와 같은 세 가지 내용이 포함되어있다.

첫째: 경제강성국가는 수선 인민대중이 자주적 요구와 이익을 구현한 인민대중 중심의 사회주의 경제강국이다. 이것은 경제강성국가건설의 기본 원칙으로 강조되어 있다.

둘째: 자립적 민족경제 건설의 길, 자립으로 국건한 경제강국을 건설하려는 것이다. 이것은 경제강성국가 건설의 방향을 제시하는 부분이라고 볼 수 있다.

셋째: 지식경제산업시대 요구에 부합되는 지식경제강국이다. 이것은 경제강성국가 건설의 수단이라고 볼 수 있다.

올해 신년사에서 인민생활문제를 제1국사로 세운다는 제기는 경제강성국가 건설의 핵심원칙의 구현이라 평가할 수 있는바 지난 4년간 북한경제변화를 살펴보면 역시 인민생활개선과 향상을 중심으로 변화를 시도해 온 것은 틀림없을 것이다. 2012년 기존의 군부대 소속 5개 광산기업과 4개의 광산가공기업을 내각소속으로 전환시키고, 상기 기업의 영업소득을 인민생활 개선분야에 돌렸다는 것은 대표적인 사례라고 볼 수 있다.

향후 실시될 5개년발전 배경 하에 북한경제변화 및 전망을 추이해보면 3개 방면으로 추정 가능하다고 본다.

첫째, "인민생활을 제 1국사"로 라는 취지에서 경공업과 농업발전의 획기적인 전환을 집중 시도할 것이다. 이것을 위하여 지속적인 북한식 관리개선조치를 펴나갈 것이고 상당한 인력, 물력, 재력들을 집중하여 대폭적인 건설의 붐을 시도할 것으로 본다. 이렇게 추정하는 이유는 그 어떤 영도자도 등극초기

단계에서 백성들의 지지와 성원을 받아야 지속적인 집권이 가능한 선택이라 볼 수 있고 선대의 유훈이기도 하다. 고 김정일 국방위원장은 2007년 제1차 핵실험 이후 강성국가전략중심을 경제강성국가 건설 전환으로 지적한 바 있었다. 물론 전환을 시키지는 못했지만 유훈으로 남겼다는 것은 후계자로서의 김정은은 무조건 받들고 실현하는 것이 사명이기 때문이다. 고 김정일 국방위원장은 1999년 강성대국전략을 펴면서 2000년부터 8차례 중국을 방문·고찰한 적이 있다. 2000년 제1차 중국 방문 시 김정일은 의례적으로 "중국개혁개방은 거대한 성과를 이루었는바 덩쇼핑이 제기한 개혁개방노선은 정확하다. 북한은 이 정책을 지지한다"라고 표명하였다. 이것은 북한의 강성국가 건설에 중국의 개혁개방경험을 배우겠다는 의미로 풀이할 수 있는 대목이다. 중국개혁개방이 성공적이었던 것은 국민들의 생활개선을 첫 순위에 놓아 백성들의 지지를 받았기 때문에 가능했다는 점, 이것이 바로 북한식 발전전략에 주는 중국 경험의 시사점이라고 볼 수 있다. 지난 4년간 북한GDP 평균성장률을 7% 이상으로 추적하고 있다면 향후 5년간 특수한 변수가 없다면 GDP 성장률 8%~10%이 가능하다고 추정한다.

둘째, 자립자강의 기조에서 수입대체기업과 산업분야에 새로운 변화와 발전을 집중 시도할 것이라고 추정할 수 있다. 이렇게 보는 이유는 경제강성국가 전략에 자립적 민족경제 세우기가 포함되어 있기도 하겠지만 국제사회의 엄청난 제재 속에서 이것은 북한의 필연적인 선택일 수밖에 없기 때문이라고 본다. 오랫동안 주체사상 틀에서 자립경제를 과분하게 강조하는 측면에서 대외경제교류가 소외되었다면 결과적으로 경제기술발전수준이 뒤쳐질 수밖에 없는 것은 사실이겠지만 개별적 기업과 산업들에서는 자립자강으로 세계일류의 기업과 인재, 산업들을 만들어낼 수 있었다는 것이다. 이런 맥락에서 보면 향후 북한 경제가 총체적인 수준에서는 세계적 수준과 지속적으로 커다란 차이를 보이고 가겠지만 개별적 산업분야에서는 세계일류적인 분야들이 생겨날 것이라고 기대한다.

셋째, 지식경제를 다그치는 북한식 경제발전양상을 보일 것으로 추정한다. 2012년 4월 15일 열병식에서 김정은은 "새로운 세기 산업혁명의 불꽃을 지펴 경제강성국가 건설의 길로 나가자"라는 연설 중 새로운 산업혁명을 북한식 이해로는 예전의 산업혁명과 달리 신세기 산업혁명은 지식경제를 기반으로 하는 도약식 발전으로 풀이한다. 이런 취지에서 지식경제수준에 부합하는 인력자원 보유를 위하여 2012년 9월 25일 제12기 최고인민회의 6차 전회를 열어 12년 국민의무교육 실시를 공포한 바 있다. 이것은 지식경제발전을 지향하는 김정은의 비전을 알리는 계기라고 할 수 있다. 현재 북한의 의무교육과 인적자질 수준은 세계 어디에 내놓아도 뒤쳐지지 않을 것으로 판단하고 있다. 그렇다면 이 인적자원을 IT기술을 대표로 하는 첨단기술 산업에 접목시켜 산업화를 이끌어 낸다면 향후 북한경제발전은 새로운 양상을 띨 수 있다고 볼 수 있다. 물론 높은 교육수준과 인적자원이 첨단기술 산업과 접목에는 상당한 중계과정이 필요하고 또한 이것을 어떻게 풀고 접목시키는가 하는 과제는 향후 북한이 정책적으로 풀어나가는가는 지켜봐야 알겠지만 그 가능성만은 충분히 가졌다고 확신하고 싶다. 이런 맥락에서 보면 지식경제발전을 다그친다는 대목이 향후 북한경제발전의 새로운 이슈로 등장할 것이고 우리가 각별히 주목해야 될 부분이라고 여겨진다.

IV. 결론

그렇다면 북한의 변화를 어떻게 바라볼 것인가? 첫째로는 전략적인 변화로 보아야 한다. 둘째로는 경제회생과 재건이라는 포괄적인 변화의 시도라고 보아야 한다. 셋째로는 스스로의 변화라고 보아야 한다.

최근 북한의 변화를 두고 국제사회는 긍정과 부정의 선명한 시각 차이를 보이고 있다. 부정적 시각을 가진 사람들은 북한의 변화를 일시적 단기적 조치에 불과하고 정권이 바뀌지 않는 한 그 어떤 기대도 할 수 없다고 주장한다. 긍정적 시간을 가진 사람들은 북한의 변화를 북한 나름대로의 전략적 차원의 전변으로 설명한다. 이 두 가지 시각 차이에서 중국과 한국을 포함한 국제사회는 대북정책 조절에서 부동한 선택을 할 수 있다고 본다. 그러면 어떻게 선택을 할 것인가?

이것은 향후 동북아의 평화와 안정, 남북교류활성화 나아가서는 미래 동북아의 전면적인 경제협력에 커다란 영향을 가져올 것이라고 본다. 지난 20여년 간 북핵문제를 둘러싸고 국제사회는 줄곧 경제제재라는 카드로 해결책을 모색하였으나 지금까지 효과적인 대책은 내놓지 못하고 있는 상황이다.

현재 북핵문제를 둘러싸고 국제사회는 "이율배반"이란 난제 속에 빠져있다고 볼 수 있다. 즉 동일한 명제를 둘러싸고 국제사회와 북한은 상반된 주장을 내놓고 있다는 뜻이다. 문제는 국제사회의 북한 비핵화 주장이유와 북한의 핵무장이유가 동일한 기준에서 규정되지 않는다는 점이다. 그럼 왜 동일한 기준을 적용하지 못하는 것인가? 그것은 북한의 특수한 체제와 경직된 사고방식으로는 국제사회와 정상적인 소통이 될 수 없기 때문이라고 여겨진다. 소통이 되려면 북한은 반드시 국제사회와의 교류 속에서 변화해야 한다고 본다. 경제가 변하면 사람들의 사고방식이 변하게 되고 사고방식이 변하면 소통이 쉬워지고 소통이 되면 동일한 기준으로 상호적응이 가능할 수 있다는 점이다. 현시점에서 북한의 변화를 인정하고 또한 더욱 큰 변화를 이끌어내 북한문제 해결의 새로운 실마리를 찾아내는 것이 지금 국제사회가 고민해보아야 할 과제라고 생각한다.

참고문헌

[1] 伊集院.敦, "냉전후의 조선경제연구(冷战后朝鲜经济研究)", 2013년7월, 박사학위 논문

[2] 박재훈(일본), 조선경제현황, 2013년9월6일, 일본조선대학

[3] 리기성(북한), "인민생활향상을 제일구사로 내세우고 있는 조선", 북한사회과학원 공훈과학자 후보원사 교수/박사, 2016년 5월, 연변대학학술회

환황해 해양경제협력과 자원개발

02

중국 두만강경제구와
북한 경제협력에 관한 연구

郭锐(Guo Rui)

중국 두만강경제구와 북한 경제협력에 관한 연구

郭锐(Guo Rui*)

국문초록

두만강경제구역은 설립 이래 20여년의 발전 과정을 거쳤으며 그 과정에서 개발과 논증, 조정 및 실행, "두만강 창의(大图们倡议, GTI)"개발, 협력체계 전환의 4가지 중요한 단계를 거쳤다. 지난 20여년의 노력을 거쳐 두만강 경제구역협력은 약간의 성과를 이루었지만, 지역의 복잡한 정치 환경, 관련 국가 고위지도자의 개입 부족, 원활하지 못한 통로건설, 개발이념과 자금의 부족, 북한의 탈퇴 및 일본의 소극적인 태도 등 요인의 영향을 받아 협력으로 인한 무역효과가 기대치에 미치지 못하고 있다. 특히 북한의 탈퇴는 두만강경제구역협력의 큰 애로사항이 되고 있다. 현재로서 북한 핵문제, 기반시설 건설, 법률제도와 투자환경 등은 북한이 두만강경제구역협력에 참여할 경우를 대비하여 우선적으로 해결해야 할 문제이다.

키워드: 대두만 창의(大图们倡议), 나선경제특구, "핵·경제병진(核经并进)" 노선, 개발개방(开发开放)

---

* 길림대학교 행정대학 교수. 메일 guorui1025@126.com.

Ⅰ. 두만강경제구 경제협력의 발전과정

두만강경제구역협력은 유엔개발계획(UNDP) 이니셔티브에 의해 1990년대에 시작되었으며, 20년이 넘는 발전 역사를 가지고 있다. 이 기간 동안 개발과 논증, 조정 및 실행, "두만강 창의(GTI)" 개발, 협력체계 전환의 4가지 중요한 단계를 거쳤다. 또한 중국, 한국, 러시아, 몽골 등의 노력으로 두만강경제구역협력은 동북아시아 국가 협력의 중요한 플랫폼이 되었다.

1. 두만강경제구 협력의 발전과정

첫째, 고찰과 논증단계(1991년-1995년). 1991년 UNDP는 몽골 울란바토르와 북한 평양에서 각 회의를 주최하여 두만강구역개발을 유일하게 중점적으로 지원하는 사업으로 선정하고, 20년간 300억 달러의 자금을 지원하기로 결정하였다. 두만강구역개발을 통해 제2의 홍콩, 싱가포르, 로테르담으로 건설함으로써 동북아국가의 경제협력체를 구성할 계획이었다. UDNP는 미국 뉴욕에 두만강지역 개발항목(TRADP) 사무실을 설립하고, 동북아시아 국가 및 기타 국제기구와 함께 6차례의 위원회 회의와 10차례가 넘는 전문가 세미나를 개최했다. 해당 프로젝트는 주변 나라와 국제사회의 인정과 관심을 받게 되었다. 중국, 북한, 러시아는 관련 정책조치를 정식으로 시행하여 두만강지역에 대한 경제개발을 추진했다. 1992년 2월 27일-28일, UNDP는 한국 서울에서 두만강지역개발프로젝트(TRADP) 관리위원회(PMC)의 첫 번째 회의를 개최했다. 중국, 북한, 한국, 몽골은 정부대표를 파견하여 회의에 참석하였으며, 러시아, 일본, 아시아개발은행(ADB)은 관찰원의 자격으로 회의에 참여했다. 해당 회의는 TRADP의 진행 상황과 발전 방향에 대해 논의하였으며 관리위원회는 지역경제개발 및 협력의 4가지 원칙을 수립하였다.

① TRADP 참여국은 국가관할 영토에 대한 주권을 보유하는 조건하에 토지를 임대한다. ② 토지임대협의는 관련 국가 법률을 참고한다. ③ 임대한 토지

에 대해 국제적 관리를 시행한다. ④ 국제투자를 최대한 유치한다.

둘째, 조정과 시행단계(1995년-2005년). 1995년 12월4일-7일, UNDP는 미국 뉴욕에서 PMC의 6차 회의를 개최하였다. 중국, 러시아, 북한 대표는 〈두만강지역개발조정위원회의 관련협정(关于建立图们江地区开发协调委员会的协定)〉에 서명했으며, 중국, 한국, 북한, 러시아, 몽골의 대표는 〈두만강경제개발구역 설립 및 동북아시아 개발협상위원회의 관련협정(关于建立图们江经济开发区及东北亚开发协商委员会的协定)〉과 〈두만강경제개발구역 및 동북아시아 환경 규칙 양해각서(关于建立图们江经济开发区及东北亚环境准则谅解备忘录)〉에 서명했다. 상술한 문서에 대한 서명은 TRADP가 전반기의 이론적 타당성에 대한 연구 위주에서 실제 개발위주로 전환한 것을 의미한다. 또한 관련 국가가 공동으로 해당 구역을 개발하는 것에 대한 공식적 입장을 표명한다는 점에서 큰 의미를 갖는다.

셋째, GTI개발단계(2005년-2009년). 2005년, UNDP가 주최한 8차 TRADP 정부회의에서 중국, 북한, 한국, 러시아, 몽골은 1995년에 서명한 두 개의 협정과 하나의 양해각서를 10년 연장하는 것에 동의했다. 또한, "두만강행동계획(大图们江行动计划)"에 서명했으며 "두만강구역개발(图们江区域开发)" 명칭을 "두만강구역협력(大图们江区域合作)"으로 변경하였다. 협력 범위는 중국 동북삼성과 내몽골자치구, 북한 나진경제무역구, 몽골 국동부삼성(蒙古国东部三省), 한국 동해안 항구도시군(东部港口城市群)과 러시아 연해주까지 확장했다. 이로써 두만강구역협력은 GIT의 새로운 단계에 들어섰다. 그 외에 두만강구역협력의 주최측은 UNDP에서 참여국으로 변경하였다. UNDP는 2005년에 주최측에서 지원자로 역할을 전환할 것을 밝혔다. 모든 참여국은 공동으로 출자하여 전문기금을 설립하는 것에 동의했으며 "2005 -2015년 전략행동계획(2005-2015年战略行动计划)"을 제정했다.

넷째, 협력체계 전환단계(2009년부터 지금). GIT 이후 두만강구역협력은 동북아지역의 유일한 정부경제협력 플랫폼 및 다자간 협력체제로 거듭났다.

2009년부터 수차례의 협상을 통해 GIT 모든 참여국은 독립적인 정부국제조직을 설립하는 것에 동의했다. 2014년 9월, 중국 연길에서 개최된 15차 대두만창의(GIT)정부의 협상위원회 부장급 회의에서 GIT법률의 과도개념(过渡概念) 문서와 관련 노선도를 가결했으며 새로운 체계의 등급(级别), 조직구성(组织框架), 과도시간표(过渡时间表), 인력관리 등 기본 원칙을 확정했다. 참여국은 2016년 하반기에 내부 심사를 완성하고 독립적인 정부국제조직을 설립함으로써 두만강구역협력은 새로운 발전시기에 들어섰다.

2. 두만강경제구 협력의 문제점과 도전

첫째, 국제협력에서 획기적인 진전을 이루었다. 중국 훈춘에서 러시아 자루비노, 한국 부산, 일본 니가타(新潟)를 연결하는 항로가 개통되었으며 이는 동해 주변 지역 경제무역교류에 새로운 활력을 불어넣었다. 중국 길림성은 "중국 두만강구역(훈춘) 국제협력 시범구역(中国图们江区域(珲春)国际合作示范区)"을 설립하여 중국 동북연변지역 새로운 국제경제협력모델을 수립하여 시행했다.

둘째, 상호 간의 대외통로 건설은 실질적인 진전을 이루었다. 최근 몇 년 간 두만강지역은 해외통로 건설을 가속화함으로써 육해공(海陆空) 교통운수체계를 구축하였다. 도로운송에 있어서 중국 훈춘-북한 나진, 중국 훈춘-러시아 슬라비안카-자루비노, 중국 연길-러시아 우수리스크의 여객운송 노선을 개통했다. 철도운송과 관련하여, 중국 두만-중국 훈춘의 지방 철도와 러시아의 철도를 연결했으며, 중국 훈춘-러시아 카미소바야 국제철도는 중국과 러시아 국내의 철도망에 편입되어 운영을 개시하였다.

해상운송과 관련하여, 중국 길림성은 러시아와 북한 동해 항구를 이용하여 중국 훈춘-러시아 자루비노-한국 속초의 화물운송 노선을 개통했다. 2015년 5월 24일, 중국 훈춘-러시아 자루비노-한국 부산의 항로는 정식 개통·운행이 되었는데, 이는 중국 길림성과 흑룡강성 동부와 일본, 한국 및 북미나라를 연결하는 운수통로를 열었으며 "항구를 빌려 항해(借港出海)"하는 목표를 실현하였다. 항공운송과 관련하여, 중국 길림성은 연길공항을 증축하여 연길공항의 연간이용객이 130만 명으로 확대되었다. 이와 동시에 중국 연길- 한국 서울 항로를 개통하여 중국 두만강지역과 해외를 연결하는 항공통로를 열었다.

셋째, 지역내의 경제무역협력을 강화한다. 중국과 동북아국가는 경제개방과 개발을 추진하고 있으며 국내 경제개발구와 경제특구의 건설을 가속화하고 있다. 두만강경제협력구역 설립 20년 동안 동북아 양자경제무역 관계는 빠르게 발전했다. 예컨대 길림성은 중국의 두만강구역국제협력에 있어 중요한 거점지역의 하나로서 해외투자액은 몇 배나 증가했다.

넷째, 두만강경제구역협력은 독립 국제조직으로 승격하였다. GTI는 2016년에 독립적인 정부국제협력조직으로 승격되었으며 이러한 변화는 두만강경제구역협력을 위해 조직구성의 안전장치를 마련하였다. 독자적인 국제조직은 두만강경제구역협력이 "원인", "다국적협력"을 위한 정치적 기반을 마련하였으며, 중국과 한국, 러시아, 몽골 등 참여국의 이익창출에 유익하게 작용할 것으로 기대된다.

동북아지역은 현재 세계경제의 요충지가 되었으며 경제협력의 활성화를 위해 독자적인 국제협력조직의 설립이 필요하게 되었다고 생각된다. 아울러 두만강지역을 거점으로 공통된 이익수요를 도출할 수 있다. GTI의 전환은 각 참여국의 공통된 희망사항이라 할 수 있으며, 두만강 경제개발이 직면한 과제를 해결하는데 있어서 중요한 역할을 하게 될 것이며, 나아가 두만강경제구역 협력을 활성화할 수 있다. 또한 북한의 재가입과 일본의 참여를 이끌어냄으로써 전 세계에서 개발 잠재력이 큰 경재개발구역으로 발전시킬 수 있다.

다섯째, 두만강경제구역은 국가전략과 지방정책을 바탕으로 구역 내의 경제협력을 활성화할 수 있는 계기가 된다. "일대일로(一帶一路)"건설, 유럽아시아경제연맹(欧亚经济联盟), 유라시아 이니셔티브(欧亚倡议), 초원의 길 계획(草原之路計划) 등 참여국의 경제개발전략을 두만강구역과 연결하여 동북아지역의 경제 활성화를 실현하여야 한다. 이에 따라 중국의 "신일론 동북진흥(新一轮东北振兴)", 러시아 원동개발(远东开发), 몽골 동부발전계획(东部发展计划) 등 참여국의 지역개발전략도 신속한 발전을 이루었다.

Ⅱ. 두만강경제구역협력의 고충과 도전

두만강경제구역은 중국, 러시아, 북한 3국을 포함하여 국경을 뛰어넘는 특징을 지니고 있다. 그러나 동북아지역은 복잡하고 미묘한 지역 정치환경으로 인해 참여국 간의 정치·외교적 협력의 후퇴와 단절로 경제협력에 대한 악영향을 초래한다. 현단계에서 두만강경제구역협력은 지역의 복잡한 정치 환경, 참여국 고위간부진의 개입부족, 원활하지 못한 통로건설, 개발이념과 자금의 부족, 북한의 탈퇴 및 일본의 소극적인 태도 등 많은 고충이 있다.

첫째, 복잡하고 미묘한 지역 정치환경으로 인해 구역 내의 국가적 협력은 원만하지 않았다.

두만강지역은 중국, 러시아, 북한 3국의 경계에 있으며, 동북아시아 정치의 핵심에 위치하게 되어 특히 민감하고 복잡한 특징을 가진다. 지역구조 측면에서 보면, 냉전의 영향은 여전히 동북아시아 지역에 존재한다. 미국의 "아시아로 귀환"은 중국과 러시아를 견제하는 의도가 매우 명확하다. 조선반도의 국제정세가 더욱 심각해지고, 미국과 북한의 "말다툼(口水仗)"이 잦아짐에 따라 동북아시아 지역이 "신냉전(新冷战)"에 빠질 위험이 커져만 가고 있다.

인터랙티브(互动单元) 부문 측면에서 보면 동북아국가는 동질성을 갖고 있지 않다. 정치제도, 경제력, 지도자계층, 군사력 등은 인터랙티브 행위에 영향을 끼치는 중요한 변수이다. 동북아지역 안보의 중요성은 경제협력보다 우선시 되고 있으며 지역 내의 국가들은 국가안보를 추구하는 과정에서 서로에 대한 신뢰를 형성하지 못하였다. 특히 최근 북한과 미국, 일본, 한국과의 관계가 전쟁으로 발전할 위험성이 있으므로 정치위협과 군사위협이 경제협력과 문화교류에 부정적인 영향을 미치게 되었다. 동북아지역의 복잡하고 민감한 정치 환경의 영향으로 지역안보 유지에 어려움을 겪고 있으며, 국가 간의 전략대화가 절실한 상황이다. 이러한 정치적 요소는 두만강지역경제협력에 불리한 영향을 미치게 된다. 정치의 민감성과 협력참여의 완전성은 두만강경제지역 협력과정에 중요한 영향을 미치게 되는데 이는 지역 내의 국가적 협력이 원활하지 않은 근본적인 원인이다.

둘째, 각국 고위간부진의 개입부족은 두만강경제구역협력의 진전을 느리게 하는 중요한 원인이다.

현재 중국이 참여한 차구역(次区域) 국제협력은 상해협력조직(上海合作組织), 대메콩강차구역경제협력(大湄公河次区域经济合作)과 두만강경제구역협력(图们江经济区合作)이 있다. 구역협력의 단계에서 보면, 상해협력조직은 국가정상이 참여하는 회담이고, 매년 참여국 정상회담을 정기적으로 개최한다. 대메콩강구역경제협력은 총리급이며 3년마다 1회 지도자회의를 개최한다. 두만강경제구역협력은 장관급이며 아직까지 GTI전환을 이루지 못했다.

참여주체와 관련하여, 두만강경제협력의 참여자는 참여국의 지방정부가 주를 이루는바, 국경협력, 사회기반시설 건설 등 문제를 해결하기에는 역부족이다. 협력 영역과 관련하여 현재 GTI의 주요 업무는 교통, 관광, 무역편리화, 환경보호, 에너지협력, 농업협력, 지방협력, 기구 전환과 지역금융 9개 영역을 포함힌디. 이는 중국, 한국, 러시아, 몽골의 교통, 비즈니스, 에너지, 해관, 재정 등 관계부서와 연결되어 있으나 여전히 계획단계에 머물러 있다. 두만강경제구역협력은 국제협력에 속하고, 여러 나라의 이익이 관련되기 때문에 국가의 고위간부진의 개입과 관심이 필요하다. 따라서 규범적이고 체계적인 고층회의체계의 부재는 두만강경제협력의 발전을 느리게 하는 중요 원인 중 하나라고 할 수 있다.

셋째, 두만강경제구역 국제통로는 장기적으로 "통이불창(通而不畅)"한 상태로서 원활한 교통을 확보함으로써 두만강경제구역협력의 활성화를 실현하여야 한다.

이는 두 가지 측면에서 입증할 수 있다. ① 해상통로의 작용을 충분히 발휘하지 못하였다. 두만강구역은 현재 일차적으로 중국 바이청-중국 창춘-중국 훈춘-러시아 자루비노의 국제물류 통로를 구축하였으나 중국과 러시아의 철도 표준의 차이점과 운송화물량의 부족 및 항구건설 부족 등의 문제로 러시아의 자루미노항구의 운송 가능성이 충분히 발휘되지 못하고 있으며, 해상통로로서의 역할을 발휘하고 있지 못하다. ② "양산(兩山)" 철도 건설이 중단되었다. "양산"철도는 중국과 몽골 경계에 위치한 "아얼산(阿尔山)"과 "쵸우발산(乔巴山)"간의 철도 연결을 의미한다. 비록 중국〈동북진흥 "12.5"계획(东北振兴"十二五"规划)〉에서 "아얼산-아얼산 항구 철로(아얼산-처이발산 중국 철로)"를[1] 중국, 몽골, 러시아 국제철도 건설의 중점 프로젝트로 선정하였으며 길림성도 지속적으로 "양산" 철도건설을 추진했으나 아직까지 실질적인 진전이 없다. "양산" 철도의 부재로 인해 두만강구역 대통로는 결국 "쵸우발산(몽골)-아얼산항구(중국)-우란하오터(중국)-창춘(중국)-훈춘(중국)-자루비노(러시아)"를 연결하는 동북아 국제대통로를 완성하지 못하였다. 이는 중국 동북지역과 동북아 국가의 경제교류와 소통에 불리한 영향을 미치게 되고 나아가 두만강경제구역협력의 활성화를 저애하게 된다.

넷째, 개발이념과 개발자금 부족은 두만강구역경제발전을 느리게 하는 핵심 요소이다.

두만강구역은 중국의 동북지역, 러시아의 원동지역과 북한을 포함한다. 이 지역의 공통된 특징은 개방 정도가 비교적 낮고 경제발전이 비교적 낙후하다. 중국 동북지역의 경우 두만강경제구역 개발은 길림성, 요령성, 흑룡강성을 포함한다. 전술한 3성은 대외개방에서의 역할이 부족하고, 지역간의 지역협력

---

[1] 국가발전개혁위원회, 동북진흥 "십이오"계획 [EB/OL],http://www.ndrc.gov.cn/zcfb/ zcfbghwb/ 201203/t20120322_585490.html.(방문날짜: 2017년 9월 29일)

이 부족하다. 러시아 원동지역의 경제 또한 낙후되고 인구가 적다. 시장경제의 발전수준과 산업기반이 비교적 낙후되어 짧은 시간 내에 전면적으로 개방할 수 있는 조건을 가지고 있지 않다.

북한은 장기적으로 폐쇄된 상태이며 게다가 중국과 러시아는 북한에 대한 제재를 강화하는 추세를 보이고 있기 때문에 단기적으로 대외개방을 할 가능성이 크지 않다. 개방이념과 개방수준은 두만강구역 발전을 제한하는 핵심요소의 하나이다. 아울러 자금조달의 어려움과 재정지원의 부족은 두만강지역 개발을 느리게 하는 또 다른 핵심 요소이다. 두만강구역 인근의 러시아 및 북한의 경제발전 수준이 낮고 기반시설이 좋지 않은 관계로 지역경제협력의 활성화를 위해 기반시설에 대한 투자가 필요하다. 러시아, 몽골, 북한의 지방정부는 관할 구역의 사회기반시설 건설에 필요한 자금조달이 어렵고 금융제도의 미비로 인해 효과적인 투자자 유인책과 자금조달 능력이 부족하다.

다섯째, 북한의 탈퇴와 일본의 소극적 태도. 북한과 일본은 두만강구역 개발에 있어 중요한 국가이며, 두만강경제구역협력에 북한과 일본의 적극적인 참여가 없으면 안 된다.

북한은 두만강 하구 하류지역에 위치하며 이는 두만강에서 출항할 때 반드시 경과하는 지역이다. UNDP가 두만강구역개발프로젝트를 제안하였을 때 북한은 적극적으로 참여의사를 표시했다. 그러나 2009년 북한 제2차 핵실험을 시행한 후 당해 프로젝트에서 탈퇴했으며, 이로 인해 두만강경제구역협력의 입장이 곤란하게 되었다. 중국 동북지역 특히 길림성은 동쪽의 출항통로를 상실하게 되었다. 또한 북한의 폐쇄정책으로 인해 동북아지역 특히 중국 동북삼성의 동쪽 바다로 출항하는 해상운송 통로의 개발계획이 무산되었으며, 두만강 지역은 해외투자 유치의 경쟁력을 상실하게 되었다.

일본은 두만강개발에 적극적인 태도를 보이지 않았다. 이에는 두 가지 이유가 있다. ① 공식적인 참여국이 아닌 관찰원이기 때문이다. GTI는 현재 두만강구역의 유일한 협력소통 체계이며 중국, 한국, 러시아, 몽골이 주요 참여국이다. 일본은 비록 UNDT와 GTI의 관련 활동에는 참여하였으나 모두 관찰원의 자격으로 참여했고 두만강경제구역협력에 대해 신중한 태도를 취해왔다. ② 인식의 차이가 있다. 일본은 "동해경제권(环日本海经济圈)" 전략구상을 동북아지역 개발전략으로 확정하였다. 일본의 동해경제권전략구상과 두만강경제구역협력은 어느 정도 겹치는 부분이 있으나 핵심내용이 서로 다르다. 북한의 탈퇴와 일본의 소극적인 태도가 두만강경제구역 협력 진전에 미치는 영향을 소홀히 해서는 안 된다. 특히 북한의 탈퇴로 인해 두만강 구역 육해 연결통로 건설의 차질을 빚고 있다.

III. 두만강경제구역 협력과 북한 개혁개방의 전망

두만강경제구역협력의 진전은 북한이 대외개발협력에 대한 척도로 볼 수 있다. 두만강경제구역협력을 심화 및 가속화하는 것은 북한의 개발개방을 이론적 측면에서 정책적 측면으로 전환할 수 있는 좋은 계기이며, 북한은 두만강경제구역협력에 참여함으로써 국내 경제의 신속한 발전을 실현할 수 있다. 아울러 북한의 대외개방 수준을 한층 제고하여 일방적인 개방에서 벗어나 다자간 경제협력체제에 참여할 수 있다. 물론 북한이 "핵·경제병진"노선을 고집하는 경우 국제사회로부터 고립되고 엄격한 제재와 압박을 받을 것으로 종국적으로 두만강경제구역협력 및 북한 개발개방에 있어 불리하다.

1. 두만강경제구역협력의 심화·가속화는 북한 개발개방에 유리함

두만강경제구역협력은 동북아지역에 있어 매우 중요한 역할을 하게 될 것이다. 두만강경제구역협력은 UN에서 추진하는 중점 프로젝트로서 이행 가능성과 발전전망은 기타 지역보다 현저히 높다. 나아가 두만강경제구역협력은 북한의 개발개방을 실현하는데 있어 최고의 계기로서 프로젝트 시작단계에서 북한은 이에 대한 높은 관심과 참여의사를 표명하였다. 비록 2009년 북한 핵실험으로 인해 두만강지역개발프로젝트에서 탈퇴했으나 김정은정권 초반에 적극적인 개방의지를 보였다. 라선지역의 중심경제특구건설이 추진되고, 라선경제특구종합개발계획을 수립하여 라선경제구역의 대외개방을 추진했다. 두만강지역개발프로젝트의 시작단계에 있어서 북한에게 큰 매력으로 다가왔을 것이다. 북한은 두만강지역개발협력에 대해 정책적, 사상적으로 큰 기대를 했다.

북한 핵실험과 미사일 시험발사가 빈번해짐에 따라 국제사회로부터의 제재와 압력이 강해지고 있으며 국제사회에서 고립되고 있다. 라선경제특구 건설도 중지되었다. 북한 핵문제6자회담으로도 회복되지 않고 있어 주변국과의 협력과 대화가 차단된 상태이다. "더블 블라인드(double blind)" 국면이 동북아시아 지역에서 나타나며 정치와 안전은 민감한 화제가 되었다. 이렇게 복잡한 상황에서 경제협력과 문화교류는 현재의 상황을 이겨내는 중요한 방법이 되었다. 경제협력 영역에서 두만강경제구역 개발은 북한이 흥미를 갖고 있는 항목이다. 두만강경제구역의 협력 가속화 및 심화는 북한에게 3가지 장점이 있다.

첫째, 두만강경제구역 개발이 원활하게 추진이 된다면 중국, 러시아, 일본 등은 자본을 투입할 것이며 이는 북한의 외환 수입을 창출할 수 있다. 그리고 라선경제특구 등 개발 건설을 추진함으로써 북한경제 발전을 촉진한다.

둘째, 두만강경제구역의 해상통로를 개통하고 나아가 사회기반시설을 구축하여야 한다. 북한은 사회기반시설이 취약하고 기계설비가 낙후되었으며, 항구항만 시설의 취약으로 인해 해외무역을 연결하는 항구로서의 역할을 수행할 수 없다. 북한은 두만강지역개발프로젝트를 통해 해외자본의 철도, 도로, 항구 등 대규모 인프라 프로젝트에 대한 참여를 이끌어낼 수 있다.

셋째, 두만강경제구역협력을 강화함으로써 동북아지역 국가와의 교류를 활성화할 수 있다. 북한은 두만강경제구역협력체제를 활용하여 주변국과의 교류를 재개함으로써 서로 간 이해를 증진하고 한반도의 남북 긴장상태를 완화할 수 있으며 고립된 상태에서 벗어날 수 있다.

전체적으로 본다면 북한은 두만강경제구역협력에 대해 긍정적인 태도를 갖고 있다. 대외개방 사고는 새로운 북한 지도자의 중요한 전략으로 라선지역을 핵심경제특구로 건설하여 두만강지역개발프로젝트에 참여할 수 있도록 조치를 취해야한다. 이에 따라 두만강경제구역 협력을 촉진하는 것은 북한의 두만강경제구역협력체제에 참여하도록 이끌어주고, 라선경제특구와 두만강 경제구역협력과 연결하여 경제발전전략을 추진함으로써 실효성 있는 대외개발개방정책을 추진할 수 있게 도움을 줄 수 있다.

2. 북한개발개방은 두만강경제구역협력 활성화에 유리함

2009년 북한이 두만강경제구역협력체계를 탈퇴하기 전에 북한은 두만강지역 개발프로젝트의 주요 참여국 중 하나였으며 적극적으로 참여했다. 지리적 위치에 있어서 북한은 두만강의 하구를 점유하고 있어 두만강을 경유하는 해상통로를 개통하기 위해서는 북한의 협조가 필요하다. 하지만 한반도의 긴장된 국제정세로 인해 중국 동북지역이 동해 진입 통로가 차단되었고 해당 구역경제와 경제적 가치가 과소 평가되고 있으며, 해외자본 유치에 부정적인 영향을 미친다. 이는 해당 구역의 산업구조 조정과 업그레이드를 저해하게 되며 궁극적으로는 기타 연안지역과의 경제발전 격차를 넓혀가고 있다.

김정은 정권 초기에 북한은 대외개방에 대해 긍정적인 모습을 보였다. 라선경제특구를 핵심으로 한 대외개방창구가 점차 열렸다. 2015년 11월 북한은 라선경제특구 종합개발계획을 발표했으며 이는 관광구역 개발대상, 산업구역 개발대상, 북한기업 투자대상, 투자항목, 세금정책, 투자정책, 기업설립 절차 등 7가지 영역을 포함했다.2) 이중 세금, 투자, 산업구역과 관광구역의 개발이 핵심이다. 라선경제무역구법 규정에 따르면 관세우대를 시행하며 7가지의 면

---

2) 한국매체: 북한은 라선특구개발계획을 확정하거나 "일국양책"의 방식을 시행한다.[EB/OL].http://news.xin huanet.com/world/2015-11/19/c_12844 3816.htm.(방문날짜: 2017년 10월 7일)

세항목을 규정했다. 예컨대 "기업의 소득세율은 결산이익의 14% 또는 특별히 장려한 부분의 기업소득세율은 결산이익의 10%로 인하하며"3), 입주기업의 기타 세금우대정책도 규정하고 있다. 그밖에 외국인 또는 외국기업은 경제무역구에서 은행, 보험회사 등 금융회사를 설립할 수 있으며 투자자는 경제구역에서 그 전에 반입한 재산과 구역 내에서 합법적으로 취득한 재산을 해외로 반출할 수 있다.

그리고 이와 관련하여 발생할 수 있는 분쟁문제에 대해 소송, 조정, 중재, 판결 등 법률해결방법을 규정했다. 계획에 따르면 북한은 계획적으로 첨단기술산업, 국제물류업, 설비제조업, 일차 가공업, 경공업, 서비스업, 현대농업을 위주로 한 산업구역을 건설할 것이며 라선경제특구 내의 신해국제회의구역 등 10곳에서 관광구역을 건설할 것이다. 투자규모는 150억 달러에 달한다.4)

라선경제특구는 북한이 경제영역에서 우대정책을 시행하는 중요한 창구로서 국제 운송, 무역, 투자, 금융, 관광, 서비스지역으로 발전하고자 한다. 북한 핵문제의 영향으로 북한은 두만강경제구역협력체계를 탈퇴했지만 북한은 여전히 라선경제특구 개발 개방을 추진하고 있으며 이는 주변 나라가 두만강경제구역협력을 추진하는 것에 긍정적인 영향을 미친다. 하지만 국제사회가 북한에 대한 제재강도를 높이는 상황에서 두만강경제구역협력이 단기간에 일방적인 개발에서 다자협력으로 전환하는 것은 여의치가 않아 보인다.

3. 국제사회의 제재 강화와 북한의 "핵경제병진"노선의 조정 가능성 및 영향

북한의 "핵경제병진"노선은 두만강경제구역협력 참여를 제한하는 중요한

---

3) 조선민주주의인민공화국경제무역구역법 [EB/OL]. Naenara, http://naenara.com. kp/ch/trade/ ?law+5.(방문날짜: 2017년 10월 8일)
4) 한국매체: 북한은 라선특구개발계획을 확정하거나 "일국양책"의 방식을 시행한다.[EB/OL].http:// news.xinhuanet.com/world/2015-11/19/c_12844 3816.htm.(방문날짜: 2017년 10월 7일)

요소이다. 비록 동북아시아 국가의 조선반도에 대한 정책은 각각 다르지만 북한의 핵보유를 반대하는 입장은 기본적으로 같다. 북한 입장에서는 핵무기 개발을 고수함으로써 국가안보를 보장하고 강대국과의 직접 대화를 시도하고 있다. 이러한 상황에서 국제사회의 제재와 북한 핵도발 충돌은 점차 심각해지고 있다.

필자는 북한 핵도발에 대한 강력한 제재가 핵실험을 가속화하고, 나아가 지속적인 핵실험은 보다 강한 제재를 야기하는 딜레마에 빠지게 하였다고 생각한다. 국제사회의 강한 제재가 지속되더라도 단기간에 있어 북한의 "핵경제 병진"노선은 조정의 가능성이 크지 않다. 핵보유 입장을 고수하는 북한은 동북아지역의 안보를 위협하고 국제사회의 핵불확산원칙에도 부정적인 영향을 미친다. 주변국과 국제사회는 이러한 사실을 허용할 수 없으며, 잇따른 국제사회의 대북 제재로 북한의 핵도발을 중단시키고자 한다. 국제사회의 강력한 제재 하에 북한은 국제사회에서 고립되고 경제개방이 어렵게 되었다. 북한의 입장에서는 라선경제특구는 대외개방의 선행지역이기 때문에, 국제사회의 경제제재는 북한의 대외개방 의사에 악영향을 미칠 것이고, 최종적으로 다시 폐쇄상태로 돌아가게 할 수 있다. 이는 북한의 대외경제협력의 결심에 영향을 끼칠 뿐만 아니라 국제자본이 북한에 투자되는 것도 제한했다.

그 외에 북한의 핵보유는 두만강경제구역협력에 큰 영향을 미쳤다. 한 방면에서 북한의 핵보유는 두만강경제구역의 개발과정을 정체하게 했다. 1990년대에 들어 UNDP는 두만강지역개발계획 시행을 발표했으며 북한은 중요한 참여국가로서 적극적으로 참여했다. 라선경제특구는 북한이 두만강경제특구 개발을 참여하는 중요한 창구이다. 상술한 내용처럼 북한은 두만강경제구역 개발에 반감이 없으며, 라선경제특구를 위해 전문적으로 〈라선경제특구 종합개발계획〉 등 문서를 공포했고 관련 법률도 공포했다.

하지만, 북한의 핵보유 입장으로 인해 라선경제특구 개발을 추진하는 20여 년 동안 예상한 효과를 거두지 못했다. 국제사회의 북한에 대한 제재조치가 끊임없이 강해짐에 따라 라선경제특구 건설은 중지되었다. 북한은 이로써 두만강경제구역 개발에 참여하는 중요한 창구를 잃었고, 두만강경제구역협력도 진전이 없었다. 나아가 양자 협력 방식이 여전히 북한이 다른 국가를 두만강경제구역 개발에 참여하도록 하는 주요 방식이다. 국가 안전을 도모하는 것이 현재 북한의 가장 중요한 임무이기 때문에 국제사회의 대북 제재로 인해 북한은 GTI 다자협력체계를 포기하고 양자협력을 추진할 것으로 판단된다. 여기에서 북한이 미국, 일본, 한국과 협력할 가능성은 매우 낮으며 중국과 러시아와 협력할 가능성이 비교적 크다.

IV. 북한이 두만강경제구역협력에 참여할 때 존재하는 문제

비록 두만강경제구역협력은 북한의 적극적인 참여가 필요하지만, 북한의 참여를 이끌어냄으로써 협력체제의 활성화를 실현하기 위해서는 보다 혁신적인 사고로 북한 핵문제, 사회기반시설 구축, 북한 법률제도 미비점 보완, 투자환경 개선 등 관련 문제를 해결해야 할 것이다.

1. 북한 핵문제 두만강경제구역협력 기반 흔들

북한 핵문제는 동북아지역 협력의 주요 장애 요소로 주목되고 있으며 아울러 두만강경제구역협력이 흐지부지하게 된 주요 원인 중 하나이다. 두만강경제구역협력의 존재와 활성화에 중요한 영향을 미치는 요소는 지역 내의 국제정세의 안정이라고 할 수 있다. 이는 가장 기본적인 전제조건이다. 김정은정권은 "핵경제병진"노선을 북한 국가발전의 방향으로 삼았다.[5] 최근 몇 년 동안 북한은 빈번하게 핵실험과 미사일 발사를 시도하였으며 동북아지역의 국제정세를 긴장상태로 만들었다.

---
5) 우커량, 북한이 두만강구역협력을 참여하는 정책환경 및 전망분석 [J].사회과학전선, 2014, (12):55-60.

한반도의 남북관계도 전쟁도발 위험을 증가시키고 미국, 일본의 대북제재와 강압적인 태도는 본 지역의 취약한 균형구조를 위협하고 있다. 북한에 대한 제재와 압력이 증가됨에 따라 중국과 러시아도 점차 북한에 대한 제재강도를 높여왔다. 이는 북한과 중국, 러시아와의 경제협력과 무역에 심각한 영향을 미칠 것이다. 두만강경제구역협력은 중국, 러시아, 북한의 공동추진이 반드시 필요하며, 지역의 안전 및 안정을 잃은 큰 전제 하에서 중국, 러시아, 북한은 더 많은 지원을 해당 지역경제협력 영역에 투입할 수 없다. 국제사회의 더욱 엄격한 제재압력을 받은 북한은 쉽게 핵무기 연구개발을 포기하지 않을 것이며, 이로 인해 두만강경제구역협력은 어쩔 수 없이 정체되었다. 북한 핵문제는 두만강경제구역협력의 진일보 발전을 저애하는 핵심적인 요소가 되었다.

2. 취약한 기반시설은 북한의 경제협력 참여 및 기능 제한

북한의 취약한 기반시설은 두만강경제구역협력의 참여에 큰 제한이 되고 있다. 냉전 후 국제질서의 새로운 변화에 따라 20세기 60~70년대에 휘황찬란했던 북한의 경제는 큰 어려움이 생겼다. 1994년-2004년의 고난시기는 북한의 대부분의 자원을 소비했다. 북한 자체가 매우 폐쇄적이기 때문에 이는 한정적인 국가 재정으로는 국내 기반시설 조건을 개선할 능력이 없었다. 북한의 철도를 예를 들면, 철도시설 건설이 매우 낙후하며, 기차의 시속은 30km/h 정도만 유지할 수 있어서 북한의 물류 운송에 심각한 영향을 미쳤다. 철도 화물운송을 매우 의지하는 북한에게는 이러한 시속은 전혀 받아들일 수 없었다. 두만강경제구역협력 입장에서는 완전한 기반시설 건설은 본구역이 발전하는 중요한 기초이다. 북한은 두만강 하구에 위치하여 있으며 라선항 건설은 더욱 편리한 교통 기반시설과 충족한 전력 보장을 필요로 한다. 중국 고속철도의 빠른 발전에 따라 특히나 중국 길림성 내의 장춘-길림-훈춘의 철도 운영에 따라, 두만강지역 대통로의 주체는 이미 기본적으로 형성이 되었다. 이제 북한에 위치한 철도와 연결을 실현하는 것이 매우 시급한 문제가 되었다.

2008년, 러시아와 북한은 북한에 위치한 나진항에서 러시아 하산까지의 철도를 수리하기 시작했다. 이의 공정항목은 주로 철도의 현대화 개조, 종합물류시설 건설 등을 포함한다. 그 중 북한과 러시아는 각 30%와 70%를 출자했다.6) 하지만 이는 북한의 기반시설이 취약한 상황을 근본적으로 변화시키지 못했다. 통로가 연결되지 않고, 전력 부족 문제는 두만강경제구역 협력과정에서 북한의 역할을 심각하게 제한시키고 있다. 또한, 북한 항구가 긍정적인 역할을 발휘하지 못해 반대로 두만강경제구역협력의 능력과 수준을 제한시켰다.

3. 북한 국내 법제도와 투자환경의 불확실성

비록 북한은 라선경제특구개발을 추진하는 과정에서 라선경제특구 종합개발계획, 라선경제무역구법 등 정부계획과 법률을 제정하여 시행하고 있으나 법률의식이 강하지 않고 시장경제 발전수준이 낙후하고, 정부의 정책문서는 원칙적이고 포괄적이어 실질적 이행이 어렵다. 북한 경제법의 불투명성과 빈번한 개정은 해외투자의 투자 위험을 증가시킨다. 다시 말하자면 북한 경제법은 규정이 복잡하고 개정이 빈번하고, 정치적 개입이 상당하여 법적 안전성이 결여된다. 이는 외자기업의 경영자본과 리스크를 증가시킨다. 아울러 북한은 장기적으로 "선군정치" 방침을 시행하여 군대의 군인 우선과 행정 권력이 크다는 것이 주요 특징이다. 비록 북한은 저렴한 노동력과 특혜가 있는 토지정책이 있지만 교묘하게 명목을 만들어 비용을 거두는 현상이 비교적 많고 행정 권력이 강하게 경제영역 활동에 개입하는 상황도 매우 많다. 이로 인해 북한의 투자자는 신중할 수밖에 없다.

전체적으로 보면, 두만강경제구역협력은 비록 약간의 성과를 이루었으나

---

6) 한국매체: 북한, 러시아는 철도건설을 추진한다. 러시아의 "동진"정책이 가속화되고 있다. [EB/OL].http://www.chinanews.com/gj/2014/10-22/ 6706903.shtml.(방문날짜: 2017년 9월 25일)

전반적인 진전은 비교적 느리다. 두만강 하구에 위치한 북한의 참여가 요구되고 있으며, 북한의 참여 여부가 향후 두만강경제구역협력의 범위와 수위를 결정한다. 현재 두만강경제구역협력은 실질적인 경제교류와 투자를 이끌어내는데 어려움을 겪고 있으며 향후 북한의 참여 여부에 대해 전망하기도 어려운 상황이다. 그러나 최종 선택과 판단은 북한의 몫이라고 생각한다. 아울러 중국의 "일대일로" 전략구상과 러시아의 "원동지역 개발" 구상, 한국 문재인 대통령이 제시한 "한반도 신경제지도" 구상을 연결하여 분석한다면 향후 두만강경제구역은 동북아지역 국가를 연결하는 중요한 연결고리로서의 역할을 할 것이다.

참고문헌

[1] 李铁等. 图们江区域合作发展报告(2016)[M]. 社会科学文献出版社, 2016.

[2] 李铁. 图们江合作二十年[M]. 社会科学文献出版社, 2015.

[3] 张玉山. 朝鲜经济政策变化对中朝图们江区域合作的影响[A]. 中国朝鲜史学会. 中国朝鲜史研究会会刊——朝鲜·韩国历史研究(第十三辑)[C]. 延边大学出版社, 2011.

[4] 张玉山, 谭红梅. 新形势下中国图们江区域开发的机遇与挑战[J]. 东北亚论坛, 2010, (03).

[5] 金祥波·王禹. 双赢战略: 中朝图们江区域合作与开发[J]. 延边大学学报(社会科学版), 2012, (04).

[6] 吴可亮. 朝鲜参与图们江区域合作的政策环境及前景分析[J]. 社会科学战线, 2014, (12).

[7] 周松兰·刘栋. 朝鲜改革开放经济发展战略研究[J]. 东北亚论坛, 2004, (02).

환황해 해양경제협력과 자원개발

03

중국의 해양전략과 길림성 동북아 해상협력에 관한 고찰
: 훈춘시 국제시범구역 건설을 중심으로

王璇(Wang Xuan)

중국의 해양전략과 길림성 동북아 해상협력에 관한 고찰
: 훈춘시 국제시범구역 건설을 중심으로

王璇(Wang Xuan*)

국문초록

중국정부는 해양발전전략을 국가발전전략의 핵심으로 확정함과 동시에 적극적이고 주동적인 해양전략을 펼쳐나갈 방침이다. 이러한 배경 하에 해양전략 연구가 관련 학계의 관심을 끌게 되었다. 해양전략은 중국의 평화와 발전을 실현함에 있어서 반드시 필요한 과정이자 중국이 세계 대국으로 성장하기 위한 중요한 방법이라고 정의되고 있다. 특히 2009년 금융위기와 미국의 아태지역 재균형 정책의 영향을 받아 중국정부는 해양강국 건설을 가속화하였다.

오랜 시간 동안 길림성은 해양경제 발전정책에서 소외되어 왔으나 중국 해양발전 인식의 심화 과정에서 길림성은 도문강지역 개발을 이끄는 거점지역으로 거듭났으며, 뉴실크로드 프로젝트에서 중요한 중추적 역할을 할 것으로 기대된다.

---

* 중국 길림성 사회과학원 북한·한국연구소 연구원, 동국대학교 유라시아 실크로드 연구소 연구원. 메일 ubichina@naver.com.

이러한 배경 하에 본 연구는 중국의 국가전체구도와 길림성 지역경제 발전에 대해 거시적, 미시적인 시각에서 분석하고, 나아가 중국의 해양경제발전 구도에 대해 살펴봄으로써 길림성이 동참하는 동북아지역 해양협력 구상에 대해 정리하고 도문강지역(훈춘)국제협력시범구(圖們江區域(琿春)國際合作示範區)의 비전과 과제를 제시함과 동시에 한국과 길림성 간의 해상협력에 있어서의 제한적 요인과 그에 대한 해결방안을 제시하고자 한다.

키워드: 일대일로, 동북아경제협력, 도문강국제협력시범구, 해상협력, 한중자유무역구

Ⅰ. 서론

21세기는 해양의 시대이다. 근래 중국의 해양경제 발전은 산업분야의 발전을 이끌어냈을 뿐만 아니라 중국의 현대화에도 기여하였으며 지역경제의 발전에 새로운 활력을 불어넣었다. 중국정부는 해양발전전략을 국가발전전략의 핵심으로 확정함과 동시에 적극적이고 주동적인 해양전략을 펼쳐나갈 방침이다. 이러한 배경 하에 해양전략 연구가 관련 학계의 관심을 끌게 되었다. 해양전략은 중국의 평화와 발전을 실현함에 있어서 반드시 필요한 과정이자 중국이 세계 대국으로 성장하기 위한 중요한 방법이라고 정의되고 있다.[1]

중국의 관할해역 면적은 약 300만km²에 달하는바 이는 국토면적의 30%를 차지한다. 중국은 세계 5위권에 드는 해양대국으로 4억 명의 인구가 동부 연해지역에 거주하고 있으며 당해 지역의 GDP는 전체 GDP의 60%를 차지한다.[2] 이에 따라 동부 연해지역의 지역발전계획은 국가전략 측면으로 상승되었다. 특히 2009년 금융위기와 미국의 아태지역 재균형 정책의 영향을 받아 중국정부는 해양강국 건설을 가속화하였다.[3]

2009년 5월과 6월에 걸쳐 중국 국무원은 "복건성 해협서안 경제구 건설 가속화에 관한 약간의 의견(關於支持福建省加快建設海峽西岸經濟區的若幹意見)" 및 "강소 연해지구 발전계획(江蘇沿海地區發展規劃)"을 발표함으로써 동남권 연해발전방안의 틀을 마련하였다. 동년 9월 국무원은 "요녕연해경제지역발전전략"을 발표하였으며, 다음해 초 "국무원 해남 국제관광섬 건설 및 발전을 추진하는데 관한 약간의 의견(國務院關於推進海南國際旅遊島建設發展的若幹意見)"을 발표하고, "2008년 주강삼각주 개혁 및 발전계획 요강(珠三角改革發展規劃綱要[2008])"을 바탕으로 제정한 "장강삼각주계획(長三角區域規劃)"을 비준하여 시행하였다. 나아가 2011년 상반기 1월, 3월에

---

1) 趙幹城, 「印度洋：中國海洋戰略再定義的動因」, 『南亞研究』, 2013.1, p.24.
2) 王淼, 「21世紀我國海洋經濟發展的戰略思考」, 『中國軟科學』, 2003(11), p.27.
3) 劉霏梁東興, 「美國亞太再平衡戰略對中國海洋爭端的影響」, 『理論月刊』, 2016.8, p.147.

국무원은 "산동반도 블루경제권발전계획(山東半島藍色經濟區發展規劃)" 및 "절강해양경제발전시범구계획(浙江海洋經濟發展示範區規劃)"을 비준한데 이어 7월에는 "광동해양경제종합시험구발전계획(廣東海洋經濟綜合試驗區發展規劃)"을 승인하여 시행하였다. 이로서 중국은 북과 남을 연결하는 연해지역 개발구도를 완성하게 되었다.[4]

2015년 북경에서 열린 "중국 해양발전전략 고위층 포럼(中國海洋發展戰略高層論壇)"에서 해양강국 건설에 관한 목표를 확정하였으며 "중국해양발전전략노선도(中國海洋發展戰略路線圖)"를 제시하였다. 중국의 관련분야 전문가들은 "중국은 육지와 해양을 겸비한 대국으로서 국가의 생존과 발전은 해양과 밀접한 관련을 가지며 해양강국 건설은 중국이 해양대국에서 해양강국으로 나아가는데 반드시 필요한 과정임"에 의견을 모았다.[5]

오랜 시간 동안 길림성은 해양경제 발전정책에서 소외되어 왔으나 중국 해양발전 인식의 심화 과정에서 길림성은 도문강지역 개발을 해양경제무역의 돌파구로 만들었다.[6] 2012년 4월 13일, 국무원 판공실은 "중국 도문강지역(훈춘) 국제협력시범구 건설에 관한 약간의 의견(國務院辦公廳關於支持中國圖們江區域(琿春)國際合作示範區建設的若幹意見)"[7]을 발표하였으며, 같은 해 5월 "중국도문강지역(훈춘)국제협력시범구(中國圖們江區域(琿春)國際合作示範區)"를 건설하였다. 2013년 9월, 시진핑 주석은 카자흐스탄 방문 시 "뉴실크로드 경제벨트(新絲綢之路經濟帶)"구상을 제안하였으며 동북아지역에 관한 높은 관심을 보였다.[8]

---

[4] 劉旼暉, 「淺析我國海洋經濟發展戰略」, 『海洋開發與管理』, 2011(11), p.127.
[5] 周超, 「勾勒中國海洋强國戰略路線圖」, 『中國海洋報』, 2013年1月1日, 第002版面.
[6] 祝濱濱, 「吉林省圖們江區域國際合作開發項目的進展研究」, 『經濟縱橫』, 2006(5), p.44.
[7] 中華人民共和國中央政府網站, 「國務院辦公廳關於支持中國圖們江區域(琿春) 國際合作示範區 建設的若幹意見」, 國勸發〔2012〕19號文件, http://www.gov.cn, 檢索日期：2016.12.25.
[8] 劉國斌, 「東北亞海上絲綢之路經濟帶建設研究」, 『學習與探索』, 2015.6, pp.101~104.

훈춘은 뉴실크로드 프로젝트에서 중요한 중추적 역할을 할 것으로 기대된다. 특히 일대일로 해상 실크로드 전략과 관련하여, 1990년대 중국과 구소련은 장시간의 외교 노력 끝에 1991년 국경협정을 체결하였으며, 중-소 국경협정(中華人民共和國蘇維埃社會主義共和國聯盟關於中蘇國界東段的協定)의 규정에 따르면 중국 선박은 도문강을 따라 소련의 관할해역으로 입항할 수 있다. 이에 따라 중국은 도문강의 입출항권리를 회복하게 되었으며 동북아지역 실크로드의 부흥을 위한 기초를 마련하였다.[9]

2013년 도문강지역(훈춘) 국제시범구는 중점 프로젝트(圖們江區域(琿春)國際示範區共開展重點建設項目) 130여 건을 추진하게 되었는데 그 중 투자 규모가 10억 위안 이상인 프로젝트가 26건, 핵심 산업 프로젝트가 55건에 달한다. 자금(紫金) 다금속 광상 프로젝트의 투자 규모가 33.5억 위안에 달하며 프로젝트 수행의 일환으로 "길림-훈춘철도 여객선 훈춘구간(吉琿鐵路客運專線-琿春段)"을 새로이 부설하였고, 화물의 원활한 유통을 위하여 30억 위안을 투자하여 변경무역 물류중계센터(邊貿物流集散配送中心)를 건설하였다. 아울러 사회 인프라 건설 분야에서 15억 위안을 투자하여 장덕국제성, 12억 위안 규모의 한국 포항현대물류공단(浦項現代國際物流園) 프로젝트를 추진하였다. 그밖에 투자규모가 30억 위안에 달하는 중국성이 착공에 시작하였으며 투자 규모 10억 위안에 달하는 유라시아 엔바이 쇼핑센터(歐亞延百購物中心)가 정식 개장하였다.

이러한 배경 하에 본 연구는 중국의 국가전체구도와 길림성 지역경제 발전에 대해 거시적, 미시적인 시각에서 분석하고, 나아가 중국의 해양경제발전 구도에 대해 살펴봄으로써 길림성이 동참하는 동북아지역 해양협력 구상에 대해 정리하고 도문강지역(훈춘)국제협력시범구(圖們江區域(琿春)國際合作示範區)의 비전과 과제를 제시함과 동시에 한국과 길림성 간의 해상협력에 있어서의 제한적 요인과 그에 대한 해결방안을 제시하고자 한다.

---

9) 劉國斌·杜雲昊, 「論東北亞絲綢之路之紐帶—圖們江區域(琿春)國際合作示範區建設的戰略思考」, 『東北亞論壇』, 2014.3, p.86.

II. 전통적 구도와 발전의 핵심

1. 지리적 구도

중국은 아시아의 동쪽, 태평양의 서해안에 위치해 있으며 영해는 내수로써의 발해 그리고 황해, 동중국해, 남중국해의 3대 해양으로 구성되어 있다. 동부와 남부의 육지 해안선 길이는 1.8만 km에 달한다. 내수와 주변 해역을 포함한 관할해역 총면적은 470만 km^2에 이르며 7,600여 개의 크고 작은 도서가 해역 내에 산재해 있다. 단순히 전통적 지리적 시각에서 접근한다면 전체 해역을 동북부육해지역, 동중부 육해지역, 동남부 해역지역 등 3개 지역으로 구분할 수 있다.

그 중에서 동부 중심지역은 해양경제 발전이 상대적으로 빠른 지역으로 산동, 절강, 상해, 강소 등 지역이 포함된다. 전술한 동부 연해지역은 해양경제 발전의 가능성과 잠재성을 가지고 있으며 이미 해양산업의 신속한 발전을 이루어냈다고 말할 수 있다. 예컨대, 해양 신재생에너지의 이용, 신재생에너지 기술의 개발 등에 있어서 압도적 우세를 갖는다. 당해 지역에 있어서 해양경제의 핵심은 산업수준을 한 단계 업그레이드하는데 있으며 첨단기술제품의 개발, 산업의 발전을 주도하고 해양산업의 경쟁력 제고를 주요 목표로 한다.[10]

과거엔 요녕성이 동북지역 해양경제의 거점지역이었으나 최근에는 흑룡강성, 요녕성, 길림성 등 3개 지역이 지리적 특수성을 바탕으로 "동북지역의 부흥(振興東北)"과 "러시아, 일본, 한국 등 주변 국가와의 협력 플랫폼 건설 지원(支持建設面向俄日韓等國家的合作平台)" 등 관련 정책을 제시하였으며, 동북 노공업기지(老工業基地)의 부흥, 시장경제체제의 건설과 구조개혁 및 조정, 동북아지역 특히 러시아, 일본, 한국 등 주변국과의 협력 플랫폼 건설의 중요성을 강조하였다. 또한 경제부흥과 주변국과의 경제협력을 해양경

---

10) 國家發改委産業所課題組-盛朝迅, 「"十三五"時期我國海洋産業轉型升級的戰略取向研究」, 『經濟研究參考』, 2016年26期, pp.3~8.

제 발전의 돌파구로 지정함과 동시에 지역경제의 다양화를 적극 추진하고 있다.

남부 연안지역은 남부 7개 성(省)과 특별행정구를 포함한다. 즉 광동성, 광서쫭족자치구, 해남성, 홍콩특별행정구, 마카오특별행정구, 복건성 등이 있다. 복건가 해남성 등 지역은 해양생태환경의 보존을 해양경제의 핵심 산업으로 키워나가고 있으며 해양경제계획 단계에서 해양관광을 핵심 산업으로 정하고, 해양경제의 지속가능한 발전을 위해 경제성장과 생태환경보전을 동시에 고려할 것을 강조하였다. 이에 따라 각급 지방인민정부는 해양환경보호법(海洋環境保護法)의 관련 규정에 근거하여 지역경제에 부합하는 환경보호규범을 제정, 시행하였다. 이와 관련하여 해남성은 국내 최대 규모의 해양관광센터 및 세계적인 해상관광레저 명소로 만들 것이라고 강조하였으며 이와 더불어 산업구조의 혁신을 통해 석유, 교통운송업 등 관련 산업을 육성할 전망이다.

2016년 3월 중국정부는 "국민경제와 사회발전 제13차 5개년 계획(國民經濟和社會發展第十三個五年規劃綱要)(이하 '13차 5개년 계획'이라 칭함)"을 발표하고 지역발전전략계획을 세부화하고 최초로 해양발전을 국민경제와 사회발전계획에 포함시켰다.[11] '13차 5개년 계획'이 발표된 이래 동부, 동북, 동남 지역은 적극적인 대응책을 마련하였으며 지역 특성을 고려한 발전계획을 마련하였다.

2. 발전의 핵심

1) 산동성

산동반도는 중국의 동부에 위치하여 있으며 해역면적이 넓고, 해양자원이 풍부하다. 육지부 해안선 길이는 3,345km에 달하며 일본과 한국으로 나아가는 가장 가까운 항구 중 하나이다. 국내는 동북 노공업기지, 중국 수도권인

---

11) 狄乾斌·周琳·董少彧, 「"十三五"時期我國海洋產業發展的主要目標及推進策略」, 『經濟縱橫』, 2015.1, pp.61~67.

징진지(京津冀)와 동남 연안지역을 연결하는 교량이자 허브이다. 중국 국가발전개혁위원회는 "산동반도 블루경제구 발전계획(山東半島藍色經濟區發展規劃)"을 제정하였으며 산동 전체 해역을 대상범위로 지정하고 청도, 연태, 위방, 동영, 일조, 위해 등 6개 도시 그리고 빈주의 무록, 점화 등 2개의 연안지역 현급 도시를 포함시켰다. 이에 따라 산동반도 블루경제구에 포함되는 해역면적은 15.95만km^2, 육지면적은 6.4만km^{2}에 달하며 1인당 GDP는 50,138위안에 달한다. 그밖에 산동 중심지역의 해양경제발전의 지지력을 강화하기 위하여 산동반도 블루경제구에 포함되지 않은 기타 지역을 연동구(聯動區)로 지정함으로써[12] 지역 내의 균형적 발전과 통일적인 계획을 실현하고자 노력한다.

산업분포와 관련하여 위해시에 항구물류기지, 수산물 가공기지, 선박건조 및 보수산업기지, 연안레저관광기지, 신재생에너지 및 배후단지, 현대화 석유화학단지 등 6개 대규모 단지(六大基地) 건설을 추진하고 있다. 나아가 의료기기단지, 황해조선부품개발단지, 신재생에너지 개발장비 제조단지 등 10대 첨단산업단지(十大高端產業園區) 건설에 나섰다. 또한 국제협력 플랫폼의 역할과 연안개방 전략을 강화하며, 해양경제 대외적 연계성을 높이고 선진 관리기술을 도입한다. 그리고 청도를 중심으로 하는 동북아 국제허브해운기지(東北亞國際航運樞紐)의 역할을 공고히 하고 황해, 발해 및 황해유역의 경제개방 속도를 가속화하며, 동북아 각국의 전략적 동반관계를 강화하고 중국의 대외개방의 범위와 심도를 확대하기 위해 노력을 기울인다.[13]

2) 절강성

절강성 해역면적은 26만km^{2}이며, 면적이 500km^{2}이상인 섬 2,878개를 갖고 있어 전국 섬의 40%를 차지한다. 보유 어장과 수산자원은 전국 1위이며

---

12) 中國國家發改委, 「山東半島藍色經濟區發展規劃」, 2011年1月.
13) 蓋秉國·韓立民, 「山東半島藍色經濟區發展戰略分析」, 『山東大學學報(哲學社會科學版)』, 2009.5, pp.92~96.

해안선의 길이가 6,696km에 이르는바 이 또한 전국 1위를 차지한다. 절강성은 풍부한 관광자원 개발 잠재력을 갖고 있으며, 지정학적으로 절강성의 연안과 도서지역은 중국 "T"자형 경제지대와 장강삼각주지역의 중심에 놓여있다. 절강성 인근 해역은 장강삼각주와 해서지역을 연결하는 허브역할을 하는 만큼 지리적 위치가 매우 중요하다.

"절강해양경제발전시범구계획(浙江海洋經濟發展示範區規劃)"의 관련 규정에 의하면 절강성 해양경제발전시범구는 절강성 전체 해역, 항주, 온주, 녕파, 소흥, 가흥, 주산, 태주 등 지역을 포함하며 태주열도(台州列島), 주산군도(舟山群島), 동두열도(洞頭列島) 등 군도지역에 위치한 연근해 현급 시도 포함한다. 이에 따라 26만km^2의 해역면적과, 3.5만km^2의 육지면적, 0.2만 km^2의 도서면적을 포함하며, 2,700만 여명의 인구가 밀집해 있으며 1인당 GDP는 5.5만 위안에 달하는 거대한 규모의 경제구역을 형성하였다.

[표-1] 절강성 해양경제발전시범구의 주요내용

명칭	주요 내용	비고
1핵	녕파–주산항 해역	부속된 주변도시 포함
2익	북익: 환항주만 산업벨트, 연근해 해역 남익: 온주, 태주 연안산업벨트, 연근해 해역	
3권	항주, 녕파, 온주 3대 연해도시권	
9구	항주서부과학창조, 항주대동강, 녕파매산물류, 녕파항주만, 항주견강하구, 소흥연안, 주산해양, 가흥현 대서비스, 태주만 순환환경경제구	
다섬	남전, 금당, 대동, 형산, 보타산(주가각, 매화섬), 양산, 두문, 육횡, 매산, 대소문, 남루 등	

국가발전개혁위원회는 전술한 절강성 해양경제발전시범구의 주요 내용에 따라 "절강 해양경제발전시범구 건설전략(浙江海洋經濟發展示範區建設戰

略)"의 특성을 "1개 중심 4개 지역(一個中心四個區)"으로 요약하였다. 1개 중심(一個中心)이란 중국의 종합상물국제물류센터(大宗商品國際物流爲中心)를 뜻하며, 4개 지역(四個區)이란 해양도서개발개방시범구(海洋産業發展示範區), 현대해양산업발전시범구(海洋産業發展示範區), 육해협조발전시범구(海陸協調發展示範區), 해양생태문명 및 청정에너지시범구(海洋生態文明及清潔能源示範區)를 뜻한다.14) 또한 "1핵-2익-3권-9구-다섬(一核, 兩翼, 三圈, 九區, 多島)"의 지리적 분포의 특성을 가진다.15)

3) 강소성

강소성 연안일대는 중국의 동부 연해지역의 중심에 위치하여 있으며 남과 북을 연결하고 동과 서를 연결하는 허브역할을 수행한다. 그 중 강소성 연해도시인 운강, 염성, 남통 3개 도시는 "뉴동북아대륙 교두보(新亞歐大陸橋頭堡)"로서 중요한 전략적 가치를 가진다. 육지부 해안선 길이는 954km에 달하고, 해역면적은 3.75만km^{2}로서 육지면적의 37%를 차지한다. 강소성은 14개의 항만 부지를 보유하고 있으며 이미 연안부두지역 10곳의 계획을 마쳤고 나머지 3곳은 부지 선정단계에 있다. 전술한 부두 중에 10만 톤급 이상의 선박 정박이 가능한 연운항구, 빈해항구, 염성 대체항구, 남통 양구항구 등 4곳이 있으며 해운항로 건설에 적합한 여건을 갖추었다.16) 이로부터 알 수 있는바 절강성 계획은 "1대-3구-다절점(一帶, 三區, 多節點)"의 지리적 특성을 갖는다.

"1대(一帶)"란 장강하류의 심수항로 우세를 바탕으로 바다와 하천 연안에 위치한 2대 경제구역의 역할을 충분히 발휘하고, 연해지역을 중축으로 하천연안지역을 횡축으로 형성된 "L"자형 해양경제벨트를 뜻한다.

---

14) 張善坤, 「浙江省海洋經濟發展示範區建設的總體思路」, 『發展規劃研究』, 2010(24), pp.32~35.
15) 周世鋒, 「構建"一核兩翼三圈九區多島"發展格局」, 『浙江經濟』, 2011.7, pp.16~17.
16) 陳建清, 「江蘇省"十二五"海洋經濟發展規劃」, 『領導決策信息』, 2011(50), pp.28~29.

"3구(三區)"란 연운항, 염성, 남통 등 3개의 핵심도시를 중심으로 해양경제구를 건설한다는 의미한다. 첫째, 연운항항구를 중심으로 연해지역 북부해양경제구를 건설하되 이는 중부와 서부지역의 경제구를 연결하는 역할을 수행하는 동시에 수심이 깊은 연운항항의 우세를 발휘하여 해운무역시장과 내륙시장을 연결하는 국제운송기능을 특화한다. 둘째, 염성의 광범위한 갯벌습지 국가자연보호구를 바탕으로 중부연안 생태해양경제구(生態海洋經濟區)를 건설한다. 셋째, 남통의 선박제조, 해양설비산업단지를 충분히 활용하여 연해남통해양경제구를 건설하는 것인데 선박 및 항구 관련 장비산업을 중점산업으로 발전시킴으로써 세계 일류의 원양선박장비산업기지로 거듭나는데 목적이 있다.

"다절점(多節點)"이란 3개 지역에 국제 컨테이너 운송, 항구물류, 풍력발전장비, 원자력발전장비, 원목가공, 해감화학공업, 석유화학, 탄섬유, 규소 원자재, 해양바이오, 의약화학공업, 신재생에너지 및 장비, 농산품 가공 등 다양한 종류의 산업군을 형성하는 것이다.

이처럼 12차 5개년 계획 이전에는 지역관점(地域觀念)의 영향을 받아 중국의 전통적 해양발전 핵심이 연해지역에 집중되어 있었으나 중국공산당 제18차 전국대표대회에서 대외개방에 관한 새로운 방침을 제안함에 따라 신시대 중국의 대외개방구도에도 새로운 전략적 수요가 나타났다. 이에 따라 전술한 연해개방도시는 경제발전구조의 전환과 업그레이드를 위해 노력하고 있으며 나아가 중국의 일부 육해지역은 국제경제체제의 주요 지역으로서 편입되었다.

III. 동북아 실크로드의 부흥과 길림성 훈춘

오랜 시간 동안 길림성은 지리적 위치의 제한으로 인해 국가 해양경제발전의 중점지역에서 제외되었으나 시진핑 주석이 "동북아 실크로드경제의 지역협력(東北亞絲綢之路經濟的區域合作)"에 관한 경제발전모델을 제안함에 따라 길림성은 "도문강지역(훈춘) 국제협력 시범구(圖們江區域(琿春)國際合作示

範區)" 건설계획을 수립하여 통과하였으며 주변 해상 경제교류의 확대와 동북아 실크로드 육해무역의 허브로 육성하고자 한다.

1. 역사 연혁

길림성 훈춘시는 동북아지역의 가장자리에 위치해 있으며 고대 동북아지역의 무역발전 과정에서 중요한 의미를 가지고 있어 "동북아 실크로드의 중요한 허버(東北亞絲綢之路的重要樞紐)"로 불리운다.[17]

역사자료에 의하면 "훈춘(琿春)"이란 지명은 "금사(金史)"에 기록되어 있으며 그 당시는 "浑蠢"으로 나타난다. 역사서중 하나인 "명사(明史)"에서도 역시 浑蠢으로 표현하고 있는데 이는 여진어에서 유래된 것으로 변경, 변방, 주변이란 뜻을 나타낸다. 그러나 "훈춘현지(琿春县志)", "훈춘향사(琿春乡土志)"의 기록에 의하면 "훈춘(琿春)" 이란 지명은 사실상 위진시기 "옥주(沃沮)"라는 한자의 발음이라고 한다. 또한 훈춘이란 단어의 발음은 "우지(勿吉)", "워집(窩集)", "부여(扶余)" 등 단어와 발음이 유사하다. 그 밖의 많은 역사서 중 "훈춘(琿春)"이란 지명은 "불출훈(弗出渾)", "온차헌(溫车渾)", "훈뇨훈(渾淖渾)", "훈춘훈(渾蠢渾)", "불출(弗出)", "훈춘(训春)" 등으로 기록되어 있다. 전술한 지명은 "옥주(沃沮)"라는 지명과 긴밀한 연관성을 갖고 있다.

훈춘의 역사는 신석기시대까지 거슬러 올라간다. 4000여 년 전 만주의 선조 "숙신(肃慎)"종족이 훈춘 일대에서 살았으며 2013년까지 현지에서는 20여 곳의 신석기 유적지가 발견되었다. 중원지역의 진나라, 한나라 시대였을 때 훈춘지역은 청동기시대에 들어섰다. 그때 당시 숙신종족은 물고기를 잡고 사냥을 하는 생산방식을 취하고 있었고 그밖에 종식재배와 양식도 이루어졌다. 주나라와 진나라 시기에는 숙신이 통치하였으며, 한나라와 진나라 때는 읍루

---

17) 丁四保, 「中國圖們江區域合作開發面臨的問題與推進戰略研究」, 『吉林大學社會科學學報』, 2012(6), p.145.

(挹娄)의 영토였고, 북위(北魏) 때에는 말갈(勿吉)족의 영토였다. "삼국지(三國志)"와 "신당서(新唐書)"의 기록에 의하면 기원전 27년(汉河平二年)에 훈춘시의 온특혁부성(溫特赫部城)은 고구려의 책성부에 속한다. 수나라와 당나라 초기 때에는 훈춘시 불날말갈(拂捏靺鞨)의 최남단 영토이며 백산부의 최동단에 위치한 영토이다. 발해국 시기에 훈춘의 온특혁부성에 동경용원부, 관리청, 감(监), 목(穆), 하(贺) 등 4개의 주가 있었다. 이 시기는 훈춘 역사상 첫 번째 무역 번성시기에 해당하며, 방천(防川)은 수나라와 당나라시기 세계에서 유명한 "일본도 해상 실크로드(日本道海上絲綢之路)" 연선의 중요한 거점지역 중 하나로 선정되었다. 기원 272년 발해국은 훈춘으로부터 일본 나라(奈良)까지의 해상 실크로드를 구축하였는데 이것이 바로 일본도의 "해상실크로드"이다.[18] 그때 당시 훈춘에서 출발하여 일본열도와 조선반도까지 왕래하는 상선이 빈번히 오가며 다양한 물자교류가 이루어졌고, 일본에서 파견한 사신도 훈춘항을 통해 입국하였다.[19] 이와 동시에 발해는 "해상성국(海上盛国)"의 명성을 갖게 되었다. 또한 4개의 포이예트항과 동부해역을 거쳐 일본으로 가는 항로를 운행하였다. 여기서 일컫는 훈춘은 기원 785년-794년까지 발해국의 수도였다.

　당나라의 번영한 경제, 문화, 종교, 민속 등 문화적 요소가 훈춘을 통해 일본으로 이전되었으며 대상지역의 사회발전에 대해 중요한 영향을 미치게 되었다.[20] 발해국은 훈춘의 팔연성(八连城)을 수도로 정하였으며 국제무역의 중심지로 발전시켰나. 그 시기 발해국의 영토에는 블라디보스토크도 포함된다. 명나라 때 누얼간도사(努爾幹都史)는 당해 행정구역에 소속되어 있는 우얼훈산위(乌尔珲山卫), 밀라위(密拉卫), 동관산위(童宽山卫) 등 지역을 훈춘

---

18) 崔順子, 「唐代渤海時期日本道和琿春地區的開發」, 『內蒙古文物考古』, 1997.2, pp.98~102.
19) 孫泓, 「東北亞海上交通道路的形成和發展」, 『深圳大學學報(人文社會科學版)』, 2010.5, pp.131~137.
20) 魏存成, 「漢唐時期中國通往朝鮮半島和日本的文化線路及文化交流」, 『吉林大學社會科學學報』, 2008.1, pp.89~95.

일대에 설치하였다. 이러한 역사적 발전은 훈춘지역이 자고로 동북아 정치, 경제, 해양활동의 중심역할을 담당해 왔음을 나타낸다. 청나라 이후부터는 영고탑 총병(宁古塔昂邦章京) 관할 지역으로 군사안보에 관한 금지·봉쇄지역이다. 근대사에서는 동북아지역 육상교통과 해상무역이 발달한 관계로 훈춘의 지정학적으로 중요한 지역이다. "훈춘현지(珲春县志)"의 기록에 의하면 훈춘시는 부두가 있고 해운회사를 설립하여 운영하고 있었으며, 1938년 러시아와 일본 간에 장고봉사건(張鼓峰事件)이 발생하기 전까지의 50여 년간 중국은 연간 1000여 척의 상선이 도문강에서 출발하여 동부해역으로 진출하였다.

2. 지리적 항로

훈춘시가 동북아 실크로드의 발전과정에서 중심역할을 담당했던 것은 지리적으로 특수한 위치에 있었기 때문이다. 이러한 지정학적 의미는 오늘날에도 중요한 역할을 발휘할 것으로 예상된다.

훈춘시는 러시아와 육지로 접해있고 두만강을 사이에 두고 북한과 마주하고 있으며, 한국 및 일본과는 바다를 마주하고 있다. 이처럼 훈춘과 주변국들은 지리적으로 가까이 위치해 있어 닭이 울면 세 나라에서 들을 수 있고, 개가 짖으면 세 나라에서 놀라고, 꽃이 피면 4개 주변국이 향기로우며 웃음소가 세 나라에 전해진다.(鸡鸣闻三国, 犬吠惊三疆, 花开香四邻, 笑语传三邦) 이로 인해 훈춘시는 도문강 국제협력 개발구의 핵심 지역으로 "동북아금삼각(東北亞的金三角)"으로 불린다.

훈춘은 3국의 접경지역에 위치하여 있어 전략적으로 매우 중요한 요충지이며 주변 해역에 동북아지역의 중심 항만이 산재해 있다. 예컨대, 나홋카, 블라디보스토크, 극동, 바스또치니, 슬라비얀카, 포이예트 등 러시아 항만이 포함되며, 청진, 나진, 선봉, 웅상 등 북한의 주요 항만이 포함된다. 전술한 동북아지역 항구를 중심으로 중국은 러시아, 북한의 항구를 연결하는 네트워크를 형성하였다. 훈춘항은 포이예트항과 42km 떨어진 곳에 위치해 있으며 바스또치니항과는 63km, 블라디보스토크항과는 180km 떨어진 곳에 위치해 있다. 권하(圈河)항구는 북한 나진항과 48km 떨어져 있으며, 청진항과는 127km 떨어져 있다. 현재 도문강지역은 훈춘을 기점으로 동부해역으로 향하는 국제항로를 개통하여 운행 중에 있다. 주요 국제항로의 운행현황은 다음과 같다.

[표-2] 주요 국제항로 운행현황

구분	환적 항구	목적 항구	항로의 성격
훈춘	나진(북한)	부산항(한국)	정기 컨테이너 항선
	바스또치니(러시아)	속초항(한국)	육해 여객 및 화물 연결운항 항선
	포이예트(러시아)	아끼다(秋田, 일본)	부정기 컨테이너 항선
	바스또치니(러시아)	니가타(新潟, 일본)	벌크선 항선
	바스또치니(러시아)	속초항(한국), 니가타(新潟, 일본)	국제항선
	바스또치니(러시아)	부산항(한국)	국제육해연결운항항선

전에는 동북 3성에서 바다로 나갈 수 있는 항구는 요녕성 남부에 인접한 발해일대에 집중되어 있었으며, 흑룡강성과 길림성은 바다와 인접해 있지 않기 때문에 해운운송을 이용하기까지의 거리와 비용이 증가되었다. 이러한 지리적인 제한으로 인해 흑룡강성과 길림성의 수출입무역이 제한을 받았다. 그러나 훈춘항을 통해 러시아와 북한의 항구로 나아갈 경우 동부해역으로 나아갈 수 있는 항로를 확대할 수 있으므로 운송비용을 대폭 절감할 수 있을뿐더러 무역거래의 편의를 도모할 수 있다. 분석 자료에 의하면 훈춘항에서 출발하여 러시아 및 북한의 항구를 거쳐 일본과 한국으로 화물을 수출할 경우 대련항을 이용하는 것보다 거리상으로는 절반 이상이 단축되며 시간상으로는 1/3이

단축되고, 운송비용은 30%-40% 정도 감축된다.

　상술한 바와 같이 러시아와 북한의 환적항을 통한 운송방법(借港出海) 외에도 훈춘시 방천(防川)에서 18km 떨어진 곳에 도문강 하구를 이용하는 방법도 있다. 도문강 하구지역은 폭이 넓고 선박 운행에 적합한데 5급 항로표준에 부합하는 300톤급 선박의 운행이 가능하다.

3. 정책적 우세

　역사적으로 훈춘이 갖는 지정학적 중요성 때문에 새로운 시기의 대외개방의 핵심 도시로 지정되었다. 2012년 중국공산당 제18차 전국대표대회 보고서에서 "호리공영(互利共贏), 다원형평(多元平衡), 안전적이고 효율적인 개방형 경제체제를 보완(完善互利共贏, 多元平衡, 安全高效的開放型經濟體系)"하는 새로운 패러다임으로 제안하였다. 이로부터 알 수 있듯이 제18차 전국대표대회 보고서(第十八次全國代表大會報告)는 제17차 전국대표대회 보고서(第十七次全國代表大會報告)에서 제안한 "내외연동(內外聯動)" 정책을 "다원형평(多元平衡)"정책으로 전환하였다. 또한 일부 내륙지역을 대외경제개방도시로 지정함으로써 해당 지역에 대한 경제건설을 강화하였다.[21] 국가경제발전 전략은 흑룡강성, 길림성, 요녕성, 내몽고성을 동북아지역의 대외개방 핵심 도시로 선정하였다. 훈춘시는 20여년의 변경지역 개방도시 건설에 관한 경험을 갖고 있기 때문에 새로운 개방구도에 있어서도 중요한 의미를 가진다. 또한 2013년 시진핑 주석이 "뉴실크로드 경제벨트구상(新絲綢之路經濟帶)"을 제안한 이래 도문강 국제시범구역 및 동북아 실크로드 부흥정책(東北亞絲綢之路複興)을 중심으로 새로운 돌파구를 마련하였다.[22]

---

[21] 馬克, 「中國圖們江區域(琿春)國際合作示範區與跨境經濟合作區建設路徑研究」, 『東北亞縱橫』, 2013(9), p.53.
[22] 吉林大學劉國斌教授認爲: "絲綢之路是古代中國參與世界貿易的重要標志, 按其運輸方式的不同 分爲陸上絲綢之路與海上絲綢之路.　海上絲綢之路曾有兩條重要航向, 一是著名的以泉州, 揚州, 廣州爲樞紐航向東南亞, 阿拉伯地區的南海絲綢之路；二是淹沒於文獻的以圖們江區域(琿

2012년 4월 국무원이 "중국 도문강지역(훈춘) 국제협력시범구 건설 지지에 관한 약간의 의견(關於支持中國圖們江區域(琿春)國際合作示範區建設的若幹意見)"을 발표한 이후, 훈춘시는 국제협력 시범구 건설에 있어서 아래와 같은 9개의 핵심 내용을 규정하였다.

① 세재와 관련하여 중앙정부가 격려하는 산업, 국내에서 자체생산이 불가하여 수입에 의존하는 설비와 보조품 등에 대해 관세를 면제한다.
② 산업분포와 중점건설사업과 관련하여 신재생에너지, 원자재를 중점으로 하며 기반시설의 정부지원을 강화한다.
③ 토지이용과 관련하여, 토지이용계획에 중점을 둠으로써 중요 프로젝트 건설에 필요한 부지를 확보한다.
④ 해외 인프라 건설사업과 관련하여, 훈춘 국제협력 시범구 건설과 연관이 있는 해외 인프라 건설사업을 우선지원 대상으로 한다.
⑤ 금융산업과 관련하여, 서비스 모델을 혁신하고 국제금융업무를 확대한다.
⑥ 세관 감독관리 및 항구건설과 관련하여, 지방정부의 디지털 항구 건설사업을 지원하고 길림성에서 솔선하여 국가 간 화물운송 시범사업을 추진한다.
⑦ 과학창조 및 인재육성과 관련하여, 국제과학기술협력기지를 설립하고 벤처기업에 대한 지원을 확대한다.
⑧ 통관의 편의를 제공하고 주변 국가 국민이 훈춘 국제협력 시범구에 자유롭게 방문할 수 있도록 출입국절차를 간소화 한다.
⑨ 전문기금과 관련하여, 중앙재정부는 아시아 지역협력 전문자금(亞洲區域合作專向資金)을 통해 도문강지역 내의 핵심문제 연구 및 전문성 계획 수립 등 사업을 지원한다.[23]

春)爲樞紐航向東北亞地區的'東北亞絲綢之路'"; 劉國斌, 杜雲昊, 「論東北亞絲綢之路之紐帶—圖們江區域(琿春)國際合作示範區建設的戰略思考」, 『東北亞論壇』, 2014.3, p.84.
23) 馬克·前揭论文, 『東南亞縱橫』, 2013(9), p.54.

각급 지방정부의 노력 하에 시범구의 발전은 훈춘시 경제 전반을 이끄는 역할을 담당하였다. 2012년 훈춘시 연간 GDP가 125억 위안으로 전년대비 25%의 성장률을 보였고 전구경(全口徑) GDP는 256억 위안으로 전년대비 26.2%의 성장률을 보였으며 수출입무역 총액은 11.6억 달러로 전년대비 16% 증가하였다. 그밖에 중점 투자사업을 촉진하는 역할을 담당하였다. 훈춘시는 90여 개의 중점사업을 추진하고 있는데 중점사업의 총 투자 규모는 414억 위안에 달하며 실제 투자액은 120억 위안으로 전년대비 40.2%가 증가하였다.24) 나아가 2013년 훈춘시 연간 GDP가 140억 위안으로 전년대비 11%의 성장률을 보였으며, 산업부문 총생산액은 276억 위안으로 20.4% 대폭 증가하였다. 지방재정수입은 13.4억 위안으로 전년대비 24.2% 증가하였다. 훈춘시는 대외개방에 있어서 풍성한 성과를 거두었는 데 시범구역 시행 이전에 9년간 운항이 정지되었던 중국 훈춘과 러시아 마하린노철도(中俄琿春—馬哈林諾鐵路) 국제연합운송선의 정상 운항을 개시하였으며, 2014년 5월말까지 훈춘-마하린노철도(琿春—馬哈林諾鐵路)를 통해 운송된 석탄 총량은 29만 톤이다. 또한 2년간 전면 운항중지에 들어갔던 중국과 한국간의 "뉴블루오션(新藍海)" 항선이 정상 운항되었으며 2016년 말 현재까지 이용객이 16,656명에 이르렀다.25) 훈춘-러시아 블라디보스토크, 훈춘-조선 나선구간의 우편배달 통로를 개통하였으며, 훈춘에서 북한 나진항을 거쳐 산두(汕头), 양포(洋浦) 등 국내 항만으로 이동하는 항선이 추가되었으며 이를 통해 운반되는 물품의 종류도 다양화되고 있다. 주변국가 항구와의 연계성 강화와 관련하여 2014년과 2015년에 걸쳐 중국과 러시아 간의 "훈춘-핫산경제협력구(琿春—哈桑跨境經濟合作區)", 중국과 북한 간의 "훈춘-나선경제협력구(琿春—羅先跨境經濟合作區)" 건설의 가능성에 대한 연구를 마쳤으며, 러시아와의 제조ㆍ가공단

---

24) 馬克ㆍ前揭论文, 『東南亞縱橫』, 2013(9), p.55.
25) 爲之, 「琿春建設海上絲綢之路-打造中國北方深圳」, 『中國經濟周刊』, 中國規劃網, www.zgghw.org, 檢索日期为2017.1.2.

지, 자유무역구, 물류보세단지, 상거래서비스단지의 건설을 선도적으로 추진함으로써 경제협력의 효율성 제고방안을 도출하여 지역경제협력구도의 보완에 반영할 수 있다.

그러나 현 단계에 있어서 길림성은 훈춘 국제경제 시범구 건설에 경험이 부족한 것도 사실이다. 2017년 길림성은 실무 경험을 바탕으로 자유무역구에 관한 정책을 집행해나감으로써 중국 훈춘과 러시아 핫산을 연결하는 국제경제협력구, 중국 훈춘과 북한 나선을 연결하는 국제경제협력구 건설을 추진할 것이며 경제협력의 강화를 위해 소통과 교류를 강화해 나갈 것으로 예상된다. 그밖에 2018년에서 2020년 기간 동안 적절한 시기에 전술한 2개의 국가 간 경제협력구를 통합하여 "훈춘 국제경제 시범구(琿春國際經濟合作示範區)"의 전반적 목적을 실현할 것이다.

Ⅳ. 결론(중한합작에 영향을 주는 요소 및 돌파구)

한중 양국은 역사적, 문화적 교류 및 유대감으로 인해 긴밀한 관계를 유지하여 왔으며, 중국의 동북에 위치한 길림성과도 긴밀한 교류를 유지하고 있다. 또한 길림성에 거주하고 있는 조선족과 한국어가 같으며 문화와 생활습관도 유사성을 보이고 있어 인문사회 전반에 대한 교류협력이 원활하다. 이에 따라 한국과 중국 길림성은 경제, 문화 등 다양한 분야에 걸쳐 폭 넓은 교류와 깊이 있는 연구가 가능했다.

그러나 최근 몇 년간 한국과 중국 길림성과의 무역거래 규모가 수축되고, 무역 증가율이 완만하며, 국내외적 여건변화의 영향으로 인해 경제협력이 위축되고 있다. 예컨대 2014년 길림성의 대한국 수출입 총액은 7.2억 달러로 전년대비 8.34% 증가하였으나 2015년은 6.8억 달러로 전년대비 5.14% 감소하였다. 2015년 한국과 길림성 간의 무역규모는 일본, 유럽보다 낮은 수준으로 나타나고 있다.

[표-3] 2014년 길림성 해외 무역거래 현황

(단위: 만달러)

국 가	수출입 총액	수출	수입	격차
독일	1,025,422	24,712	1,000,710	-975,988
일본	304,699	64,733	239,967	-175,234
포르투갈	99,144	574	98,389	-97,635
미국	95,003	46,848	48,155	-1,307
한국	71,948	44,812	27,136	17,676

한중자유무역구(中韓自貿區) 설립 이후 길림성은 한국의 "친정성(親情省)"으로서 한중 양자 무역거래 활성화를 통해 상호 간의 공동이익을 도모하여야 한다. 길림성은 이와 같은 목적을 실현하기 위하여 동북 노공업기지의 부흥(東北老工業基地振興), 도문강 지역협력개발(圖們江區域合作開發), 장길도 개발개방 선도구역(長吉圖開發開放先導區) 전략, 장길(長吉) 일체화 정책(長吉一體化政策)을 적극적으로 추진하는 동시에 한국과의 자유무역구 설립을 위한 여건을 마련하여야 한다. 특히 물류운송 통로 개척과 관련하여 이미 완공된 훈춘-자루비노(러시아 프리모르스키 지방)-부산 간의 항로를 제외한 기타 육지와 바다를 연결하는 새로운 운송통로의 설계와 개척에 노력을 기울일 것이다. 이로써 훈춘에서 출발하여 러시아의 자루비노항, 북한의 나진항을 통과하여 동쪽 해역으로 진출하는 새로운 항로를 개발함으로써 길림성과 한국으로 연결하고 나아가 유럽과 아메리카를 연결하는 새로운 운송항로를 개발할 것이다.

향후 길림성은 중국 도문강(훈춘) 국제시범구의 건설을 계기로 한국과의 무역을 활성화하고 양자 간의 경제협력 수준을 한 차원 높여 대한무역 신구도를 구축하고 동북아 실크로드의 부흥(復興東北亞絲綢之路)이라는 아름다운 소원을 공동으로 실현해 나가야 한다.

참고문헌

[1] 陳才·袁樹人, 《東北亞區域合作與圖們江地區開發》, 東北師範大學出版社, 1996

[2] 陳喬之主編, 《東亞區域經濟合作研究》, 中國社會科學出版社, 2002

[3] 張東輝, 《東北亞經濟合作研究文選》, 經濟科學出版社, 2005

[4] 張蘊嶺, 《東北亞區域經濟合作》, 世界知識出版社, 2004年版

[5] 王勝今, 於瀟, 《圖們江地區跨國經濟合作研究》, 吉林人民出版社, 2006

[6] 王勝今, 吳昊, 《中國東北振興與東北亞區域合作研究》, 吉林人民出版社, 2006

[7] 李玉潭·陳志恒·殷立春, 《東北亞區域經濟發展與合作機制創新研究》, 吉林人民出版社, 2006

[8] 李乙泳, 「大圖們江開發計劃:政策選擇與發展前景」, 中國社會科學院研究生院碩士學位論文(2013)

[9] 刑樹君, 「圖們江區域開發戰略中的國際合作問題研究」, 吉林大學博士學位論文(2014)

[10] 郭文君, 「圖們江區域合作開發中延邊經濟發展戰略研究」, 延邊大學博士學位論文(2009)

[11] 李天籽, 「地理距離邊界效應與中國沿邊地區跨境次區域合作」, 『東北亞論壇』, 2014.04.

[12] 劉生軍·李海濱, 「國際合作示範區城市設計探析」, 『規劃師』, 2016.02.

[13] 梁明, 「建設琿春國際經濟合作示範區戰略思路」, 『國際經濟合作』, 2010.12.

[14] 郭文君, 「琿春國際合作示範區:中國圖們江區域合作開發的新窗口」, 『延邊大學學報(社會科學版)』, 2015.01.

[15] 趙愛玲, 「東北亞的國際貿通道琿春國際合作示範區」, 『中國對外貿易』, 2012.06.

[16] 郭君友, 「中國圖們江區域(琿春)國際合作示範區建設和發展研究」, 『延邊黨校學報』, 2013.02.

[17] 崔松玉, 「琿春國際合作示範區建設存在的困難與對策」, 『延邊黨校學報』, 2013.2.

[18] 王景友, 「四大基地助推琿春國際合作示範區跨越騰飛」, 『新長征』, 2013.3.

[19] 慕容昕, 「對加快中國圖們江區域(琿春)國際合作示範區建設的幾點思考」, 『中國集體經濟』, 2012.30.

[20] 張楠·胡冰, 「中國圖們江區域(琿春)國際合作示範區發展現狀及問題研究」, 『經濟視角』(上), 2013.09.

[21] 石慶華·尹涵·於水, 「琿春國際合作示範區紡織業集群發展問題淺析」, 『延邊大學學報(社會科學版)』, 2015.04.

[22] 李鐵, 「加快中國圖們江區域(琿春)國際合作示範區建設的思考」, 『產業與科技論壇』, 2013.13.

[23] 王興龍, 「琿春國際合作示範區產業轉型升級路徑與對策探析」, 『新長征』, 2015.01.

[24] 劉麗娟·左玉龍, 「圖們江(琿春)國際合作示範區發展現狀,問題及對策研究」, 『經濟視角(上旬刊)』, 2014.04.

[25] 吳成章, 「加快建設琿春國際合作示範區打造吉林省經濟發展第三增長極」, 『延邊黨校學報』, 2014.01.

환황해 해양경제협력과 자원개발

04
북한의 해양자원개발연구 동태

玄东日(Xuan Dongri)

북한의 해양자원개발연구 동태

玄东日(Xuan Dongri*)

국문초록

북한 김정은 정권은 "경제 강성국가"건설이라는 주 목표아래 인민생활향상을 위해 경제발전정책을 추진하고 있다. 특히 농업, 축산, 수산 세 분야의 산업발전을 추구하는 가운데 수산업발전이 상당히 주목받아왔다. 수산자원은 먹거리 문제 해결뿐만 아니라 외화벌이의 효자 품목으로 당과 군부에서 수산부문의 대외교역 및 투자에 대해 감독과 관리를 강화하고 있다. 본 연구는 북한의 해양자원 현황 및 특성과 기존의 개발이용 및 향후의 발전전망에 대해 살펴보고, 나아가 해양수산물 수출과 수산물 품질관리에 대한 북한의 정책에 대해 분석함으로써 북산 수산업에 대한 정보와 자료를 제공하고자 한다.

키워드: 해양 거버넌스(해양통치방식), 행정구행정, 구역관리, 통합관리

---

* 중국 연변대학교 경제학과 교수, 연변대학교 동북아연구소장. 메일 drxuan@ybu.edu.cn.

I. 서론

지난 세기 1968년 이태리 로마에서 세계정계, 재계, 학계 등 300여명의 인사들이 모여 세계경제 발전과 자원을 둘러싼 포럼이 개최되었는데 이 포럼에서 처음으로 경제현대화가 "자원고갈"로 이어질 수 있다는 이슈가 등장해 세계인들을 깜짝 놀라게 한 것으로 전해졌다.

그 후 학계에서는 경제지속가능발전과 환경보호 대체자원 개발 등의 방면에서 상당한 연구 성과들이 쏟아져 나왔다. 1994년 유엔 제49차 총회에서 21세기를 해양세기로 선포하면서 해양개발이 21세기 새로운 영역으로 등장했다.

지난 5년간 북한에는 김정은 체제가 등장하면서 "경제 강성국가"건설이라는 주 목표 아래 인민생활향상을 둘러싼 상당한 경제변화를 이끌어낸 것으로 전해지고 있다. 특히 농업, 축산, 수산 3대 영역발전을 추구하는 가운데 수산업 발전이 상당히 주목받아왔다. 故 김정일 국방위원장은 연안 영해에 있는 자원들만 잘 관리하고 합리적으로 이용해도 나라의 경제를 빨리 발전시키고 인민생활을 훨씬 높일 수 있다고 지적한바 있다. 현재 북한은 경제 강성국가 건설이라는 큰 틀 아래, 선대의 유지를 이어 해양자원개발에도 주목하고 있는데 그 중 수산자원개발이 일차적인 목표라고 볼 수 있다.

II. 해양자원 개발의 필요성

인류가 발생하여 오늘에 이르기까지 경제는 끊임없이 발전하여 왔으며 이 기간에 지구상의 자원을 대량 소비하였다. 경제가 발전할수록 원료, 자재, 동력에 대한 수요는 끊임없이 늘어나고 있으며 이것은 자원의 대량적인 소비를 전제로 하고 있다. 과학과 기술의 발전이 제한되어있던 지난 시기에는 주로 경제발전에 필요한 자원을 육지에서 얻는 것이 기본이었다.

기계화 산업시대에 들어서기 전에는 생산이 주로 지상자원을 대상으로 진행되었다면 산업혁명이후 생산은 점차 석탄이나 광석, 원유와 같은 지하자원을 노동대상으로 하여 진행되게 되었으며 이에 따라 자원채취와 소비가 급격히 증대되어 대량생산, 대량소비의 시대에 들어서게 되었다. 자료에 의하면 석탄과 갈탄의 생산량은 1880년에 3억톤에서 1980년에는 37억 7,300만 톤으로 12.6배 늘어났으며, 인구 1인당 자연물질소비량은 1913년에 4.9톤이였던 것이 1960년에는 14.3톤으로 늘어났으며 현재 자원소비량이 제일 많은 나라에서는 하루 인구 1인당 20여kg이나 된다. 여기에 필요한 자원을 얻자면 10여 정보 정도의 산림이나 토지, 바다 등을 이용해야 한다.

세계경제는 그전 세기에 비해 16배나 확대되었으며 자원소비가 계속 늘어나 20세기 후반기에 와서는 자원고갈이 현실적인 위협으로 등장하게 되었다. 이것은 오늘날 경제의 지속적 발전을 보장하기 위한 자원분배의 해결이 중요한 문제로 제기되고 있다는 것을 보여주고 있다. 물론 과학과 기술이 발전함에 따라 새로운 물질들을 만들어내고 있지만 그것을 합성하는데 이용되는 기초물질은 다 자연계의 자원으로부터 출발한다. 이로부터 인류는 급속히 발전하고 있는 과학과 기술에 기초하여 해양자원의 개발과 이용에 주목을 돌리기 시작하였으며 오늘날 해양자원을 효과적으로 개발·이용하여 경제를 발전시켜나가는 것이 하나의 세계적 추세로 되고 있다.

경제발전에서 해양이 차지하는 지위로부터 1994년 유엔총회 제49차 회의에서는 21세기를 해양의 세기로 선포하였다. 이것은 현 시기 해양자원의 효과적인 개발이용이 경제의 지속적 발전을 위한 중요한 문제이며 세계적인 추세로 되고 있다는 것을 보여주고 있다. 해양자원을 효과적으로 개발·이용하는 것이 경제의 지속적 발전을 위한 필수적인 요구로 되는 것은 우선 경제발전에 필요한 원료와 자재, 동력을 원만히 보장할 수 있기 때문이다.

III. 해양자원 평가

해양의 총면적은 3억 6,145만 5,000km^{2}로서 지구면적(5억 1,010만 km^2)의 70.8%, 해양 총 물량은 13억 7,000km^{3}로서 전체 지구물자원량의 96.5%를 차지한다. 해양은 자원의 거대한 보물고이다. 해양자원이라는 것은 바다와 바다 밑에 매장 되어 있으면서 경제적 이용가치가 있고 개발 가능한 자연부원을 말한다. 해양자원에는 생물자원, 광물자원, 화학자원, 에너지자원, 공간자원 등 경제발전에 필요한 모든 자원들이 다 포괄되어있으며 육지에는 없는 새로운 자원들도 가지고 있다. 해양에는 육지보다 훨씬 많은 금속광물들과 우라늄, 석유, 천연가스자원이 매장되어있다. 금은 육지매장량의 170여배, 은은 7000여배 매장되어있으며 알루미늄은 2만년, 동은 6000년, 니켈은 15만년정도 채취하여 쓸 수 있다. 해양에는 80여종의 화학원소가 부존하고 있는데 소금만 해도 480억t, 우라늄 45억t, 브롬은 지구에 매장되어있는 총량의 99%나 들어있다. 바닷물 1,000m^{3}에는 아연 10.4톤, 동이 3.1톤, 은 220kg, 금 4.3kg, 비스무트 3.1톤 등이 들어있다. 바닷물속의 각종원소는 농도가 매우 낮지만 전체적인 총량은 놀라울 정도로 많다. 실제로 해양에 매장된 칼륨 총량은 40억t이 넘는다. 바다 밑의 망간광체 총 매장량은 3만여 억t에 달하는데 인류가 3만 3300년 동안 사용할 수 있는 양이라고 한다. 세계대양에 매장되어있는 원유는 15,000억t, 천연가스는 140조m^3, 미래에너지원천으로 주목되는 메탄수화물은 메탄가스로 확산하여 무진장한 조석에너지, 파도에너지와 온도차에너지 등 개발 가능한 전기에너지자원은 64억 kW이다. 이와 같이 해양에는 경제발전에 필요한 원료, 자재, 동력을 보장할 수 있는 많은 양의 자원들이 있다.

육지자원의 개발은 물론 육지자원의 개발과 달리 고도의 과학기술발전을 전제로 한다는 점에서 일정한 차이가 있지만 최근 정보기술, 나노기술, 생물공학가 같은 핵심기초기술이 발전하고 첨단과학기술분야들이 개척되면서 해양자원을 개발·이용할 수 있는 충분한 현실가능성을 주고 있다. 이로부터 현시기 인류는 해양자원의 개발을 중시하고 해양자원을 적극 개발·이용하여 경제의 지속적 발전을 보장하려 하고 있다. 해양자원을 효과적으로 개발·이용하는 것이 경제의 지속적 발전을 보장하기 위한 필수적 요구인 것은 다음 세대 인류의 생존과 발전에 필요한 먹는 문제를 원만히 해결할 수 있기 때문이다. 경제의 지속적 발전을 보장하기 위해서는 경제발전에 필요한 원료, 자재, 동력을 충분히 보장하는 것과 함께 사람의 노동력의 재생산에 필요한 생활자료를 원만히 보장하여야 한다. 사람의 생존과 활동에 필요한 생필품 가운데 가장 중요한 것은 식량문제, 즉 먹는 문제를 해결하는 것이다.

최근 인구의 급속한 장성과 경제의 확대발전으로 인한 환경파괴는 세계적으로 새로운 위기들을 조성하고 있는데 그 대표적인 것이 식량위기이다. 1900년대 초반에 15억 명이었던 세계 인구는 불과 100년 사이에 4배에 이르러 약 70억 명에 이르렀고 세계경제의 급속한 발전은 농경면적을 줄이고 자연환경의 파괴로 인한 자연재해를 불러와 식량을 비롯한 인간의 생존과 활동에 필요한 생필품 생산에 막대한 지장을 주고 있다. 이와 같이 해양생물자원을 효과적으로 개발이용하면 인간의 생존과 활동에 필요한 여러 가지 식료품의 생산을 얼마든지 보장할 수 있으며 이것은 경제의 지속적 발전에 적극 이바지 하게 될 것이다.

IV. 북한의 수산물 품질관리

현재 북한은 해양자원개발에서 주로 수산개발에 집중하고 있다고 할 수 있다. 수산개발 사업에서 중요한 것은 수산물 품질관리를 지적할 수 있는데 현재 북한의 수산물 품질 관리에서 아래와 같은 몇 가지 특징을 볼 수 있다.

첫째, 수산물에 대한 관리는 생산 활동의 한 공정인 어류작업이 수면 위에서 진행됨에 따라 품질관리사업이 일정한 장소에 고착되어 진행되는 것이 아니라 바다와 육지를 부단히 이동하면서 진행된다는 것이다. 고정된 장소에 설비를 차려놓고 생산 활동을 진행하는 다른 기업소들과는 달리 수산부문에서는 탐색수단에 의하여 물고기 떼를 탐색하여 물고기가 있는 곳에 그물을 쳐놓고 생산 활동 즉 물고기 잡이를 진행한다.

둘째, 수산물 품질관리는 물고기 잡이와 그 가공이 수산물의 질보장과 관련하여 시기성을 간절히 요구하는 것이다. 물고기 잡이와 가공이 시기성을 간절히 요구한다는 것은 물고기 잡이 준비부터 가공 및 제품으로 판매되기까지 전 기간 시기를 놓치지 않고 제품의 질을 철저히 보장하여야 한다는 것이다. 물고기를 비롯한 수산물은 변질되기 쉬운 생산물이다. 물고기를 잡자마자 배 칸에 넣으면 온도가 자연적으로 섭씨 15~20도로 오르기 때문에 조직효소와 미생물의 작용조건이 좋아져 선도가 시시각각으로 떨어진다. 잡은 물고기를 1차적으로 가공할 수 있도록 소금, 양념감, 조미료들을 넣지 말고 보장하는 공급체계를 세워야 한다. 다음으로 시기성을 보장하는데 중요한 것은 물고기의 선도를 유지할 수 있는 현대적인 어구설비들을 이용하여 물고기 잡이를 과학적으로 진행하는 것이다. 또한 잡은 물고기들을 제때에 가공·처리할 수 있도록 어선구조 개편을 합리적으로 추진함과 동시에 운반 및 하역을 신속히 해야 한다.

셋째, 사업소에 대한 품질관리가 채취로부터 가공, 판매에 이르기까지 넓은 범위를 포괄하고 있는 것이다. 철이나 기계제품은 고정된 장소에서 생산된 원료와 자재를 가지고 표준조작법과 기술규정의 요구대로 생산하면 불량을 막을 수 있다. 농사도 토양조건과 일기조건을 타산하여 생물학적 이치에 맞게 '적지적작(適地適作) 적기적작(適期適作)'의 원칙에 따라 품종을 배치하여 생육조건에 따라 비배관리를 할 경우 높은 생산량을 확보할 수 있다. 그러나 수산물 품질관리는 수산자원을 개발하기도 하고 양식하기도 하며 그것을 원료로 하여 가공도 하는 종합적인 생산조직을 통하여 생산물 생산이 이루어진다. 따라서 그의 품질관리도 종합적 성격을 띠고 진행되게 된다.

이상의 특징을 고려하면 수산물 품질을 높이기 위한 관리는 다음의 공정에 따라 진행된다고 볼 수 있다.

(1) 물고기 자비공정에서의 품질관리이다. 물고기품질이란 곧 물고기의 선도를 의미한다. 일반적으로 바다 속에 있는 물고기의 품질은 어느 것이나 할 것 없이 다 좋기 때문에 문제는 선도를 보장하여 가공공정으로 넘겨주는 것이다. 따라서 이 공정에서 대형 냉동설비를 잘 갖추어놓고 물고기를 잡는 단계에서의 질을 보장하며 운반과정에 품질이 손상되지 않도록 하는 것이 중요한다.

(2) 물고기 공장에서의 품질관리이다. 이 공정은 수산사업소에서 기본품질관리 단계라고 할 수 있다. 물고기를 일단 잡은 다음에는 그 선도를 보장하여 가공단계에서 질 관리를 철저히 하는 것이 중요하다. 가공단계에서는 물고기의 종류 신선도에 따라 다양한 제품을 생산하는데 여기에서 질 관리 사업은 소비자들의 요구에 부합되면서도 영양가가 높은 식품을 생산하는데 기본 목적을 두고 있다.

(3) 물고기 판매과정에서의 품질관리이다. 물고기가 가공공정을 거치면 제품의 질 수준이 규정되어 소비자들에게 공급하기 위한 판매 사업이 진행된다. 여기에서 소비자들이 제품을 이용할 때까지 질 변동이 없도록 품질을 보존하기 위한 관리 사업이 진행된다.

현재 북한의 수산품 관리는 점차적으로 규범화 법규화단계에 들어서고 있다. (물고기 및 물고기제품 미생물 시험법-시험감준비) 국가규정 12930:2011이 2011년 4월 28일에 제정되었으며, 향후 다양한 상응법규와 규정들이 나올 것으로 예상된다.

참고문헌

[1] 현순일, "해양자원의 효과적인 개발리용은 경제의 지속적 발전을 위한 필수적 요구", 〈경제연구〉, 과학백과사전출판서, 2016.01

[2] 강려화, "수산사업품질관리의 특징", 〈경제연구〉, 과학백과사전출판서, 2015.02

[3] 계량 및 규격화, 과학기술출판사, 2012.01

환황해 해양경제협력과 자원개발

05
중국 황해해역 해양에너지 개발 현황 및 발전전망

田其云(Tian Qiyun)

중국 황해해역 해양에너지 개발 현황 및 발전전망

田其云(Tian Qiyun*)

국문초록

중국 황해해역의 해양에너지 개발은 조류, 조석, 파랑에 의한 에너지 연구개발 및 프로젝트 수행을 활발하게 수행하고 있으나 해양에너지 개발에 필요한 투자비용이 아직까지 높은 상황이다. 이에 따라 해양에너지 개발과 관련하여 재원 확보를 위한 민간자본의 도입방안, 에너지구조에서의 해양에너지 비중 확대방안 및 해양에너지 총량목표 달성 등 문제가 현안으로 떠오르고 있다. 이러한 문제해결을 위해 환경책임제도 및 신재생에너지 의무할당제를 도입하였으며 고정가격제(固定电价制)에서 신재생에너지 의무할당제로 전환하고, 나아가 녹색증서거래시스템을 구축하였다.

본 연구는 화석연료 발전사업자에게 총발전량에서 일정 비율을 해양에너지로 공급하도록 의무화하는 해양에너지 의무할당제를 도입하고, 해양에너지 발전사업자와 개인에 대해 해양에너지 녹색증서를 발급하며 해양에너지 녹색인증서의 거래를 허용함으로써 해양에너지산업 활성화의 실현과 황해해역의 해양에너지 발전을 촉진할 것을 제안한다.

---

* 중국해양대학교 법과대학 교수. 메일 tianqiyun@263.net.

키워드: 재생에너지, 해양에너지, 재생에너지할당제, 강제성 할당의무, 녹색증서

I. 서론

화석연료는 기후변화와 미세먼지를 발생시키는 주범으로 지목받아왔으며, 이를 대체할 수 있는 신재생에너지를 개발하고 화석연료 중심의 에너지구조를 신재생에너지로 전환함으로써 인류가 공동으로 직면한 자원, 에너지, 환경 등 위기를 극복하고자 노력을 기울이고 있다. 해양에너지는 신재생에너지의 하나로 중국의 절강성, 산동성 등 연안지역의 조력, 파랑, 해류 및 조류 등 해양에너지 발전 정책 및 법적보장체제(法律保障机制)에 대한 연구를 수행하는 과정에서 해양에너지 개발에 대한 투자의향이 높은 반면에 투자비용이 높은 관계로 투자에 어려움을 겪고 있는 문제점을 발견하였다.

이러한 문제점을 해결하기 위해서는 신재생에너지 의무할당제를 바탕으로 녹색증서 거래시스템을 구축하여야 하며 중소기업의 직접투자와 자금조달을 지원하는 법제도를 도입함으로써 법적·제도적 장치를 마련하여야 한다.

II. 중국의 해양에너지 발전 논리와 정책방향

중국의 해양에너지 개발 초기단계에는 오직 에너지원의 하나로 이용되어 왔다. 조력에너지 이용은 1000 여년의 역사를 가지고 있는데 산동성 펑라이 (蓬莱)에서 조력수차(潮汐磨)가 발견된 것은 조력에너지 개발의 역사를 입증하고 있다. 송나라 때 복건성 췐저우(泉州)에 건설한 낙양교(洛阳桥)는 조석에너지를 활용하여 무거운 돌을 운반하였다. 또한 1950년대 후반에 중국은 조력발전소 건설 붐이 일어나면서 점차적으로 구축되었는데 통계에 의하면, 1950년대 후반에 42개의 조력발전소를 설치하여 발전용량이 총 500킬로와트(千瓦)에 달한다. 조력발전소에서 생산된 전력은 조명과 소규모 농업시설의 전력공급에 사용되었다. 그 밖에 건설 중에 있었던 조력발전소가 88개로 완공 시 발전용량이 7055킬로와트에 달한다. 아쉬운 점은 그때 당시 설치한 조력발전소의 규모가 작고 부지선정이 합리적이지 못하며 설비와 기술수준이 낙후하고 그에 대한 효과적인 관리가 이루어지지 않아 대부분 조력발전소가 폐기되었다.

　1970년대에 들어서 조력에너지가 다시금 주목을 받게 되었다. 중국 최대 규모의 몇몇 조력발전소는 모두 이 시기에 건설되었으며 현재 중국 최대 발전용량을 자랑하는 절강(浙江) 원링쟝샤(溫岭江厦) 조력발전소가 있으며, 당해 발전소를 설립한 기업은 2017년 현재 총 8개의 조력발전소를 건설하였으며 이로 인한 발전용량은 6120kW에 달한다.[1] 1970년대에 건설된 조력발전소는 50년대에 건설된 조력발전소에 비교하여 규모가 확대되고 발전소설계, 시공, 설비운반 등에 있어서 보다 규범화되었으며 발전소의 운영에 대한 안정성이 한층 강화되었다.

　중국은 해양에너지 개발에 있어 지난 수십 년 동안 급격한 발전을 가져왔으며 기술적 노하우를 축적함으로써 조석, 조류, 파랑 등 해양에너지를 활용한 발전기술을 개발하여 해양산업의 전면적인 발전을 위한 준비를 끝냈다. 아울러 해양에너지의 개발은 도서 주민들의 생활의 편의를 제공하고 연안지역의 경제발전을 촉진하는데 있어서 중요한 의미를 가지며, 중국 미래 신재생에너지원으로서 또한 해양경제발전의 핵심 산업으로서 중요한 의미를 가진다.

　중국은 풍부한 해양에너지자원을 보유하고 있으며 잠재적 에너지 수요와 발전 전망이 매우 크다. 지역별 특성에 있어서 연안지역은 경제발전의 거점지역이며, 도서는 국가안보와 발전전략에 있어서 중요한 지정학적 가치를 가지며, 중국의 대외경제에 있어서 중요한 수출기지로서의 역할을 맡고 있어 경제, 해양안보, 정치 등 다양한 분야에서 중요한 역할을 한다. 중국의 연안지역 특히 도서지역 경제성장 및 경제적 가치 향상은 국가 안보이익에 영향을 미치는 현안 중의 하나로 지목되었다. 하지만 대부분의 도서는 대륙과 멀리 떨어져

---

1) 刘子铭·李东辉：国内海洋能发电技术发展研究及合理建议，《化工自动化及仪表》，2015年第9期

있어 전력공급이 원활하지 않으며 연료 부족으로 인해 주민 생활에 불편을 가져오고 있고 나아가 도서지역 경제발전의 저해 요인으로 작용하고 있다. 이러한 상황에 비추어볼 때 해양에너지산업의 육성은 연안지역 및 도서지역 주민들의 에너지 공급난을 해결하지 위한 최적의 방안이다.2) 조석, 조류, 파랑, 온도차, 염분 등3) 해양에너지는 녹색의 청정에너지로 환경오염이 적고, 재생 가능하며 에너지 잠재량이 무궁하기 때문에 중요한 가치를 갖는 새로운 에너지원으로 부상했다.

21세기에 들어서서 기후변화에 대한 관심이 많아지면서 석탄, 석유 등 화석연료의 연소에 의해 나타나는 온실가스의 감축을 위해 종합적인 에너지대책을 세우게 되었고 화석연료의 개발과 이용을 제하는 한편 태양열, 풍력, 바이오에너지, 지열, 해양에너지 등 청정에너지 개발을 장려하는 노력을 적극적으로 벌여나가고 있다.4) 이에 따라 해양에너지는 재생 가능하고 청정한 에너지자원의 하나로서 주목을 받게 되었으며, 해양에너지 개발은 대체 에너지 개발의 일환으로 신재생에너지 개발정책에 편입되었다.

2003년부터 2004년에 걸쳐 "신재생에너지법(可再生能源法)"초안을 마련하였고, 법제정 초반부터 해양에너지 개발모델에 대해 학술계와 실무계의 논쟁이 오갔다. 즉 중국은 영국, 호주, 일본 등 선진국에서 시행 중인 신재생에너지 할당제(可再生能源配額制)를 도입해야 하는가 아니면 독일, 스페인 등 국가에서 시행 중인 고정가격제(固定电价制)를 도입해야하는가에 대한 논쟁이다. 입법자들은 독일의 경우와 같이 신새생에너지 발전시설을 통해 생산된 전기를 기존의 전력망에 통합시키고 고정가격제를 시행하는 방법으로 신재생

---

2) 载刘靖飙·顾根香 等：海岛可再生能源多能互补独立电力系统应用研究,
  《第一届中国海洋可再生能源 发展年会暨论坛》, 海洋出版社2012年版, 第322页。
3) 해양재생가능에너지전문자금관리잠행방법(海洋可再生能源专项资金管理暂行办法)
  제2조(정의)의 규정에 따르면 해양재생에너지란 바다에 매장된 그리고 해양을 특수 배경으로 생산된 재생 가능한 천연자원으로 조석, 조류, 파랑, 온도차, 염분 등 에너지가 포함된다.
4) 徐祥民 等： 《中国环境法制建设发展报告》(2012年卷), 人民出版社2013年版, 第14页。

에너지의 개발 및 이용을 보급해야한다고 주장하였다.5) 중국은 이미 풍력·태양열·바이오매스·조력발전에 의한 전기를 기존의 전력망에 통합시키고 이에 대한 고정가격제를 적용함으로써 해양에너지 발전의 정책적 기반을 마련하였다. 중국은 이와 같은 정책을 바탕으로 해양에너지 기술개발 및 산업화 기반 구축을 촉진하고 있다. 나아가 2010년에 발표한 "해양 재생가능에너지 전문자금관리 잠행방법(海洋可再生能源专项资金管理暂行办法)"은 해양에너지 육성에 대한 유일한 정책규정으로 해양에너지자원에 대한 조사, 기술개발에 대한 연구의 지원, 해양에너지 전문기금 설립, 현금보상원칙(现金直补) 등 관리제도에 관한 규정을 포함하고 있다. 중국공산당 제18차 전국대표대회(十八大) 보고에서 해양자원의 중요성과 발전방향에 대해 강조하였는데6) 이는 국가정책 및 법률 측면에서 청정에너지, 재생 가능한 에너지, 해양에너지에 대한 관심과 지원이 확대되고 있음을 입증한다.

III. 중국의 해양에너지 분포 및 황해지역 해양에너지 개발

중국의 육지해안선 총길이는 18,000km에 달하며 광활한 해역(300만km^2)에는 풍부한 해양에너지를 보유하고 있어 성장잠재력이 매우 높다. 중국의 해양에너지 개발은 수년간 노력을 통해 약간의 성과를 가져왔으며 그중 조력발전에 있어서 가시적인 성과를 냈다. 예컨대 쟝샤(江厦) 조력발전소를 포함하는 다수의 시범조력발전소를 설치하였으며 그중 일부 조력발전소는 오랜 시간동안 안정적인 운영에 성공하였다. 또한 파랑, 조류를 이용한 발전기술 개발에 성공하여 소규모의 시범발전소를 설치하였고 해수의 온도차 발전 시스

---

5) 李艳芳·张牧君 : 论我国可再生能源配额制的建立——以落实我国《可再生能源法》的规定为视角, 《政治与法律》2011年第11期
6) 중국공산당 제18차 대표대회(十八大)에서 해양에너지자원의 개발과 이용능력을 제고하고 해양경제 개발을 촉진하고, 해양생태환경을 보호하며, 국가해양권익을 수호하고 해양강국을 건설하여야 한다는 해양정책을 명확히 하였다.

템 기술개발 연구를 통해 핵심기술을 확보하게 되었으며 현재 원리연구(原理研究)단계에 진입해 있다.[7]

조력에너지는 조수의 간만차이에 따라 생겨나는 위치에너지를 말한다. 조력발전은

바다의 밀물과 썰물의 차이를 이용해 전기를 생산하는 것으로, 조석현상으로 인해 해면 높이의 차이가 생기고 이 과정에서 발생하는 위치 에너지의 차이를 전력으로 변환하는 발전방식이다. 수력발전과 비슷한 형태이나 조력에너지의 밀도가 수력에 비해 현저히 낮다. 조석범위의 최대치는 13-15m이며, 통상 평균 조수범위가 3m이상일 경우 조력발전에 이용될 수 있다. 조석현황에 대한 조사 및 통계에 따르면 중국은 200-1000kW급의 조력발전소 입지조건에 적합한 항만 및 하구 424곳을 보유하고 있다. 또한 200kW급의 조력에너지 발전용량은 2179×10^4kW이며, 전기 생산량은 624억kWh에 달한다. 그러나 조력에너지 분포가 불균형하며 전체 조력에너지의 93%는 동중국해와 남중국해에 분포되어 있다. 복건성(福建)과 절강성(浙江)이 가장 많아 각각 88곳, 73곳을 보유하고 있으며, 발전량은 각각 1033×10^4kW, 891×10^4kW이다. 만약에 절강성(浙江), 복건성(福建)과 장강하구(長江口) 북부지점의 조석에너지를 완전히 개발할 경우 매년 조력발전량은 화력발전소에서 2000만 톤의 석탄을 연소하여 생산한 전력공급량에 해당한다.[8] 바다의 밀물과 썰물의 차이 및 해안선 등 자연현황을 평가기준으로 설정할 시 에너지 밀도와 발전소 입지여건이 가장 적합한 곳은 복건성과 절강성 연안지역이다. 다음으로 적합한 곳은 요동반도(辽东半岛) 남단 동측, 산동반도(山东半岛) 남단 북측과 광서동부(广西东部) 해안선이다. 전술한 지역의 조력발전 총 용량은 1925×10^4kW이며, 연간 전기생산량은 시간당 551×10^8kW 이다. 이는 전국 전기생산량의

---

7) 张文亮·虞子婧：浅谈天津海洋能的开发利用,《第一届中国海洋可再生能源发展年会暨论坛》, 海洋出版社, 2012年版, 第509页.
8) 褚同金著:《海洋能资源开发利用》, 化学工业出版社2005年版, 第61页.

88.3%에 달한다. 현재 운영 중에 있는 3개의 조력발전소는 절강(浙江) 원링(温岭)에 위치한 쟝샤발전소(江厦站) 발전용량은 3200kW, 절강 위환(玉环) 하이산발전소(海山站) 발전용량은 150kW, 산동 루산(乳山) 바이싸커우발전소(白沙口站) 발전용량은 640kW이다.[9] 이에 비교하여 황해지역의 조석에너지는 적은데 기존에 운영 중인 산동 루산(乳山) 바이싸커우발전소(白沙口站)을 제외하고 강소성해양기능구획에 대한 국무원 승인(国务院关于江苏省海洋功能区划的批复)에 3곳의 조력발전소 입지 후보지가 명시되어 있다. 조력발전소 입지 후보지에는 관허하구(灌河河口), 써양하구(射阳河口), 장강하구 북부지점(长江口北支)이 있다. 중국의 대부분 해역은 해류 흐름의 속도가 늦고 흐름의 주기 변화에 따라 오랜 시간동안 유속이 느린 관계로 전력출력이 적고, 시간이 짧고 규모도 작고, 비용투자가 높다.

조류에너지는 흐르는 해수의 운동에너지를 의미한다. 대부분의 강한 조류 및 해류가 흐르는 지역은 깊은 바다로 에너지를 주로 소비하는 육지와 멀리 떨어져 있다. 일반적으로 해류의 속도가 2m/s이상일 경우 조류발전의 가치를 갖는다. 중국의 130개 수로(水道)에 대한 통계에 따르면 조류에너지 보유량은 평균 발전전력 1396×10^4kW로 동중국해 연안의 95개 수로의 평균 발전전력은 1096×10^4kW이고 전국 발전전력의 78.6%에 달한다. 황해 연안에는 12개 수로가 조류발전소 설치에 적합하며 평균 발전전력은 231×10^4kW이며 전국 발전전력의 16.5%에 달한다. 남중국해 연안에는 23개 수로가 조류발전소 설치에 적합하며 평균 발전전력은 68×104kW이며 전국 발전전력의 4.9%에 달한다.[10] 중국의 대부분 연안해역은 해류의 유속이 느리고 해류변화 주기별 특징 상 오랜 시간 저속의 상태를 유지하고 있으며 발전장치의 출력량이 작고 발전장치 작동시간이 짧고, 발전장치 규모가 크고, 투자비용이 높은

---

9) 马龙·陈刚等：浅析我国海洋能合理化开发利用的若干关键问题及发展策略,《第一届中国海洋可再生能源发展年会暨论坛》, 海洋出版社2012年版, 第466-467页.
10) 王立杰·戴晓兵 等：山东长岛潮流能发电系统设计与站址选择,《第一届中国海洋可再生能源发展年会暨论坛》, 海洋出版社 2012年版, 第111页.

등의 단점이 있다.11) 이러한 문제점으로 인해 조류발전은 아직 기술연구 시범공정단계에 머무르고 있다.

반면에 조류발전은 방파제 건설이 불필요하기 때문에 기타 해양에너지 발전소 설치에 비해 공사시간이 단축되고 시설물 건축에 필요한 비용을 절감할 수 있다.12)

중국의 황해 연안지역은 조류발전 기술개발과 상용화를 위한 시험에 노력을 경주하여 왔다. 해양조사에 따르면 황해수역 해류의 유속은 대부분 0.5-1.0m/s이며, 황해 북부에 위치한 창산열도(长山列岛), 압록강 하구(鸭绿江口), 산동반도 상단에 위치한 청산터우(成山头), 강소성(江苏) 츙강(琼港), 샤오양강(小洋港) 일대의 해류 유속이 상대적으로 빠르다. 에너지밀도가 높은 수로에는 발해해협(渤海海峡)의 로테산(老铁山) 수로의 북측으로 에너지밀도는 17.41kW/m^2, 산동(山东) 베이황청(北隍城) 북측 13.69kW/m^{2}이다.13) 중국은 창도(长岛) 주변 해역에 400kW급의 조류발전소를 설치하여 도서 주민의 생활 전력을 안정적으로 공급하기 위해 노력하고 있다. 창도 조류발전소의 시범운영은 육지에서 멀리 떨어져 있는 도서의 자가발전에 유리하며, 육지에서 멀리 떨어진 도서까지 전력계통 접속에 필요한 송전설비와 케이블 설치에 필요한 해역이용, 자원 손실, 송배전 손실 등의 기술적 어려움을 해결하는데 중요한 경험을 제공할 수 있기 때문에 도서지역의 안정적인 전력 공급과 도서 경제의 발진에 있어서 중요한 의미를 갖는다. 또한 하나의 송배전(输配电)제어시스템을 통해 도서 주변의 수산양식장, 해수담수화공장, 호텔 및 도서 주민의 생활에 필요한 전력을 공급할 수 있다.14) 산동성 해양기능구획에 따르면

---

11) 徐世强·王树杰 等 : 20kW潮流能发电装置双向导流罩设计和实验研究, 《第一届中国海洋可再生能源发展年会暨论坛》, 海洋出版社2012年版, 第33页.
12) 李景·过洁 等 : 潮流能发电机组材料应用技术研究, 《第一届中国海洋可再生能源发展年会暨论坛》, 海洋出版社2012年版, 第49页.
13) 王立杰·戴晓兵 等 : 山东长岛潮流能发电系统设计与站址选择, 《第一届中国海洋可再生能源发展年会暨论坛》, 海洋出版社2012年版, 第111页.
14) 王立杰·戴晓兵 等 : 山东长岛潮流能发电系统设计与站址选择, 《第一届中国海洋可再生能源发

룽청시(榮成) 청산터우(成山头)지역을 해양에너지구역으로 설정하고 있는데 이는 청산터우(成山头) 연안해역에 해양에너지가 풍부하고,[15] 지질조건이 좋고 주변 사회・경제적으로 발전되어 있기 때문에 조류발전소를 설치하기에 적합하다.[16] 산동전력공정자문원유한회사(山东电力工程咨询院有限公司)는 따탕(大唐) 룽청(荣成)지역에 300kW급의 조류발전소 4개를 설치할 계획이며 현재 시범구역 해양탐사 및 발전장치 설계를 완성하였다.[17]

파랑에너지는 파랑이 물체에 주는 힘과 진동을 이용하는 방식으로, 해양에너지 중에 가장 불안정한 에너지이다. 파력발전은 가동물체형과 파랑에 의한 수위의 변화를 이용하여 공기의 이동을 이용하는 방식으로 이용 가능한 파랑에너지 평균 출력량은 1285×10^4kW이며, 90%이상의 파랑에너지는 화동지역 상해(华东沪), 절강(浙), 복건(闽沿) 연안해역에 분포되어 있다. 전술한 화동 연안지역은 경제발전수준이 높고 에너지 수요가 많은 지역이다.[18] 아울러 파랑에너지가 가장 풍부한 지역은 절강(浙江), 복건(福建), 광동(广东), 대만(台湾)지역이다. 특히 대만 연안해역의 파랑에너지가 가장 풍부한데 429×10^4kW로 국가 전체 파랑에너지의 1/3를 차지한다. 다음으로 절강, 광동, 복건, 산동성의 순으로 나타나는데 4개 지역의 파랑에너지는 성별 파랑에너지 출력량이 약 $161 \times 10^4 - 205 \times 10^4$kW이며, 총 출력량은 706×10^4kW으로 국가 전체의 55%를 차지한다. 기타 연안지역의 파랑에너지 출력량은 매우 적은데 지역별 평균 출력량은 약 $144 \times 10^3 - 563 \times 10^3$kW이고, 광서(广西)지역이 72×10^3kW로 가장 적다. 중국과학원 광저우에너지연구소(中国科学院广州

展年会暨论坛》, 海洋出版社2012年版, 第112页.
15) 荣成成山头附近海域潮流能理论蕴藏量为1.77×10^4kW° 武贺,赵世明等：成山头外潮流能初步估算,《海洋技术》2010年第3期.
16) 周斌・马龙 等：山东近海潮流能电场建设环境影响分析, 《第一届中国海洋可再生能源发展年会暨论坛》, 海洋出版社2012年版, 第367页.
17) 高兴国・常增亮 等：山东荣成海洋潮流能电站站址海底地形地貌特征及比较分析, 《第一届中国海洋可再生能源发展年会暨论坛》, 海洋出版社2012年版, 第134页.
18) 于建清・庞永超 等：基于实海况试验的波浪能发电装置的检测与可靠性评价, 《第一届中国海洋可再生能源发展年会暨论坛》, 海洋出版社2012年版, 第224页.

能源硏究所)는 3kW, 20kW, 100kW급의 파력발전소(시범)를 설치하였으며 광동(广东) 유위시(油尾市)에서 파력발전의 안정적인 전력공급 실험에 성공하였다.[19]

온도차 발전은 태양에 의해서 가열된 높은 온도의 표층수로 작동유체를 가열하여 증기를 만들어 그 증기로 발전터빈을 돌리고 그 증기를 심해의 차가운 해수를 통해 액체로 응축하는 것이다. 500-1000m 심층에서 취한 해수와 바다 표층수의 수온 차는 약 20℃로 이는 거대한 에너지원이다. 중국 연근해 및 접속수역의 온도차 에너지의 매장량은 $14.4 \times 10^{21} - 15.9 \times 10^{21}$J이고, 이용 가능한 전력량은 $17.47 \times 10^8 - 18.33 \times 10^8$kW이고, 온도차 에너지의 90%가 남중국해해역에 분포되어 있다. 중국은 10W, 60W급의 염분차 발전장치(실험대)를 설치하였다.[20]

염분차 발전은 말 그대로 바닷물과 강물의 염분의 농도 차이를 통해 얻어지는 에너지를 이용해 전기를 생산하는 기술로서 화학적 형태의 해양에너지이다. 즉 염분함량이 서로 다른 바닷물과 강물이 만나게 되는 곳에서는 농도가 낮은 강물이 농도가 높은 바닷물에 빨려 들어가면서 압력이 생기고, 이 힘으로 터빈이 회전되면서 전기에너지를 생산한다. 중국 연안해역 염분차 에너지는 주로 장강(长江) 및 이남지역이 풍부하다. 이론적으로 염분차 에너지의 매장량은 3.85×101^5KJ에 달하며, 염분차 발전으로 얼마만큼의 용량이 발생되는지에 대해 계산한 결과 무려 1.14×10^8kW에 달하고, 장강하구, 주강하구의 염분차 에너지 매상량은 전국 염분차 에너지의 81.24%에 달한다. 중국은 10W, 60W급의 염분차 발전장치(실험대)를 설치하였다.[21]

---

19) 马龙·陈刚 等：浅析我国海洋能合理化开发利用的若干关键问题及发展策略，《第一届中国海洋可再生能源发展年会暨论坛》，海洋出版社2012年版，第467页．
20) 马龙·陈刚 等：浅析我国海洋能合理化开发利用的若干关键问题及发展策略，《第一届中国海洋可再生能源发展年会暨论坛》，海洋出版社2012年版，第467页．
21) 马龙·陈刚 等：浅析我国海洋能合理化开发利用的若干关键问题及发展策略，《第一届中国海洋可再生能源发展年会暨论坛》，海洋出版社2012年版，第467页．

이처럼 중국의 해양에너지 분포 및 기술개발과 시범사업 운영에 대한 현황을 살펴보았는데 황해해역에 분포된 해양에너지 유형은 조석, 조류, 파랑 등이 있다. 또한 "해양재생에너지 13.5계획(海洋可再生能源十三五规划)"에 따라 황해해역의 다양한 해양에너지 자원과 우월한 해양과학기술을 결합하여 기술혁신을 실현하고, 기술적 지원과 서비스 환경을 최적화함으로써 해양에너지 연구개발과 산업화 기반을 구축하고, 산학연이 협력하는 시범구를 설립하여야 한다. 아울러 "생태도서(生态岛礁)"사업의 요구사항과 결합하여 지역적 특성에 부합하는 상호보완적 에너지 수급 구조를 형성하여야 한다.

Ⅲ. 중국 황해해역 해양에너지 개발을 위한 보장

　　앞에서 언급한 바와 같이 해양에너지 개발에 필요한 투자비용이 높은 것은 논란의 여지가 없다. 이에 따라 해양에너지 개발의 가장 핵심적인 요소는 재원의 확보이다. 현재 황해지역 해양에너지 산업은 연구개발 및 프로젝트 수행단계에 있고 해양에너지 발전소 건설이 더딘 상황이나 국가 해양에너지 개발 전문기금(海洋能专项资金), 보장성 전력구매(保障性收购) 등 관련 정책을 적극 활용하여 양질의 개발을 보장하여야 한다.

　　해양에너지 개발에 대한 정부의 지원 외에도 해양에너지 산업은 화력발전소와 시장 선점을 위한 치열한 경쟁을 벌여야 할 것이다. 해양에너지 발전은 화력발전에 비해 투자비용이 높으며 해양에너지 발전 규모의 확대에 따라 보조금 지급으로 인한 정부의 재정부담이 커지게 된다. 이에 따라 해양에너지 기술 혁신과 보급 확대를 위해서는 민간부분의 적극적인 투자가 필수적이다. 시장경쟁체제 하에서 해양에너지 산업에 대한 투자는 필연적으로 확실한 수익을 보장할 것을 요하는바 해양산업의 시장경쟁력을 높일 수 있는 법제도를 마련하여 민간부분의 적극적인 투자를 유인함으로써 해양에너지 개발기술의 연구와 산업화 및 실용화를 확보하여야 한다.

1. 강제적 의무주체

해양에너지 개발의 필요성과 배경을 살펴보노라면 해양에너지는 청정 에너지 및 재생 가능한 에너지의 하나로 화학연료의 대체 에너지로 개발되었다. 이에 따라 화석연료의 대체 에너지로 개발된 해양에너지는 화력발전에 따른 환경오염문제를 해결하기 위한 대응책으로 주목으로 받게 되었으며, 오염자부담원칙에 따라 화력발전의 생산, 판매, 소비 등 모든 시장 참여자에게 청정에너지 사용을 의무화한다. 특히 대규모 발전 사업자에게 신재생에너지(해양에너지 포함)를 이용한 발전을 의무화하는데 의무이행 주체는 아래와 같다.

첫째, 화석연료 발전사업자가 공급의무자로 된다다. 중국 전력공급의 주요 발전사업자는 화력발전과 화석연료 등 환경오염을 야기하는 기업이다. 이에는 5대 발전그룹을 포함하는 500만kW급의 발전장치를 보유한 14개 발전사업자가 있으며, 발전용량은 전국 발전용량의 72%를, 발전량은 전국 발전량의 65%를 차지한다.[22] 전술한 대규모 화력발전사업자는 중국의 전력공급시장에서 중요한 역할을 하며 자금과 기술 등 분야에 있어서 경쟁 우위를 확보하고 있다. 그러나 화력발전기업과 화석연료 발전사업자는 전력 생성과정에서 심각한 환경문제를 야기하기 때문에 오염자부담원칙에 따라 발전사업자에게 총발전량에서 일정 비율을 신재생에너지로 공급하도록 의무화하고 있다. 신재생에너지 의무 할당량을 실현하기 위해 발전사업자들은 자금과 기술적 우위를 바탕으로 신재생에너지의 보급 확대를 추진하여야 하며, 나아가 신재생에너지 개발에 관한 기술적인 노하우와 시장개발 경험을 바탕으로 해양에너지 발진을 위해 기여하여야 한다.

둘째, 전력망사업자(电网企业)이다. 전력망 사업자는 해양에너지 발전장치를 통해 생산된 전력을 기존의 전력계통에 접속하는 역할을 수행한다. 현재

---

[22] 王仲穎 等：《可再生能源規模化發展戰略与支持政策研究》, 中國經濟出版社 2012年版, 第209页.

호주 등 여러 선진국은 전력망사업자를 신재생에너지 의무할당량을 이행하기 위한 의무자로 규정하고 있다. 예컨대, 호주는 2000년 "재생가능에너지법안(可再生能源法案)"을 발표하고 재생에너지 전력공급 의무할당량을 명문화하였으며 전력판매업체에게 전력 총판매량에서 일정 비율을 신재생에너지로 공급하도록 의무화하였다.23) 중국의 전력공급체계는 송전, 배전, 공급 "삼위일체(三位一体)"로서 전력망사업자는 송전, 배전, 전력공급 등 3개의 기능을 모두 갖추고 있어 경쟁 우위를 확보하고 있다. 중국정부는 이러한 시장 특징을 충분히 고려하여 전력망사업자를 재생에너지 의무할당 주체로 규정하고, 아울러 신재생에너지 발전소에 생산된 전력을 전액 매입하는 보장책임제도(全额保障性收购责任)를 도입하였는데 이러한 법제도는 타당성이 있다고 판단된다.

셋째, 대규모 전력소비 기업이다. 산업용 전력 수요의 지속적인 증가는 화석연료 발전기업의 발전을 어느 정도 촉진하였다고 할 수 있으며, 화석연료의 사용에 따른 환경오염에 대해 약간의 책임을 져야 한다. 이에 따라 대규모 전력소비 기업에게 전력소비량에서 일정 비율을 신재생에너지로 선정하도록 의무화할 필요가 있다. 일부 학자는 "재생가능에너법" 발표에 앞서 전력 소비자들이 청정에너지를 사용함으로써 환경혜택을 누리는 동시에 맑은 공기와 깨끗한 환경에서 생활할 수 있는데 대해 약간의 비용을 지불함으로써 신재생에너지 전력산업을 지원해야 한다고 주장하였다.24) 이러한 주장은 지역별 전력망인프라 구축과 전력 공급에 따른 수익과 책임을 공동으로 부담하여야 한다는 취지가 내포되어 있다.

본 연구는 화석연료 발전사업자 등 의무주체의 의무할당제에 대한 이론적 검토를 통해 중국의 재생가능에너지법의 문제점에 대해 분석하고자 한다. 중국은 신재생에너지 육성을 위해 고정가격제를 시행하고 있으나 화석연료 발전사업자 및 전력망사업자, 대규모 전력 소비자 등 화석연료의 생산, 판매, 소비

---

23) 周少鹏 等: 澳大利亚可再生能源配额制及对我国的启示,《中国能源》, 2012年第2期.
24) 陈和平·庄辛 等: 可再生能源强制性市场份额政策初步研究,《中国能源》, 2002年第5期.

자 등 다양한 참여자들에 신재생에너지로 일정 비율을 공급, 판매, 소비하도록 의무화하는 의무할당제의 도입이 필요하다. 또한 신재생에너지 의무할당제도의 전환 및 의무이행을 위해 "재생가능에너지법(可再生能源法)", "전력법(电力法)"을 수정하여야 하며, 화력발전소의 총발전량에서 일정 비율을 신재생에너지로 공급하도록 의무화하고, 신재생에너지 발전 할당량과 신재생에너지 발진총량규제제도를 도입함으로써 신재생에너지 의무할당제의 이행을 확보하여야 한다.

2. 신재생에너지 보급목표

중국은 "재생가능에너지법(可再生能源法)" 제7조(총량목표제도)[25] 신재생에너지 보급목표를 규정하고 있는데, 국가 또는 지방정부 전력의 일정량 또는 비율을 신재생에너지에 의하여 충당하도록 의무화하는 제도로써 정부지원에 의존한 신재생에너지 보급을 시장기능에 의하여 활성화하고, 신재생에너지 부문에 대한 민간투자를 유인하는 핵심적인 정책도구이다. 아울러 신재생에너지 보급목표를 달성하기 위해 신재생에너지 개발에 관한 국가계획 및 관련 계획을 수립하여 시행하여왔다. 예컨대 "재생가능에너지 발전 12.5계획(可再生能源发展"十二五"规划)"에서 신재생에너지 보급목표를 확정하고,[26] 국가발전개발위원회(国家发改委)(2014년 11월 4일)의 "국가기후변화대응계획 2014-2020년(国家应对气候变化规划2014-2020年)"에서 보면 풍력, 태양

---

[25] 중화인민공화국재생가능에너지법(中华人民共和国可再生能源法)제7조의 규정에 따르면 국무원 에너지 주관부서는 전국 전력수요 및 신재생에너지 현황에 근거하여 국가차원의 중장기 신재생에너지이용 및 보급목표를 수립하고, 국무원의 승인을 받아 공표하여야 한다. 국무원 에너지 주관부서는 신재생에너지 보급목표를 달성하기 위해 성, 자치구, 직할시 경제발전 및 신재생에너지자원 현황을 충분히 고려하여 성, 자치구, 직할시 인민정부와 공동으로 지역별 신재생에너지개발 중장기목표를 수립하고 공표하여야 한다.

[26] "재생가능에너지 발전 12.5계획(可再生能源发展"十二五"规划)"은 2015년까지 신재생에너지 보급률을 표준석탄 기준 4.78억 톤에 해당하는 전력을 생산하며, 그중 상용화 신재생에너지 보급률은 표준석탄 기준 4억 톤에 해당하는 전력을 생산하고, 전체 에너지 소비구조에서 신재생에너지의 보급률을 9.5%까지 확대한다고 규정하고 있다.

광, 바이오매스 등 신재생에너지 발전량은 급속히 증가하였으며 2020년까지 풍력발전용량은 2억kW급, 태양광 발전용량은 1억kW급, 바이오매스 발전용량은 3000만kW급으로 증가할 계획이다. "13.5계획"기간의 신재생에너지 보급목표량은 "12.5계획" 기간의 보급목표 풍력 1억kW급, 태양광 2100만kW급, 바이오매스 1300kW급에 비교하여 각각 1배 또는 그 이상 증가하였다.[27]

"재생가능에너지 발전 13.5계획(可再生能源发展"十三五"规划)"은 해양에너지 발전 목표량을 명확히 규정하고 있는데 계획 목표량을 실현할 경우 해양에너지 발전수준이 현저히 향상될 것이며, 해양에너지 발전에 관한 핵심기술과 장비를 확보함으로써 안정적인 전력공급을 실현하고 효율성이 높고 안정적이고 신뢰도가 높은 발전장치를 개발함으로써 해양에너지 발전에 필요한 기술기반을 형성하고 전문 인력 양성, 기술표준화 실현, 국가해양에너지 실험소 운영, 500kW급 파랑발전소 건설, 1만kW급 조력발전소 건설, 전국 해양에너지 발전용량을 5만kW으로 확대할 수 있다. 또한 1-2만kW급의 조석발전소 시범공정을 설치하고, 1-3개의 신형 조력발전기술 및 종합이용시범공정을 건설함으로써 조력 발전용량 3만kW를 돌파하고자 한다.

그 밖에 해류발전소의 기술연구와 발전소 설치사업을 적극 추진함으로써 메가와트급 해류발전소를 건설하고 이를 기존의 전력계통에 별도 조치 없이 수용 가능한 전력으로 전환시키고, 발전장치 단위별 발전용량이 3000kW이상인 해류발전장치를 보급하여 독립적인 소규모 발전장치를 여러 개 조합하는 방식으로 해류발전실험소 시범운영을 추진하고 100kW급의 독자적인 전력공급공정 및 응용프로젝트를 추진하여 연근해 도서의 전력공급에 기여한다. 해

---

27) 2016년 10월 18일 국가에너지국 신재생에너지사(国家能源局新能源与可再生能源司) 주밍(朱明)사장(司长)은 베이징풍력전시회 개막식에서 2020년까지 비화석에너지(非化石能源) 비율을 15%로 확대하고, 2020년까지 상용화된 신재생에너지 이용률을 표준석탄기준 5.8억 톤으로, 신재생에너지 발전용량은 6.8억kW, 연간 발전량은 1.9만kW로 전체 전력생산량의 27%까지 확대한다고 발표하였다. 아울러 주밍사장은 "재생가능에너지법" 시행 10주년 간담회에서 2020년까지 태양광에너지 발전량 1.5억kW, 태양광 발전량 500만kW, 풍력발전 2.5억kW를 목표로 한다고 발표하였다.

류발전소 발전용량의 1만kW 돌파를 목표로 설정하였다. 파랑발전소 시범사업과 관련하여 500kW급 파랑발전소 시범공정을 건설하고 다양한 유형의 발전장치를 개발하고 단위별 발전용량이 50kW이상인 발전장치의 산업화 및 상용화를 적극 추진하고 시범운영을 통해 100kW급의 독자적인 전력공급공정 및 응용프로젝트를 추진하여 연근해 도서의 전력공급에 기여한다. 해류발전소 발전용량의 1000kW 돌파를 목표로 설정하였다.

2007년 9월에 발표된 "재생가능에너지중장기발전계획"은 신재생에너지 보급목표를 달성하기 위해 "재생가능에너지법"에서 규정하고 있는 총량목표제를 시행함과 동시에 신재생에너지의 생산을 촉진하는 방안을 모색하게 되면서 그 일환으로 신재생에너지 의무할당제를 시행하게 되었다. 일부 학자들은 신재생에너지 의무할당제의 도입으로 인해 신재생에너지 전력발전 정책의 새로운 전환점을 맞이하였다는 점에서 큰 의미를 갖는다고 평가한다. 즉 의무할당제는 신재생에너지 보급목표를 구체화하고 공급규모 예측이 용이하며 사회복지를 향상시킬 수 있다.[28] 신재생에너지 의무할당제는 발전사업자에게 총발전량에서 일정 비율을 신재생에너지로 공급하도록 의무화하는 제도로서 시장규모가 확실하고 이산화탄소 배출 저감 목표와 할당량을 직접 연계해 정책을 시행할 수 있는 장점이 있어 국제사회의 관심을 받고 있다. 현재는 영국과 미국을 비롯해 수많은 국가에서 시행 중에 있으며, 영국 등 국가에서는 일반적으로 인정되고 이행을 뒷받침하는 법적 안전장치가 마련되어 있다.[29]

신재생에너지 투자비용과 관련하여 고정기격제는 중장기 가격을 보장하여 투자의 확실성을 유지할 수 있으나 기업 간의 경쟁이 부족하여 생산가격을 낮추기 위한 유인이 부족하다. 이러한 문제를 해결하기 위해 주기별로 전력가격을 조정하여 신재생에너지 투자비용의 저하를 반영할 수 있으나 막대한 관

---

[28] 吴文建·任玉珑 等：基于电力供应链收益的可再生能源政策比较,《中国人口·资源与环境》2013年 第3期.
[29] 李艳芳·张炆君：论我国可再生能源配额制的建立——以客实我国《可再生能源法》的规定为视角,《政治与法律》, 2011年第11期.

리비용이 필요할 것이며 정부의 지나친 개입으로 인해 수요와 공급의 균형이 무너질 것이며 수급여건에 따른 가격결정 및 변동 상황을 정확히 반영할 수 없는 단점이 있다. 무엇보다 더 중요한 것은 고정가격제와 신재생에너지 보급목표제도는 필연적인 연관성이 없다. 신재생에너지 발전전력의 구매 의무화는 전력의 판매에 관한 문제를 해결할 수 있으나 대규모 발전사업자의 신재생에너지 발전 의무량 이행을 확보할 수 없으며 목표치 달성이 불확실하게 된다.[30] 이러한 문제점으로 인해 고정가격제(固定電价制度)를 폐지하고 "재생가능에너지법(可再生能源法)"에서 신재생에너지 의무할당제를 도입함으로써 해양에너지를 포함하는 신재생에너지의 보급목표를 실현할 수 있도록 제도를 보완하여야 한다.

3. 녹색증서 거래제도

시장경제가 고도로 발전된 미국의 경우에도 연방정부 입법(1978년)을 통해 신재생에너지산업을 육성하고 지원하고 있다. 선진외국의 사례는 우리에게 신재생에너지 개발과 발전에 있어서 정부의 정책지원이 가장 중요하다는 점을 시사한다. 다시 말하자면 신재생에너지산업의 규모화를 위해 정부의 정책지원이 필요하다.[31] 전반적으로 캘리포니아는 신재생에너지 개발을 위해 정책적 지원을 아끼지 않았고 미국국내 최초로 신재생에너지 의무할당제를 도입하였으며 그에 관련한 신재생에너지 공급인증서 거래시장을 구축하여 공급인증서의 효율적 운용을 위한 시장 메커니즘을 형성하였다.[32] 이처럼 신재생에너지 공급의무화 제도에서 대상발전사업자는 직접 신재생에너지를 도입하거나 다른 발전사의 신재생에너지 공급인증서를 구매하여 할당의무를 충당함으로써 적은 투자비용으로 할당의무를 완성할 수 있고, 정부의 재정 부담을 줄일 수

---

30) 张式军 : 可再生能源配额制研究, 《中国地质大学学报 (社会科学版)》 2007年第2期.
31) 郭静水·廖世忠 等: 美国适地可再生能源发展行动探实践 — 赴美考察局用报道《能源与环境》2004年第4期.
32) 张钦·蒋莉萍 : 美国加州可再生能源发展经验与实践, 《华东电力》 2012年第11期.

있다.33) 중국 또한 신재생에너지 공급인증서의 효율적인 운용을 위한 시장메커니즘으로 공급인증서 거래제도를 운영하기 위해 2016년 2월 29일 국가에너지국은 "재생가능에너지 개발이용 목표 유인제도에 관한 지도의견(关于建立可再生能源开发利用目标引导制度的指导意见)"34)을 발표하고 신재생에너지 녹색증서 거래시스템(绿色证书交易机制)을 마련하여 신재생에너지 전력을 구매자와 판매자가 서로 팔고살수 있는 시장을 형성하였다. 신재생에너지 녹색증서 거래제도가 더해짐으로써 대규모 발전사업자는 직접 신재생에너지를 도입하거나 다른 발전사의 녹색인증서를 구매하여 신재생에너지 발전 할당의무를 충당할 수 있다. 대다수 국가들은 태양광, 풍력, 지열, 조력, 바이오매스, 해양에너지 등 신재생에너지를 할당의무 대상에너지에 포함시키고 있다.35)

신재생에너지 녹색인증서는 신재생에너지 발전장비를 이용해 전력을 생산했다는 증명서로서 신재생에너지 녹색인증서 현물거래가 가능하다. 신재생에너지 녹색인증서 거래시스템에서 공급자는 신재생에너지 전력발전사업자이고, 수요자는 의무공급량을 채우기 위한 대규모 발전사업자이다. 녹색인증서의 발급 및 거래단위로 해당 신재생에너지설비에서 공급된 1MWh 기준의 전력량에 대해 가중치를 곱하여 1REC 단위로 발행된다.36) 녹색인증서는 신재생에너지 발전사업자의 수익원이 될 수 있으며, 녹색인증서 거래를 통해 얻은 수익으로 사업여건이 개선되고 더 많은 민간투자를 유인할 수 있으며 신재생에너지의 규모화를 실현할 수 있다.37)

---

33) 周少鵬 等：澳大利亚可再生能源配额制及对我国的启示,《中国能源》2012年第2期.
34) 国能新能〔2016〕54号.
35) 李艳芳·张牧君：论我国可再生能源配额制的建立——以落实我国《可再生能源法》的规定为视角,《政治与法律》2011年第11期.
36) 王乾坤·李琼慧 等：美国加州可再生能源配额制及对我国的启示,《中外能源》2012年第9期.
37) 苏建华：能源"双控"目标下的可再生能源配额制——市场配置起决定性作用的有效机制,《冶金能源》2014年第4期.

녹색인증서거래는 시장경쟁 메커니즘을 통해 적은 투자비용으로 신재생에너지 할당의무를 달성할 수 있다. 신재생에너지 녹색인증서 거래의 공정성과 객관성을 확보하기 위해 녹색인증서 거래시장에 대한 관리감독, 거래관리정보시스템의 구축이 필수불가결하다.38) 호주정부는 2000년 신재생에너지법(可再生能源电力法)을 제정하고 신재생에너지 공급인증서제도를 도입하여 시행하여 왔다. 이법의 관련 규정에 따르면 신재생에너지 설비에서 생산된 1MWh 기준의 전력량에 대해 가중치를 곱하여 1REC 단위로 신재생에너지 공급인증서를 발행한다. 신재생에너지 공급인증서 거래의 활성화를 위해 공급의무자와 신재생에너지 사업자 간의 직접 계약 체결로 공급인증서를 구매할 수 있으며, 개별 신재생에너지 사업자와 협의하여 공급인증서를 구매할 수 있다. 당사자 간의 직접 계약체결을 통해 거래 외에도 신재생에너지 공급의무자는 국가전력시장 등 제3자를 통해 거래할 수 있다. 매년 연말에는 신재생에너지 발전사업자의 인증서를 구매해 의무할당량을 채우는 공급의무자가 있다. 신재생에너지 공급의무자는 공급인증서로 의무할당량 이행내용을 증명하며,39) 의무할당량을 채우지 못할 경우 발전사업자는 40 오스트랄리아 달러/녹색인증서의 과징금을 부과한다.40) 유럽의 경우 영국, 아일랜드, 프랑스, 네덜란드, 덴마크 등 국가에서 신재생에너지 의무할당제를 시행하고 있으며 의무할당제와 더불어 공급인증서제도를 시행함으로써 신재생에너지 전력의 시장경쟁력을 제고하기 위해 모든 전력소비자가 소비량의 일정 비율을 신재생에너지로 채울 것을 의무화하고, 전력소비자는 신재생에너지 의무할당량을 채우기 위해 신재생에너지 사업자로부터 일정량의 공급인증서를 구매하도록 유인하였다.41)

중국은 "재생가능에너지법(可再生能源法)"과 "신재생 해양에너지 발전계획(海洋可再生能源发展规划)"에서 해양에너지 전력공급총량을 규정하고, 해

---

38) 陈和平·庄辛 等：可再生能源强制性市场份额政策初步研究,《中国能源》2002年第5期.
39) 张式军：可再生能源配额制研究,《中国地质大学学报（社会科学版）》2007年第2期.
40) 周少鹏 等：澳大利亚可再生能源配额制及对我国的启示,《中国能源》2012年第2期.
41) 刘连玉：对可再生能源配额制的考察与思考,《中国电力》2002年第9期.

양에너지 발전 공급의무자, 의무할당량과 공급인증서 구매 의무에 대해 규정하였다. 아울러 해양에너지 전력시장의 활성화를 실현하기 위해 해양에너지 전력공급 녹색인증서제도 및 녹색인증서 거래시장을 구축하고 녹색인증서 거래시장에 대해 관리·감독함으로써 거래의 안정성을 확보하고자 한다.

1) 의무할당량 및 비율 배분

연안지역의 전력생산에 있어서 총발전량에서 일정 비율을 해양에너지로 공급하도록 의무화해야 하며, 해양에너지 전력공급에 대한 녹색인증서를 발급하고 해당지역 간의 해양에너지 녹색인증서의 거래를 허용하여야 한다. 즉 연안지역 발전사업자에게 총발전량에서 해양에너지 전력공급 최저 비율을 설정하고 이를 국가차원의 전력공급구조 및 지역차원의 전력공급구조와 연결하여 발전계획을 수립하여야 한다.[42] 해양에너지 발전 의무할당량은 "해양에너지13.5계획(海洋可再生能源"十三五"規劃)" 등 국가계획에 의거하여 설정하여야 한다. 그러나 향후 중국경제의 지속적인 발전에 따른 해양에너지 수요에 대한 정확한 예측이 불가능하기 때문에 현재 의무할당량을 기준으로 매년 새롭게 할당량을 상향조정하여야 한다. 그러나 해양에너지는 기타 신재생에너지에 비교하여 지역적 분포와 자원 비축량 등에 있어 지역 간의 격차를 보이고 있는바, 지역별 해양에너지 전력공급 의무할당량을 설정할 시에 공급의무자의 지리적 특성과 시장위치, 수용능력, 환경적 책임 등 다양한 요소를 충분히 고려하여 지역별, 기업별 현 상황에 직합한 목표치를 설정하고 적극적이고 꾸준한 인프라 구축을 통해 안정적으로 제도를 정착시키는 것이 중요하다.

해양에너지 의무할당량은 성(省)과 구역(區域)을 단위로 목표치를 설정하고, 국무원 에너지 주관부서, 국가해양국의 에너지관리 부서, 전력감독부서가 공동으로 설정하여 공표한다. 나아가 성별 해양에너지 의무할당량은 현지 상

---

[42] 田其云 等 : 海洋能开发利用的政策和法律支持, 载《中国能源法研究报告》(2012), 立信会计出版社2013年版, 第126页.

황을 고려하여 상하 조정할 수 있으나, 해양에너지 산업의 육성과 발전을 위해 매년 할당 비율을 증가하도록 한다. 국무원 에너지 주관부서, 국가해양국 에너지 관리부서, 전력감독부서는 공동으로 해양에너지 공급의무자 및 의무할당량을 확정한다.

2) 녹색증서의 발급

해양에너지 녹색인증서는 다양한 의무를 포함하는 거래 가능한 증권으로 해양에너지 공급의무자의 경우 의무할당량 이행을 증명하는 증거이며, 의무할당량을 초과 이행한 사업자의 경우 수익원이 되고, 투자 및 자금조달을 위한 재산증권이다. 아울러 해양에너지 발전사업자의 경우 녹색증서는 일정 발전량을 기존의 전력공급망에 접속되었음을 증명하는 서류이다.

해양에너지 녹색증서의 발급 및 관리는 전문기관에서 담당함으로써 행정의 효율성과 편의를 확보하고, 아울러 인증서 관리에 필요한 운영비용을 절감할 수 있다. 중국은 해양에너지 연구개발 및 산업화, 관리감독에 관한 기능을 국가해양국에 부여하였기 때문에 국가해양국에서 해양에너지 녹색증서의 발급과 녹색증서의 거래에 대한 감독관리 업무를 수행하여야 한다.[43] 국가해양국은 전국 해양에너지 녹색인증서 발급수량과 기본원칙을 규정하여야 하며, 녹색증서 발급 대상을 해양에너지 연구개발사업자, 해양에너지산업에 투자한 민간기업 등으로 확대하여 해양에너지 발전사업의 확대를 위해 민간부분의 적극적인 투자를 유인하여야 한다. 아울러 국가해양국은 해양에너지 녹색증서의 발급, 등록, 말소, 감독관리, 시장거래 등 업무를 담당하여야 한다.

3) 인증서 거래에 대한 관리

해양에너지 공급에 관한 녹색인증서의 발급, 양도와 취소 등 거래의 합법성

---

43) 국가해양국책임 제7조의 내용 참조.

과 정확성을 확보하기 위해 해양에너지 녹색증서 거래에 대한 관리 플랫폼(管理平台)이 요구된다. 중국 국가전력망회사(国家电网公司)는 전력거래센터(电力交易中心)를 설립하여 국가차원의 전력거래 플랫폼을 구축하고[44] 전국범위의 전력거래 플랫폼을 통해 해양에너지 녹색인증서의 거래를 추진하고 있다. 전력거래 플랫폼은 해양에너지 발전사업자, 공급의무자 및 기타 투자자를 참여자로 확정하고, 세 참여자가 자유롭게 팔고 살수 있는 시장을 형성하였다. 그밖에 전술한 세 부류의 참여자와 기타 해양에너지산업에 투자를 희망하는 자 간의 해양에너지 녹색인증서 거래도 허용하고 있다.

전력거래센터는 해양에너지 녹색인증서의 온라인 거래와 지면(纸质)거래를 지원하고 있다. 녹색인증서는 고유의 번호가 부여되며 녹색인증서를 보유한 자는 국가해양국 홈페이지에 녹색인증서 고유번호를 입력함으로써 신재생에너지 공급의무할당량을 이행하였음으로 증명할 수 있다. 온라인 제출을 원치 않을 시 공급의무자는 신재생에너지 녹색인증서를 직접 국가해양국 관련 부서에 제출함으로써 신재생에너지 공급 의무할당량 이행을 증명할 수 있다. 이처럼 신재생에너지 녹색인증서 거래형식의 다양화와 편리성이 확보되어 녹색인증서를 바탕으로 하는 자금조달을 용이하게 할 수 있는 환경을 만들어줌으로써 보다 많은 투자자를 유치하게 되어 해양에너지 산업의 육성에 유리하게 작용할 것이다. 온라인 거래의 활성화로 인해 해양에너지 산업에 대한 투자의 지역적 한계를 극복하고 타 지역의 투자자와 해외투자자를 유인함으로써 시장규모를 확대하고 안정적인 재원마련을 통해 해양에너지산업의 신속한 발전을 이끌어낼 수 있다.

앞에서 서술한 녹색인증서 관리시스템에 의하여 해양에너지 전력공급 의무자는 신재생에너지 녹색증서 거래시장에서 해양에너지 발전사업자 또는 해양에너지 할당의무를 초과완성한 발전사의 녹색인증서를 구매하여 신재생에너

---

44) 王仲颖 等：《可再生能源规模化发展战略与支持政策研究》, 中国经济出版社2012年版, 第217页.

지 발전 할당의무를 충당할 수 있다. 신재생에너지 녹색인증서 거래 플랫폼을 통해 취득한 녹색인증서는 고유번호 변경등록 또는 이전등록을 통해 판매자 계정에서 구매자 계정으로 이전된다.

4) 인증서거래시장의 메커니즘 및 거래절차

해양에너지 발전사업자 및 투융자(投融資) 사업자는 국가해양국 및 하급기관에 해양에너지 녹색인증서 등록·신청해야 한다. 해양에너지 녹색인증서 정보의 정확성을 확보하기 위해 신청인은 녹색인증서 관련 정보를 정확하게 기입하여야 한다. 해양에너지 발전사업자를 제외한 해양에너지 기술개발업체, 민간투자자 및 기타 투자자는 해양에너지 전력발전 투자비용과 최종 성과 등의 내용을 입증할 수 있는 서류를 제출하여야 하며 이를 바탕으로 녹색인증서 발급을 신청할 수 있다.

국가해양국은 제출서류를 최종적으로 검토하여 해양에너지 녹색증서 발급 여부를 결정한다. 국가해양국 및 하급기관은 녹색인증서 발급기관으로 신청인이 제출한 등록정보, 해양에너지 발전의 전력유형, 발전기술, 전력 공급량 등 데이터에 대해 심사하여야 하며 녹색인증서 발급기준에 부합하는 자에 한하여 녹색인증서를 발급한다. 해양에너지 녹색인증서에는 해양에너지 발전량, 해양에너지 유형, 핵심기술, 발전사업자 명칭, 발전기술, 생산일자 및 유효기간 등을 기재한다.

인증서 등록: 아울러 국가해양국에 등록된 해양에너지 녹색인증서는 국가전력망회사 전력거래센터에서 거래할 수 있다. 해양에너지 녹색인증서 거래의 투명성과 공정성을 확보하기 위해 국가 에너지 주관부서(國家能源主管部門)는 국가해양국(國家海洋局) 및 국가전력감독기구가 지정한 국가전력망회사와 협력하여 해양에너지 녹색인증서 거래사실에 대해 등록하고 기 등록 녹색인증서를 관리한다.

인증서 격려 및 인센티브: 해양에너지 공급 의무할당량을 초과 완성한 발전사업자에 대해 국가해양국은 "해양에너지 녹색 기업" 명예 또는 녹색라벨을 발급한다. 이와 같은 우대정책, 격려조치는 해양에너지산업을 육성하는 유인수단으로, 해양에너지 발전사업의 확대를 위해 민간부분의 적극적인 투자를 유인할 수 있다. 또한 정부에서 고시한 해양에너지 기준가격과 일반 전력시장 가격과의 차액을 발전사업자에 지원해줌으로써 해양에너지 개발과 이용 그리고 보급을 촉진하여야 한다.[45]

과징금 부과: 해양에너지 공급 의무할당량을 완성하기 위해서는 정부의 감독이 필요하고 의무할당량을 채우지 못한 발전사업자에 대한 처벌을 부과함으로써 의무이행을 확보하여야 한다. 일반적으로 의무할당량을 채우지 못한 발전사업자에 일정 금액의 과징금 또는 벌금을 부과하거나 기타 해양에너지 개발이용에 대한 행정허가를 제한하는 방법이 있다. 과징금은 해양에너지 연구개발 및 프로젝트 수행에 필요한 전문기금에 귀속된다. 일부학자들은 의무할당량을 채우지 못한 발전사업자에게 무거운 처벌을 부과함과 동시에 채우지 못한 할당량을 다음해에 보충하도록 제도를 보완해야 한다고 주장한다. 또한 의무할당량 이행상황을 거짓·허위 신고한 자에 대해 엄중한 처벌을 가함으로써 제도의 효율적인 이행을 확보하여야 한다. 이에 따라 의무할당량을 채우지 못한 발전사업자에 부과하는 과징금은 해양에너지 발전에 필요한 투자비용보다 높아야 할 것이다. 국제사회는 의무할당량을 채우지 못한 발전사업자에게 고액의 벌금을 부과하고, 독립 기금회(基金会)를 설립하여 기금을 운영하여, 기금회 재정이 해양에너지 발전기술의 연구개발 및 혁신 기술개발에 사용되도록 해야 한다.[46]

---

45) 吕薇 : 《可再生能源发展机制与政策》, 中国财政经济出版社2008年版, 第153页.
46) 苏建华 : 能源"双控"目标下的可再生能源配额制——市场配置起决定性作用的有效机制, 《冶金能源》 2014年第4期.

5) 인증서의 자금조달 기능

해양에너지 녹색인증서는 금융투자자의 보유주식의 형태로 시장경쟁력을 갖춘 기업 또는 성장잠재력을 갖춘 기업에 투자할 수 있다. 해양에너지 녹색인증서를 보유한 자는 녹색인증서의 경제적 가치를 인정받아 회사운영에 참여할 수 있다. 이러한 자금조달방법은 녹색인증서를 보유한 투자자의 시장참여를 격려하고, 해양에너지 발전사업자의 성장 잠재력을 높이는데 유리하다. 아울러 분산된 소규모 민간자본을 해양에너지산업으로 끌어들임으로써 신재생에너지 보급 확대와 신기술에 대한 기술역량을 강화할 수 있다.

참고문헌

[1] 刘子铭·李东辉：国内海洋能发电技术发展研究及合理建议，《化工自动化及仪表》，2015年 第9期.

[2] 刘靖飘·顾根香等：海岛可再生能源多能互补独立电力系统应用研究，《第一届中国 海洋 可再生能源发展年会暨论坛》，海洋出版社2012年版，第322页.

[3] 徐祥民 等：《中国环境法制建设发展报告》(2012年卷)，人民出版社 2013年版，第14页.

[4] 李艳芳·张牧君：论我国可再生能源配额制的建立——以落实我国《可再生能源法》的规定为 视角，《政治与法律》，2011年第11期.

[5] 张文亮·虞子婧：浅谈天津海洋能的开发利用，《第一届中国海洋可再生能源发展年会暨论坛》，海洋出版社 2012年版，第509页.

[6] 褚同金 著：《海洋能资源开发利用》，化学工业出版社2005年版，第61页.

[7] 马龙·陈刚 等：浅析我国海洋能合理化开发利用的若干关键问题及发展策略，《第一届中国海洋 可再生能源发展年会暨论坛》，海洋出版社 2012年版，第466-467页.

[8] 王立杰·戴晓兵 等：山东长岛潮流能发电系统设计与站址选择，《第一届中国海洋可再生能源发展年 会暨论坛》，海洋出版社2012年版，第111页.

[9] 徐世强·王树杰 等：20kW潮流能发电装置双向导流罩设计和实验研究，《第一届中国海洋可 再生能源发展年会暨论坛》，海洋出版社 2012年版，第33页.

[10] 李景·过洁 等：潮流能发电机组材料应用技术研究，《第一届中国海洋可再生能源发展年会暨论坛》，海洋出版社2012年版，第49页.

[11] 武贺·赵世明 等：成山头外潮流能初步估算，《海洋技术》2010年第3期

[12] 周斌·马龙 等：山东近海潮流能电场建设环境影响分析，《第一届中国海洋可再生能源 发展年会暨论坛》，海洋出版社2012年版，第367页．

[13] 高兴国·常瑞亮 等：山东荣成海洋潮流能电站站址海底地形地貌特征及比较分析，《第一届中国海洋再生能源发展年会暨论坛》，海洋出版社2012年版，第134页．

[14] 于建清·庞永超 等：基于实海况试验的波浪能发电装置的检测与可靠性评价，《第一届 中国海洋可再生能源发展年会暨论坛》，海洋出版社2012年版，第224页

[15] 李艳芳·张牧君：论我国可再生能源配额制的建立——以落实我国，《可再生能源法》的规定为 视角，《政治与法律》2011年第11期．

[16] 王仲颖 等：《可再生能源规模化发展战略与支持政策研究》，中国经济出版社2012年版，第209页

[17] 周少鹏 等：澳大利亚可再生能源配额制及对我国的启示，《中国能源》2012年第2期

[18] 陈和平·庄辛等：可再生能源强制性市场份额政策初步研究，《中国能源》2002年第5期

[19] 吴文建·任玉珑 等：基于电力供应链收益的可再生能源政策比较，《中国人口·资源与 环境》2013年第3期．

[20] 张式军：可再生能源配额制研究，《中国地质大学学报（社会科学版）》2007年第2期．

[21] 郭祥冰·廖世忠 等：美国促进可再生能源发展的政策和实践——赴美考察调研报道，《能源与环境》2004年第4期．

[22] 张钦·蒋莉萍：美国加州可再生能源发展经验与实践《华东电力》，2012年第11期．

[23] 王乾坤·李琼慧 等：美国加州可再生能源配额制及对我国的启示，《中外能源》2012年 第9期．

[24] 苏建华：能源"双控"目标下的可再生能源配额制——市场配置起决定性作用的有效机制,《冶金能源》2014年第4期.

[25] 田其云 等：海洋能开发利用的政策和法律支持, 载《中国能源法研究报告》(2012), 立信会计出版社2013年版, 第126页.

[26] 吕薇：《可再生能源发展机制与政策》, 中国财政经济出版社2008年版, 第153页.

환황해 해양경제협력과 자원개발

06

황해분지 지질구조 및 석유자원 개발에 관한 연구

李宝刚(Li Baogang)

황해분지 지질구조 및 석유자원 개발에 관한 연구

李宝刚(Li Baogang*)

국문초록

황해 분지는 고생대를 바탕으로 생성된 중-신생단층(中-新生代断), 곡강분지(坳陷盆地)이다. 생성하는 과정 중 분지기초형성(진단계-페름기, 震旦纪-二叠纪), 중생대단층(中生代断陷), 팔레오기중합단층(古近系叠加断陷) 및 신제3기곡강(新近纪坳陷) 4가지 단계를 거쳤다. 분지의 형성 메커니즘은 쥐라기 후기(晚侏罗世)-백악기 전기 태평양 판 급(早白垩世太平洋板块) 강하 영향에 의한 주향 이동체계에 속한다. 형성단계별 각각 다른 구조형식이 형성되었는데 본문은 신전(伸展), 압출(挤压), 반전(反转)과 압출(挤压) 4가지 일반적인 형식에 대해 분석하였다. 분지 트라이아스계 조산운동 전에는 해성층이며, 중-신생대는 대륙 내부의 침적을 위주로 하며, 호수상(湖泊相), 삼각주(三角洲) 및 하상(河流相)이 형성되었다. 북황해 중-신생대의 침적두께(中-新生代沉积厚度), 근원암조건(烃源岩条件), 저장층(储集层), 저장조건(储盖条件)에 대해 분석함으로써 석유가스 분포 및 잠재력에 대해 결론 내렸다. 이번 조사 및 분석은 동부곡강(东部坳陷)을 가장 적합한 탐사구역으로 선정했다.

---

* 중국석유대학교(화동) 지구자원 및 정보학원 부교수. 메일 44354345@qq.com.

아울러 최근 굴착석유가스의 개발현황에 따르면 남황해 분지는 고생대지층의 카보나타이트(碳酸盐岩)의 매장석유를 탐사해야 한다.

키워드: 구조특징, 침적특징, 형성 메커니즘, 구조변화

Ⅰ. 서론

최근 십년 동안, 많은 학자들은 황해 분지의 지질구조 특징, 구조변화 및 침적변화과정, 동력학 메커니즘(허쨩치(何将启) 등, 2007; 리원용(李文勇), 2007; 천량(陈亮) 등, 2008; 공청린(龚承林) 등, 2009; 리원용(李文勇) 등, 2009, 장궈량(张国梁) 등, 2014, 자오슈쥔(赵淑娟), 2017), 근원암(烃源岩) 조건, 저장층(储层)조건, 소스-저장소-씰 조합(生储盖组合) 및 석유가스자원(리우전후(刘振湖) 등, 2007; 장리(张莉) 등, 2009; 장민챵 (张敏强)등, 2016; 왕가이원(王改云) 등, 2016)등 방면에 관해 연구를 하여 우수한 성과를 거두었다. 하지만 근래부터 굴착은 산업용 유류(油流)를 찾지 못 했으며 특히나 북황해는 아직 탐사작업을 진행하지 않았다.

이에 따라 본문은 황해 분지, 특히나 북황해 분지의 지질구조, 침적특징 및 근원암, 저장층, 소스-저장소-씰 조합 등 매장 석유의 요소 및 석유가스의 탐사 개발현황에 대한 체계적인 연구와 분석을 통해 탐사개발에 가장 적합한 구역과 지층을 선정하여, 새로운 황해석유가스탐사를 위한 방향성과 정책적 제언을 제시하고자 한다.

Ⅱ. 황해 기본구조 및 특징

1. 황해 지리 및 구조위치

황해는 아시아 동부의 3대 연해 중 하나이다. 중국 동부에 위치하며, 서북에는 묘도군도(庙岛群岛)의 북쪽에 위치한 발해해협과 발해 옆에 위치한다. 남쪽은 장강하구(长江口)에서 제주도 서북쪽과 연결되어 동해까지가 경계이다. 동쪽에는 조선반도가 있으며 전체 해역면적은 약 38만 km^2이다.[1][23]

대륙 구조위치에서 황해 분지는 구아대륙의 동부에 위치하며, 화북지괴(华北地块), 화남지괴(华南地块)와 수루조산대(苏鲁造山带) 3대의 구조단원(构

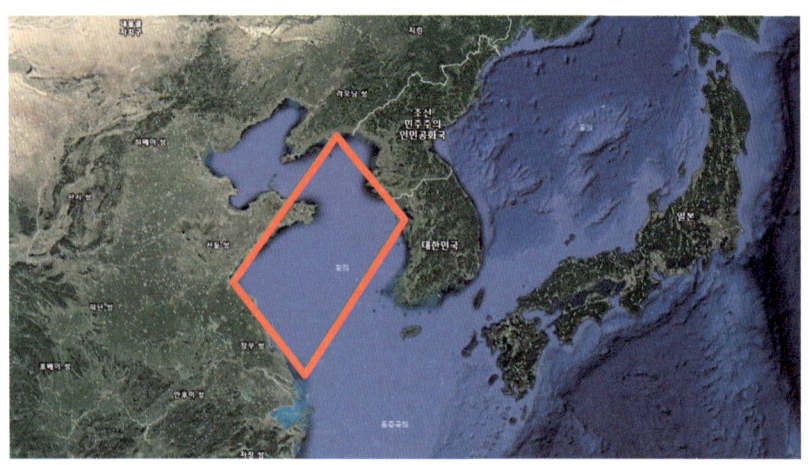

[그림 1] 황해해역지리위치(출처: Google earth)

造单元)을 포함한다. 이는 중신생중합형분지(中新生代叠合型盆地)에 속한다. 화북지괴와 화남지괴는 주향 이동시기에 충돌하여 "친링-다볘-쑤쨔오-임진강 습곡대(沿着秦岭-大别-苏胶-临津江褶皱带)"에 따라 연결되었다. 습곡대를 경계로 황해 분지를 북쪽의 북황해 분지와 남부의 남황해 분지로 나눌 수 있다. 북황해 분지의 동북부분은 조선북부의 지각까지 연결이 되며, 그 중 북황해 분지의 면적은 약 8만 km²이다. 이는 중국에서 유일하게 아직 탐사를 시작하지 않은 해역분지이다. 남황해 분지의 면적은 약 30만 km²이다. 비록 21개의 유정을 굴착했으나 아직까지도 공업성 유류를 찾지 못 했다.[2][3][6][25]

2. 구조단원 분류

남북황해 분지 내부를 여러 개의 구조단원으로 분류할 수 있으며 전체적인 특징은 오목한 곳과 볼록한 곳이 교차로 있다. 북황해 분지는 서부곡강(西部坳陷), 중서부돌출(中西部隆起), 중부곡강중앙돌출(中部坳陷中央隆起), 남부함몰구역(南部凹陷群)과 동부곡강(东部坳陷) 등을 포함한다. 그 중 동부곡강과 중부곡강에서만 중생대지층이 형성되었다. 남황해 분지는 천리암돌출 (千里岩隆起), 북구곡강(北部坳陷), 중부돌출(中部隆起), 남부곡강(南部坳陷)과 우난샤돌출(勿南沙隆起) 등을 포함한다.

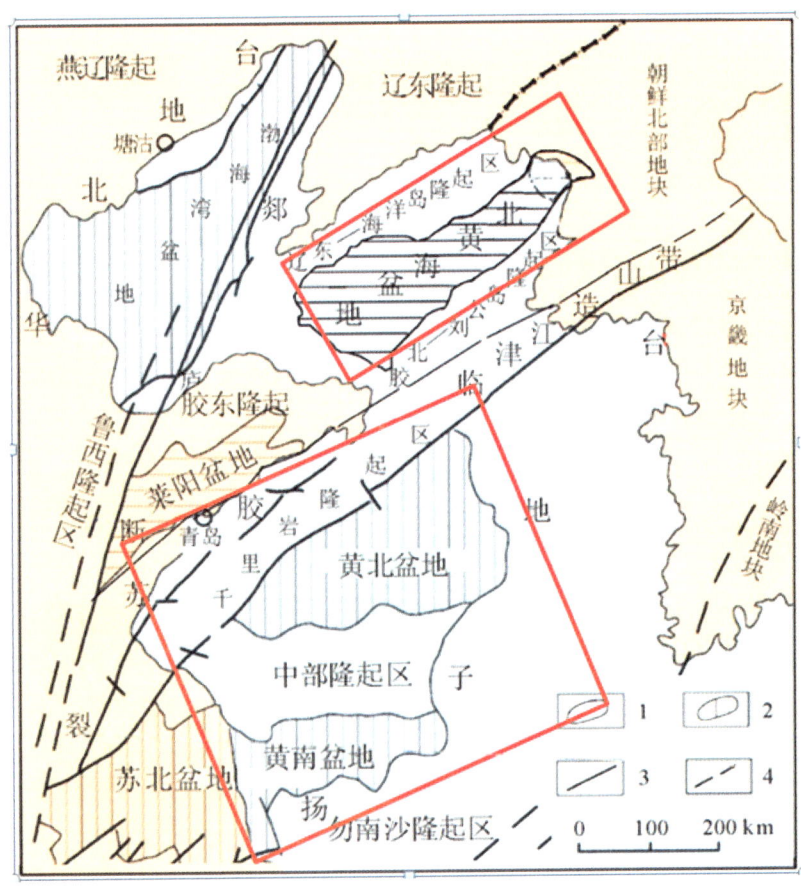

[그림 2] 황해 분지 및 인근지역의 구조개요 그림

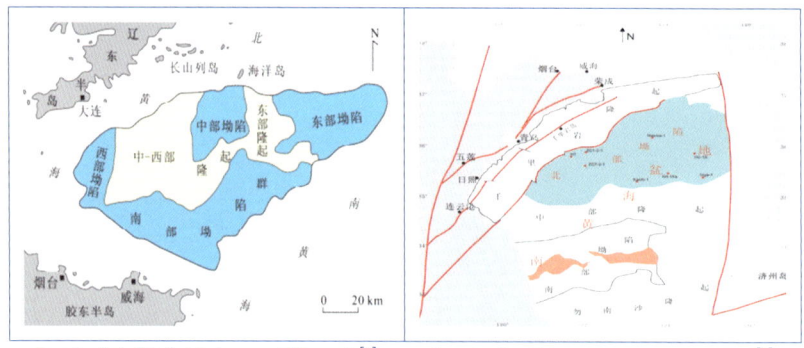

[그림 3] 북황해 분지 구조단원 그림 [4]   [그림 4] 남황해 분지 구조단원 그림 [5]

3. 황해분지 단층 특징

황해지역 중력의 이상현상에 대한 분석과 해석을 통해 환전방향(展布方向)에 따라 황해 분지의 단층은 북북동향, 북북동—동서향, 북서향 등 3개 그룹으로 나눌 수 있다. 그 중 북북향단층의 확장 길이가 크며, 주향활주 특징을 지니고 있으며 대부분 중생대전에 형성되었다. 이는 분지 내부의 구조단위를 구별하는 주요 단층이다.

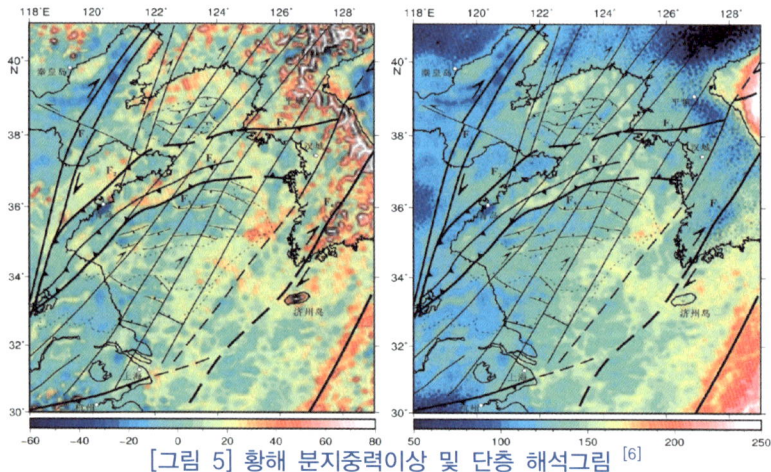

[그림 5] 황해 분지중력이상 및 단층 해석그림 [6]

주요 단층 사이에는 대량의 북북동, 북서서, 동서향의 소형 정단층이 형성되었으며 대부분 안행으로 분포 되어있다. 이는 분지의 차급 함몰을 통제했으며, 북북동-북동향의 주요 단층은 대부분 중생대 및 그 전에 형성되었다. 백악기에서 고제3기까지의 분지형성과정에서 형성된 단층은 다방향(多方向), 다급수(多级别), 다순서(多序次)의 특징을 지니고 있다. 북서향의 단층은 대부분 분지가 형성된 후에 형성이 되었으며 규모가 크지 않고 분리거리가 비교적 작다.[6]

4. 황해 분지 구조 형식

수많은 기간(多期)의 구조운동을 통해 형성된 각 다른 성질과 규모의 단층이 서로 결합하여 다양한 유형의 구조형식이 형성되었다. 구조형태 및 생성원인에 따라 분류를 하면 북황해 분지 동부곡강 중신생대지층은 주로 4가지 유형의 구조형식이 형성되었다. 이는 각 신전구조형식, 압출구조형식, 반전구조형식 및 전단구조형식이다. 남황해는 신전구조형식, 반전구조형식 및 전단구조형식으로 형성되었다.

1) 북황해 분지의 구조형식

(1) 신전구조형식

신전구조형식 중 정단층(正断层)의 모양, 단층조합(断层组合) 및 정단층의 형성원인에 따라 경사단층유형(倾翘断块型), 슬라이드단층유형(滑动断阶型), 역이동배사유형(逆牵引背斜型), 중력이동참배유형(重力滑动堑背形型) 과 드레이프 구조유형(潜山披覆型)으로 나눌 수 있다. 그 중 경사단층유형과 슬라이드단층유형은 단층과 지층의 경사방향에 따라 순방향과 역방향으로 나누어진다.

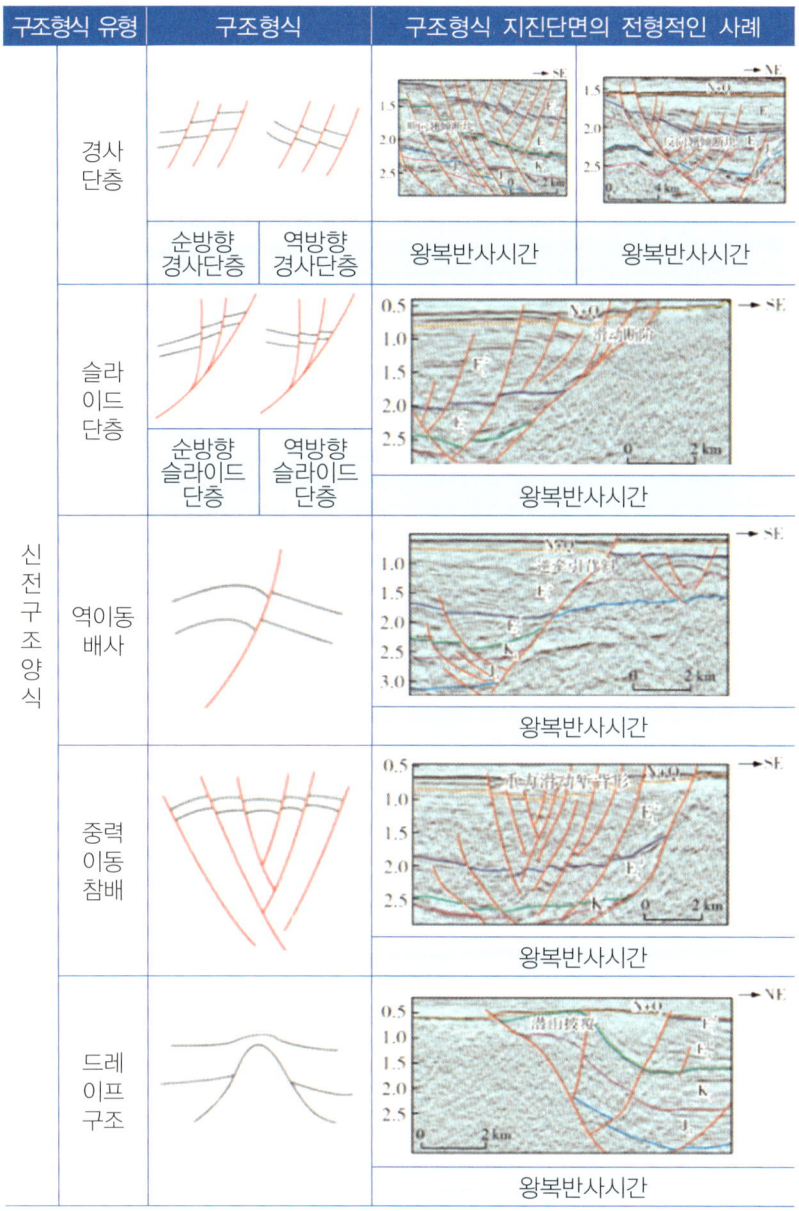

[그림 6] 북황해 분지의 주요 신전구조 형식 그림 [7]

(2) 압출구조형식

지역 내의 압출구조형식(挤压构造样式)은 형성 원인에 따라 수평압출유형(水平挤压型)과 마그마 다이아퍼유형(岩浆底辟型) 두가지로 나누어질 수 있다. 수평압출유형의 모습은 역배사구조(断背斜构造)이다. 즉 단층위에는 형성과 압출작용과 관련된 배사습곡이다. 다이아퍼구조의 형성은 지각심층의 가소성 암층(塑性岩层)의 압력방향과 관련이 있다. 황해지역의 화성암은 비교적 활발해서 마그마활동이 위로 올라가서 형성된 다이아퍼구조이다. 그림-7중 다이아퍼는 백악침전한 후에 마그마가 침입한 것이 발생하여 형성된 것이다. 암석에 침입하여 위에 덮은 암층 및 모암이 위로 돌출하여 배형이 형성된 것이다.[7]

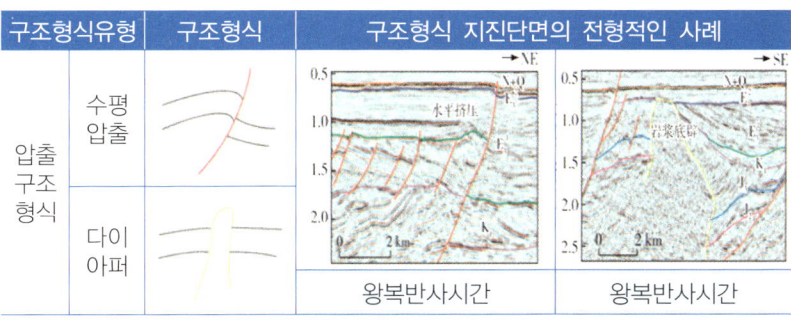

[그림-7] 북황해 분지의 주요 압출구조 형식 그림[7]

(3) 반전구조 형식

반전구조(反转构造)는 두 가지 각 다른 역학성질의 단층이 서로 반전하여 형성된 것이다. 그 중 정단층이 역단층으로 변화한 것은 플러스 반전구조라 칭하고, 역단층이 정단층으로 변한 것은 마이너스 반전구조라 칭한다. 북황해 지역은 연산기와 점신세 말기에서 확장응력장이 압출응력장(挤压应力场)으로 변화했다. 이의 모습은 중생대지층이 위로 역으로 올라가 상부의 팔레오기 지층(古近系地层)은 여전히 정단층이다.[6][7]

(4) 반전구조 형식

전단구조는 응력 성질에 따라 압전단구조(压扭构造)와 장전단구조(张扭构造) 두 가지로 나눌 수 있다. 이는 대부분 충돌 미끄럼 운동(走滑运动)과 관련이 있다. 지진의 단면은 꽃 모양구조를 보이며, 전단의 역학성질에 따라 플러스 꽃 모양구조와 마이너스 꽃 모양구조로 나눌 수 있다. 아래 그림은 하나의 주요 단층(主断层)과 여러 개의 차급 정단층으로 구성된 마이너스 꽃모양 구조(负花状构造)이다.

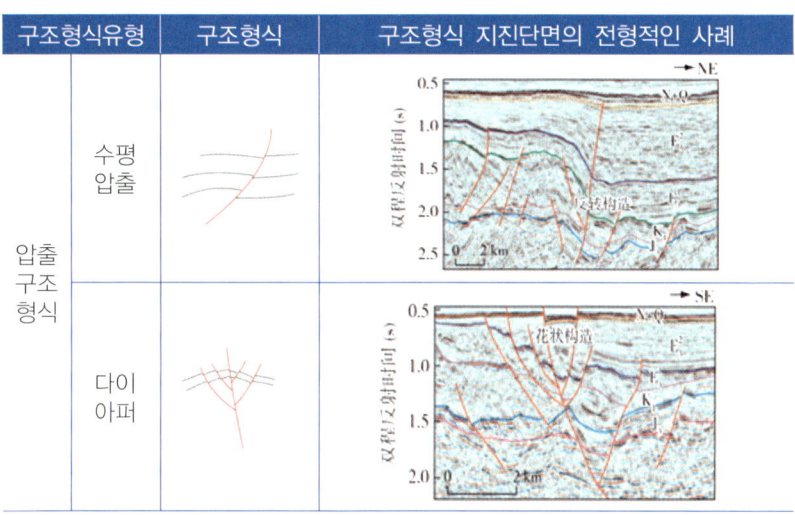

[그림-8] 북황해 분지의 부요반전과 전단구조 형식 그림[7]

2) 남황해 분지 구조형식

(1) 신전구조형식

구조형태와 형성 이유에 따라 경사단층 유형(倾翘断块型), 드레이프 구조 유형(潜山披覆型)와 롤링배사 유형(滚动背斜型)[8]으로 나눌 수 있다. 경사단층 유형, 루참형단층 유형(垒堑式断块型)과 롤링배사 유형은 모두 확장응력장(拉张应力场)에서 형성된 정단층의 작용과 관련이 있다. 드레이프 구조유형은 고생대층 매구가 중생대층에 지층에 덮여져서 중력이 아래로 이동하는 작용으로 형성된 매구가 덮어진 구조이다.

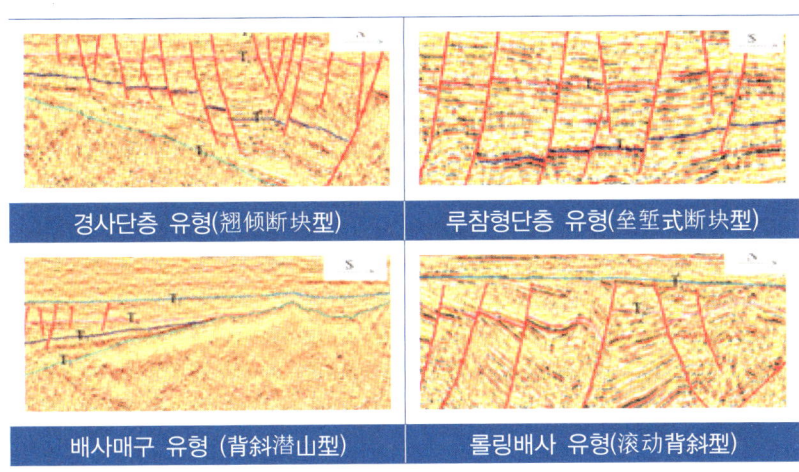

[그림-9] 북황해 분지 신전구조형식

(2) 반전구조형식

남황해 분지는 중생대 이후부터 주로 백악기 초기, 점신세와 플리오세 3기 구조반전이 형성된 것이다. [6]태평양 판과 유라시아 판이 급강하 하는 영향을 받아 중신세 확대배경에서 압출이 발생하여, 일부분 초기 정단층이 압출작용으로 빈진이 일어나 역단층으로 변하여 플러스 반전구조가 형성되었다. [8]

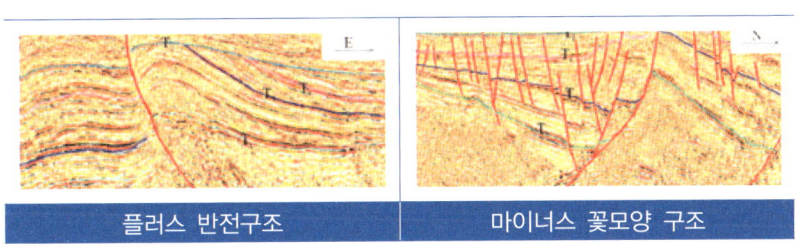

[그림-10] 북황해 분지 반전구조형식과 전단구조형식

(3) 전단구조형식

남황해 분지, 점신세 말기에서 동서향의 압출응력장의 영향을 받아 단층에는 전단성 충돌 미끄럼 운동이 일어나 마이너스 꽃모양 구조가 형성되었다.[8]

Ⅲ. 황해분지 침적변화 특징

중국동부-조선반도 구조변화 분석과 황해해역에 이미 굴착한 유정자료(钻井资料)에 따라 황해 분지의 침적형성은 주로 호수유역(陆相湖盆) 침적으로 형성된 것이며 그 중 북황해 분지의 침적형성은 쟈오라이분지(胶莱盆地)와 비슷하고, 남황해 분지는 쑤베이분지(苏北盆地)와 비슷하다.[9]

1. 북황해침적 특징

북황해 분지는 고생대와 원생대의 변질암석 위에 위치한 늦은 중생대 초기(J3-K1)와 신생대의 중첩된 분지이다. 굴착 유정암석(钻井岩) 특징과 인근지역의 고대지리분석에 따르면, 북황해는 캄브리아기-오르도비스기(北黃海寒武-奧陶纪)의 자연 상태는 얕은 바다였다. 실루리아기-초 대본기(志留纪-무泥盆世)는 동부의 곡강이 점차 침적이 형성되었고, 중 대본기- 페롬기(中泥盆世一二叠纪)는 얕은 바다와 연해가 교차하는 환경이었다. 북황해단층분지(北黃海斷陷盆地)의 형성은 트라이아스기에 시작되었으며 조산운동의 영향으로 고생대침적지역이 단층에 따라 상승하게 되었다. 이 구역의 상승에 따라 침적작용은 중 쥐라기까지 지속되었다.[9][26]

중 쥐라기에서부터 분지는 주로 대륙침적이 진행되었다. 에오세(始新世)의 절단작용으로 인해 북황해 분지의 많은 지역에는 상백악기층(上白垩统)이 없다. 분지가 형성되는 지층은 주로 중, 상 쥐라기층, 하 백악기층, 점신세층(渐新统)과 신근층(新近系)과 제4(第四系)지층이다.[9][27]

1) 중, 상 쥐라기층 삼각주-호수침적시스템

중 쥐라기층은 모두 호수침적(湖相沉積)을 위주로 한 지층이다. 이는 어두운 색 이암(暗色泥岩)침적을 위주로 한 많이 깊지 않은 호수, 얕은 호수가 연구 구역의 대부분 차지했다. 호분의 경계는 단층 통제를 받아 근물원(近物源)이 빠르게 침적되는 삼각주와 연안지역 수중삼각주(近岸水下扇)가 형성되었다.[10]

상 쥐라기는 기후가 습하기 때문에 분지는 비교적 안정적인 침적기에 들어섰다. 수심이 낮고 범위가 넓어 점차 강, 호수 침적환경으로 변화했다. 고생계 고지(古生界高地)는 주된 물원(物源)이며, 주로 "호수, 소택-강(主要发育了一套湖,沼一河流相)"의 셰일층(砂泥岩)이 형성되었다. 이것으로 분지는 당시 곡강기에 속해 있다는 것을 판단할 수 있다. 북한이 굴착한 606호 유정에서 발견한 상 쥐라기 지층의 두께는 약 750m인데 주로 강에서 형성된 혈암과 사암으로 구성되어 있다. 하지만 3개 주요 침적곡강은 침적특징이 약간 다르다. 동부곡강은 분지경계에서 분지중심까지 순서대로 소형삼각주, 넓은 면적의 강, 소택 및 수심이 얕은 호수가 형성되었다. 중부곡강은 북에서 남쪽으로 강, 소택 및 얕은 호수가 형성되었으며 서부곡강은 주로 소택과 수심이 얕은 호수가 형성된다.[9][10][27]

2) 하 백악기층 강-호수 침적시스템

하 백악기층은 선형석인 강-호수(河流一湖泊) 침적이다. 히부는 사암(粗砂岩)이며, 위로는 유기물이 풍부한 검은색 혈암에서 얇은 회암과 모래혈암 혼합층이다. 해당 지층은 풍부한 담수복족류(腹足类), 개형류(介形类)의 화석이 있으며 이는 습한 기후에서 진행된 담수 호수의 침적이다.[9]

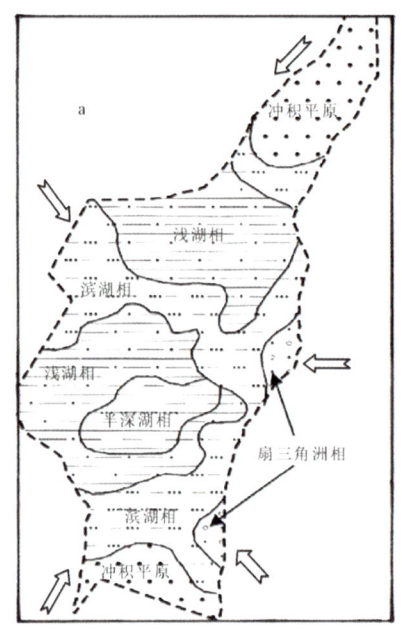 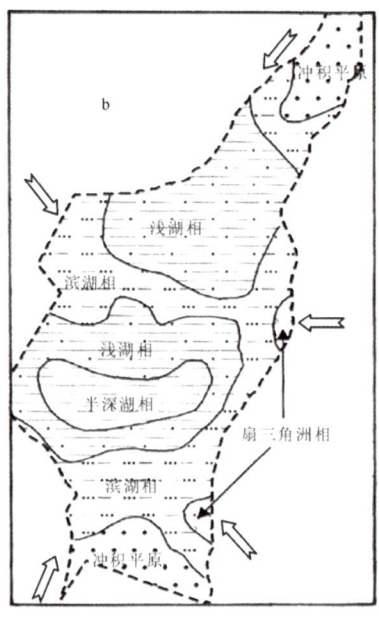

주 : a-상 쥐라기층 ; b 하 백악기층

[그림 11] 북황해 분지 동부곡강 침적 그림[1]

2. 남황해 침적 특징

남황해는 캄브리아계(寒武系), 오르도비스계(奧陶系), 실루리아계(志留系), 데본계(泥盆系), 석탄계(石炭系), 페름계(二叠系), 트라이아스계(三叠系)가 형성되어 있다. 하고생계(下古生界)는 전 구역에 광범하게 분포되어 있지만 상고생계(上古生界)는 북구 곡강구역에서 대부분 사라졌다. 단층 분지는 두터운 육상중(陆相中), 신생계(新生界)가 침적되었으며 주로 쥐라계, 백악계, 팔레오계이다. 육상중, 신생계의 분포는 북쪽이 두텁고 남쪽이 얇은 특징이 있다. 곡강형분지는 주로 신제3계와 제사계가 침적되었다. [11] 조산운동으로 분지가 형성한 후부터 침적의 변화는 주로 6단계로 나누어진다.

(1) 중·상 트라이아스기의 해륙과도단계(中,上三叠纪海陆过渡阶段):
중 트라이아스기 후반일 때 남황해는 대부분 육지로 상승했으며, 바닷물은 빠지고 해분(海盆)의 변화 역사를 끝내고 내륙 호수분지(内陆湖盆)의 발전단계에 들어섰다.

(2) 쥐라기호수-강 침적단계(侏罗纪湖相一河流相沉积阶段): 쥐라계는 분지 동북부에 적게 형성되어 있으며 대부분 지역에는 본 단계가 존재하지 않는다. 유정 굴착에 따르면 황해 쥐라계는 상하 조합으로 나눌 수 있으며 상조합은 주로 빨간색, 갈색의 이암이며, 갈색, 회색의 실트암과 옅은 회색의 사암이 섞여있다. 침적의 유형은 강이다. 하조합은 주로 짙은 회색, 회색의 이암이며, 회색, 옅은 회색의 실트암이 섞여있다. 이암에는 암설을 포함하고 있으며 침적의 유형은 삼각주-호수이다.[9][25]

(3) 백악기 호분이 사라지는 단계(白垩纪湖盆消亡阶段): 하 백악기 층은 건조한 기후 조건에서 강이 침적되어 형성되었는데 범위가 비교적 작고 주로 분지의 동부에 분포되어 있다. 중 백악기 층 분지는 호수와 강이 침적되었고 주요 침적지대는 강, 얕은 호수, 조금 깊은 호수, 선상지, 수중 삼각주 침적의 범위가 비교적 넓다. 강은 전 구역에 모두 분포되었으며 얕은 호수, 조금 깊은 호수는 주로 분지의 중부, 선상지는 분지의 서부경계위치, 수중삼각주는 분지의 중앙 돌출된 구역에 분포되어 있다. 상 백악기 층의 호분이 점점 작아지고, 침적 범위도 줄어들어 분지의 서북부와 동부에 소량으로 분포되어 있으며 강, 삼각주와 호수 침적이 형성 되어있다.[9][28]

(4) 타이저우-푸닝기는 많은 호수가 침적되는 단계(泰州一阜宁期广湖沉积阶段): 고신세초기, 백악기 후반의 타이2단침적기의 단층 확대 구조 작용이 지속되어 빨간색과 여러 색이 섞인 이임의 혼합층이 침적되었다.

푸닝조 2,4단 침적기에는 분지가 가라앉는 속도가 빨라졌으며 습한 기후에 따라 푸닝조(阜宁组) 2, 4단 호수- 조금 깊은 호수- 반소금물의 짙은 색 이암, 생물설암, 유혈암 및 푸닝조 3단(阜宁组三段) 강-삼각주 -호수의 짙은 색 이암, 사암 혼합층이 침적되었다.[9][27]

(5) 따이난-싼두어기 단층 강 호수 침적 단계(戴南—三垛期断陷河湖沉积阶段): 따이난조의 분포는 명확한 제한성이 있다. 이는 분리성이 강하다는 특징을 지니고 있다. 싼두어조(三垛组) 1단 침적 초기에는 광범위한 강의 침적이 진행되었으며 싼두어조(三垛组) 2단 침적기에는 분지가 가라앉는 속도가 원만해졌으며 이암 혼합층의 침적이 진행됐다. 상술 내용을 정리하면, 따이난기(戴南期)에서 싼두어기(三垛期)까지 침전은 호수 삼각주위주에서 강위주로 변했다.[9][27]

(6) 신제3기-제4기곡강침적단계(戴南—三垛期断陷河湖沉积阶段): 엔청조침적시기일 때 남황해 분지는 대부분 평평해진 기초에서 대량의 강 침적이 형성되었다. 침적 범위가 확대되어 팔레오기의 분포를 넘었으며 단층활동도 점차 멈추어서 신제3기-제4기의 대형곡강 분지가 형성되었다.[9]

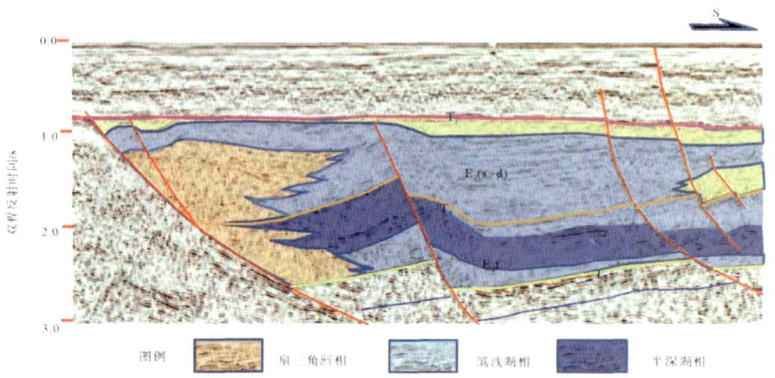

[그림 12] 팔레오기 푸닝조와 싼두어-따이난조 지진 침적 모습[12]

Ⅳ. 황해분지 구조변화 특징 및 형성 메커니즘

1. 황해 구조 변화 특징

황해 분지는 중생대-신제3기의 곡강분지이다. 제4기초에 바닷물이 침입하여 황해가 형성되기 시작했으며 갱신세말(更新世末)에는 해수면이 현대 해안선 위치까지 상승했다. [13][14]

[표-1] 북황해 분지 구조 변호표 [15]

지질연대	통합하지 않은 계면	주요 구조운동	주요 지질사건	구조 변화 과정
신제3기			분지가 상승하고 침식을 당했다. 그 다음 전체 분지가 가라앉고 곡강이 형성되었다.	신제3기 곡강분지단계
고제3기	점신세	히말라야조산운동	분지는 확장이 되어 e2-e9의 단층침적이 진행되었다.	고제3기중합곡강분지단계
	에오세	히말라야조산운동	분지는 압출되고 상승하여 K2-E1의 침적을 잃었다	고제3기중합곡강분지단계
중생대	백악기초	옌산조산운동	분지는 가라앉아 J3-K1 지층이 침적되었다.	중생대곡강분지 형성단계
	백악기말	옌산조산운동		
		옌산조산운동 인도네시아 조산운동 해서조산운동 카레도니아 조산운동	다양한 시기의 구조활동을 겪고 침적작용과 압출상승작용도 이루어져 분지의 기초가 형성되었다.	

1) 분지기초변화(진단계-페름기)

　트라이아스계(三叠系) 조산운동 전에, 북황해와 남황해는 각 화베이크레이톤(华北克拉通)과 양즈크레이톤(扬子克拉通) 두 가지 각 다른 구조단원에 속했다. 이는 모두 바다크레이톤(海相克拉通) 기초형성과 크레이톤 안정 덮개암 형성 두 가지 변화단계를 거쳤다.[13] 그 중 진단계-오르도비스기 단계(震旦纪-中奥陶世阶段)는 구조가 안정적이고 대륙해의 침적이고 암성은 주로 카보나타이트이다. 중 오르도비스기 말- 초 석단세말(中奥陶世末-早石炭世末), 카레도니아(加里东) 조산운동으로 인해 지각이 상승하였고, 황해 분지는 상 오르도비스기 층(上奥陶统), 실루리아계(志留系), 데본계(泥盆系) 및 하 석탄(下石炭统) 지층이 존재하지 않는다. 하 석탄세(晚石炭世)-중페름기(中二叠世时期), 지각운동이 비교적 약했다. 페름기 말(二叠纪晚期)- 트라이아스기(三叠纪) 초의 조산운동, 화베이 크레이톤과 하 양즈크레이톤은 충돌이 일어나서 황해 분지의 기초가 기본적으로 형성되었다.[14]

2) 중생대 단층 분지 형성 단계

　쥐라기 후반에는 태평양 지각의 급하상으로 배호(弧后)가 확장되어 북황해지역은 처음으로 균열이 생겼고 EW-NE방향의 정단층이 형성되었다. 그 중 동부의 균열정도가 제일 크고, 그 다음이 중부와 서부곡강이며, 남부의 함몰지역은 침식상태가 되었다. 백악기 초기는 계승성의 형성이며, 중부곡강의 균열정도가 제일 크고, 그 다음이 동부와 서부곡강이며, 남부의 함몰지역은 처음으로 균열이 일어났다. 백악기 후기에는 태평양 판의 급하강 방향 변화로 인해 구역응력장이 NNW-SSE방향으로 압출변화가 일어났으며 북황해지역은 상승하며 침식되어 백악기 추기(晩白垩世)의 침적을 잃었다.[15]

3) 고제3기 중합 단층 분지 단계

에오세(始新世), 점신세(漸新世) 시기에는 구역의 압출이 중지되고 NWW-SEE방향의 확장이 시작되었다. EW-NE방향과 NW방향의 단층이 다시 활동하기 시작했고 그 중 중서부가 강하고 동부가 약했다. 점신세(漸新世)-중신세(中新世早期) 초기에는 히말라야 운동II(喜山运动)의 작용으로 구역에는 강렬한 압출이 진행되고 습곡 변형과 침식작용이 시작되었다.

4) 신제3기곡강분지단계

중신세 후기-플리오세 시기(中新世晚期-上新世时期), 황해는 곡강침강하는 단계(坳陷沉降阶段)에 들어갔다. 갱신세-전신세(更新世-全新世) 기간에는 바닷물이 침입하여 200-600m의 대륙붕이 바다에 침적이 되었으며 현대(现代) 황해 분지 및 황해지역의 전체 구조 모습이 형성되었다.[15]

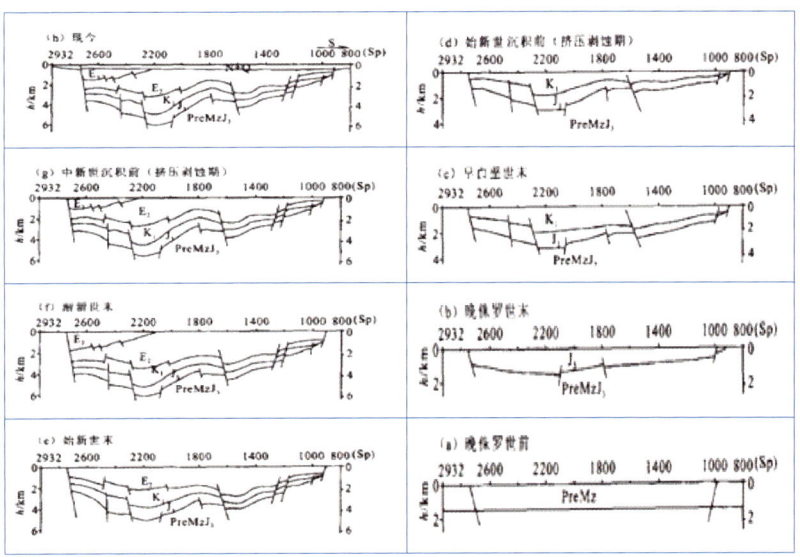

[그림-13] 북황해 분지 구조 변화 [15]

2. 황해분지 형성 메커니즘

황해 분지의 형성체계에 관하여 현재는 두 가지 해석이 있다. 첫 번째 관점은 황해 분지는 화베이지역의 맨틀 융기(地幔热柱) 변화의 일부분이다.[9][13] 두 번째 관점은 황해 분지는 태평양 지각판 급하강의 영향으로 발해만, 동해 대륙붕 분지 등과 같이 우행 주향활주로 형성된 것이다. 하지만 황해 분지 탐사 진행에 따라 지질, 지진 자료가 더욱 풍부해지고, 이동성이 있는 단층 및 이와 관련된 꽃모양 구조와 형성된 안행정단층 등을 식별하고 나서 이동 메커니즘의 합리성을 입증했다.[6]

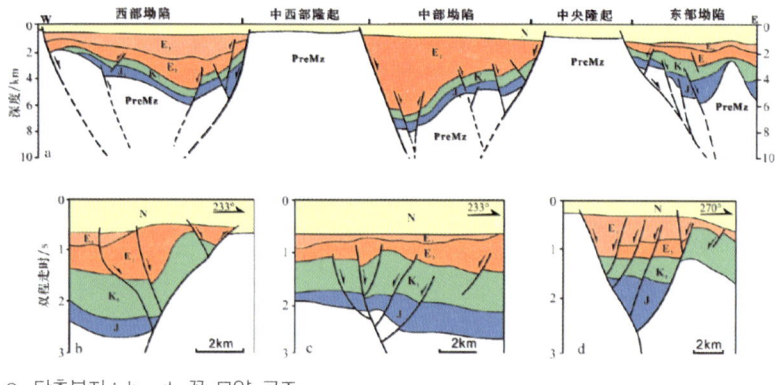

a-단층분지 ; b-d-꽃 모양 구조

[그림-14] 황해 분지 단면구조도[6]

황해 분지의 균열단면조합(断裂平面组合) 및 분지 내면의 유철구조(隆坳格局)를 보면 황해 분지의 주요한 균열현상은 북북동-북동향이며, 균열 규모가 크고, 곡강과 돌출의 형성이 통제되어 있고 모두 주향 이동 성질이 있는 것을 알 수 있다. 또한, 이러한 단층의 조합은 모두 오른쪽 방향이다. 그러므로 주향 이동 분열 양식으로 황해 분지 현재의 구조를 해석할 수 있다.

쥬라기 후기-백악기 기간, 태평양 지각판은 유라시아판을 향해 급하강을 하여 중국 동부에 대규모의 북북동향이며 주향 이동성을 지닌 구역성 균열시스템이 형성되었다. 탄루균열대도(郯庐斷裂帶) 쥬라기 후기(약150Ma)에서 시작하여 좌행주향이동이 우행주향이동으로 변화했으며 황해 분지 내의 기타 북북향-북동향의 우행 주향이동단열과 조합하여 오른쪽 방향의 모습이 형성되었다. 이로써 북동동-동서방향으로 확장되는 균열 함몰 구역이 형성되었다.[6]

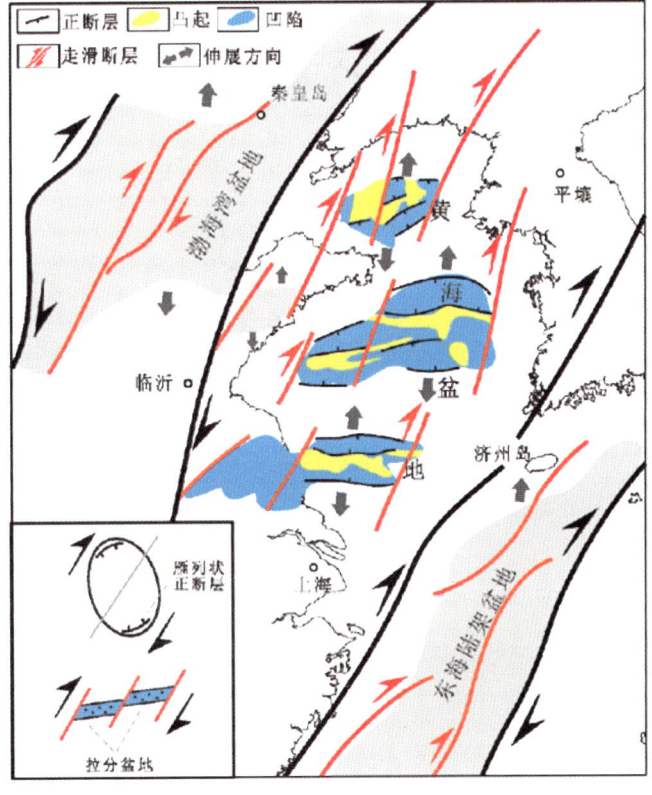

[그림-15] 황해 분지 우행주향 이동 균열 원인 메커니즘 그림[6]

V. 황해분지 북황해 분지 석유가스 개발 현황 및 전망

1. 황해분지 석유가스 탐사 개발 현황

1) 북황해 분지(중국해역)탐사과정

　200년 전에는 총 지진측정라인(地震测线) 5082.15km, 자기력측정 1289.4km, 중력측정935km, 공중 자기측정 40380km을 완성했으나 전체적인 자료의 퀄리티는 낮고 지질상황의 탐사정도도 매우 낮았다. 그 중 1966년 지질부는 110km의 지질실험을 완성했으며 1975년 국가해양국은 177km의 자기력측정을 완성했다. 1977년 지질부는 중력, 자기력과 모의지진종합조사를 완성했으며 1977년 석유부도 지진조사를 진행했으며 1978년 국가지질총국(国家地质总局) 공중 자기측정을 완성했다.

　2000년부터 지금까지 중국은 북황해 분지의 석유가스탐사를 더욱 강화했으며 조사와 연구업무를 진행했다. 기본적으로 분지의 구조와 변화, 침적 지층의 특징을 알아냈지만 여전히 석유가스를 찾지 못했다. 그 중 2000년 국가는 전문적으로 북황해 석유가스자원에 대하여 평가를 했으며 10개의 지진조사단면을 완성했고 기본적으로 20x40km의 측정네트워크를 형성했다. 2000년 중국해양석유총공사(中国海洋石油总公司)는 석유가스탐사 전망평가를 진행했으며 2개의 지진측정라인을 완성했다. 2002년 중국지질조사국(中国地质调查局)은 만 5,300km의 지진측정라인과 자기력 측정라인 99개를 완성했다.[16]

2) 서조선만(西朝鲜湾, 동경124° 의 동쪽)탐사과정

　북한의 석유가스 탐사기술은 매우 낙후하여 현재 유정을 15개 정도 굴착했으며 생산량도 제한되어 있다. 1966년 303호 유정 아래의 제3계 사암에서 석유를 얻었으며, 1977-1985에는 10개의 유정을 굴착했으며 5개를 포기했다. 4개는 중생대사암(쥐라기-백악기)에서 양질의 석유를 발견했다. 1989년 606유정은 하루에 235통의 석유를 생산했으며, 405유정은 60t을 생산했다.

2006년 중국과 북한은 연합하여 탐사를 했으며 10월에 석유 가스전을 발견했다고 발표했다. 원유함량은 50억 통으로 예측했다.

3) 남황해 분지탐사과정

현재 남황해 분지는 총 21개의 유정을 굴착했다. 굴착해서 발견한 지층은 석탄계, 페름계, 트라아아스계, 백악계, 신생계를 포함했지만 공업오일 유동을 찾지 못했다. 그 중 1974-1979년, 전국가지질총국 "탐사1호(勘探一号)"는 남황해에 8개의 유정을 굴착했다. 1979년-1986년, 중국해양석유총공사는 해외기업을 향해 남황해 탐사 1차, 2차의 입찰공고를 올려 남황해에 8개의 유정을 굴착했다. 2000-2001년, 중국해양석유총공사는 남부분지의 난치함몰지역과 우난샤돌출(勿南沙隆起)지역에서 우씨(无锡) 4-2-1, 창저우(常州) 35-2-1유정을 굴착했다.

2. 북황해 분지 석유가스 탐사 개발 전망

1) 황해의 석유가스를 보유하고 있을 가능성

북황해 분지는 주로 팔로오기 보라색 셰일, 백악계 검은색 이암과 쥐라계 회색 이암, 근원암, 탄화수소생성암과 호수이암으로 형성되어 있다. 종합평가로 발견한 것은 근원암의 유형은 품질이 좋은 것과 나쁜 것이 섞여 있었다. 그 중 쥐라계아 백악계의 근원암이 좋거나 비교적 좋고, 총 탄화수소의 함량이 높고 분지의 주요 탄화수소생성 층을 구성했다. 비트리니트 반사율(镜质体反射率)로 중생대 근원암의 열변화에서 석유가스가 형성되는 단계를 보면, 상부 신생대 근원암 비트리니트 반사율 R_o는 0.5이며, 열변화정도가 비교적 낮다.

[표-2] 북황해 분지 근원암 기초 수치표(문헌 [17]에 따라 수정함)

유정	층위	암성	두께(m)	유기탄소 함량(%)	클로로폼 비튜멘 "A" 함량(%)	탄화수소 총 함량 (μg/g)	Ro (%)	유기질 유형	근원암 유형 (황띠판에 근거하여, 1992)
602	R			0.29	0.009				
606	R	보라색 이암		0.36	0.0009			약부식 혼합유형	나쁘다
	R, E			0.50~7.00	0.1~0.001	<1000	0.4~0.6	부니형, 부식형	나쁘다-비교적 나쁘다
602	K₁	검은색 이암		1.06	0.11		0.5~0.8	부니형 혼합-부식형	비교적 좋다-좋다
606	K₁	검은색 이암		1.69	0.07		0.76		
	K₁		1200~300	1.60	0.203	1000~1800	0.73~1.32	약부식 혼합-부식형	좋다
602	J₃	짙은 회색 이암		2.16	0.16		0.9~1.1	혼합-부식형	비교적 좋다-좋다
606	J₃	짙은 회색 이암		2.05	0.03		0.8~0.9	혼합-부식형	
	J₃		800~1000	0.90~1.66	0.102	800~1000	9.71	약부니 혼합형	비교적 좋다-좋다

남황해는 트라이아스계(三叠系) 조산운동 전에 양즈크레이톤(扬子克拉通)에 속했다. 그러므로 그 중 고생계 근원암은 쑤베이분지(苏北盆地)와 쑤완지역(苏皖地区)의 근원암과 비교연구를 할 수 있다. 남황해 분지 페름계(二叠系)와 트라이아스계(三叠系)는 근원암이 형성되며 이는 쑤베이분지와 쑤완지역과 비슷하다. 주로 치샤조 검은색 취석, 롱탄조 검은색 이암, 트라이아스계 칭롱조 짙은 회색의 미크라이트가 있다. 케로진의 유형은 Ⅱ형과 Ⅲ형이며, 비트리니트 반사율은 0.6 - 1정도이다. 근원암은 석유가스 생산단계에 들어섰지만 전체적으로는 쑤베이분지보다 낮다. 근원암의 종합평가는 중급 이상이며 페름계 근원암이 트라이아스계 근원암보다 우수했다.

[표-3] 남황해 및 하 양즈구역에서의 중-고생계 근원암 분석 수치표 [18]1)

지층				유기질 성숙정도		유기질 풍성정도			유기질 유형		근원암 평가
계	조	연구구역	주요암성	Ro%	Tmax/℃	TOC%	chloroform bitumen A 함량	S1+S2 (mg/g)	IH (mg/g TOC)	케로진 검사	
트라이아이스계	칭룽조	남황해분지	짙은회색 미크라이트	0.682 (7)/ 0.64~ 0.75	475.4 (8)/ 363~ 564	0.362 (33)/ 0.1~ 1.48	0.0568 (33)/ 0.001~ 1.19	0.4 (33)/ 0.001~ 1.19	80.44 (33)/ 0.1~ 204.17	II2,III	중등
		쑤베이분지	회암	1.22 (13)/ 0.62~ 1.65	/	0.293 (134)/ 0.02~ 3.38	0.13 (18)/ 0.02~ 0.44	2.67 (38)/ 0.06~ 26.4	/	II2,III	중등
	따룽조	남황해분지	검은색 이암	0.93 (8)/ 0.7~ 1.14	502.6 (8)/ 458~ 558	1.655 (14)/ 0.18~ 4.85	0.106 (14)/ 0.002~ 0.33	1.43 (14)/ 0.01~ 3.42	33.29 (14)/ 6.81~ 142.62	II2,III	좋다-제일좋다
		쑤베이분지	검은색 이암	1.218 (5)/ 0.97~ 1.56	/	3.59 (18)/ 0.19~ 9.54	0.3 (2)/ 0.09~ 0.5	4.47 (5)/ 1.03~ 9.03	/	II2	좋다-제일좋다
페름계	룽탄조	남황해분지	매탄, 검은색 이암	1.05 (13)/ 0.62~ 2.02	497.8 (17)/ 475~ 552	2.13 (32)/ 0.27~ 12.41	0.164 (30)/ 0.005~ 0.76	1.91 (32)/ 0.21~ 7.79	93.3 (32)/ 13~ 411.18	II, III	좋다-제일좋다
		쑤완구역	매탄, 검은색 이암	1.38 (111)/ 0.46~ 2.61	/	2.61 (807)/ 0.05~ 75.89	0.16 (6)/ 0.03~ 0.6	5.25 (27)/ 0.25~ 28.28	/	II2,III	좋다-제일좋다
	치샤조	남황해분지	검은색 취석	0.92 (4)/ 0.65~ 1.13	502 (18)/ 473~ 529	1.44 (18)/ 0.22~ 8.36	0.07 (20)/ 0.003~ 0.02	0.778 (18)/ 0.25~ 1.39	65.76 (18)/ 14.98~ 152.38	I, II2	좋다
		쑤완구역	흑암, 취석	/	460.8 (16)/ 393~ 543	0.6 (117)/ 0.05~ 10.05	0.07 (4)/ 0.01~ 0.14	0.345 (16)/ 0.07~ 0.65	61.93 (16)/ 17~ 150	II2,III	중등-좋다

1) 설명: 표의 수치는 평균값(샘플 수량)이다. 최소값-최대값

황해해역은 중국, 한국과 북한 삼국의 경계에 위치하며, 각 국 정부의 사정과 탐사 정도가 낮음으로 인해 국내외 각 회사와 기구가 황해의 탄화수소 생성 수량, 자원 수량, 보유 수량 및 채굴 가능 산량의 계산 결과에 차이가 비교적 크다. 여러 나라의 연합 탐사 개발에 따라 이러한 상황이 개선될 것이라 믿는다.

[표-4] 황해해역 석유가스 보유 가능성 종합 수치 [19]

(단위:억t /억㎥)

해역	회사, 기구	탄화수서 생성량 (오일/가스)	자원량 (오일/가스)	저장량 (오일/가스)	채굴가능한 수량 (오일 가스)
북황해	PEDCO(한국)	80~100/			
	TOPEC(호주)	110/			
	일본석유	124/			
	중해유(센터)	35/	1.41/	0.33/	
	금강산그룹			4.8~5.2/	1.6/
남황해	중해유(센터)	80/	5.4~2/1055		
	중해유(상해)	36/200,000	2.5/3500		

2) 북황해의 탐사 유리 구역—동구곡강

(1) 중—신생대 각 곡강 침적구조조건

표-4에서 보면 동부곡강과 중부곡강은 북황해 분지의 두개의 큰 침적곡강이며 면적은 모두 2,000km이상이다. 중신생대침적두께에서 보면, 동부곡강은 더욱 우수하다. 그리고 동부곡강, 중부곡강, 남부곡강의 단층은 비교적 활발하며, 남부 곡강의 단층규모는 비교적 작다. 북황해 분지 트랩 유형은 매우 다양하며, 구조트랩이 주이며 복합형도 겸한다.

[표-5] 북황해 분지 각 곡강 침적 조건 비교(문헌에 근거한 수치)

곡강명칭	최대침적 두께	중생대층 두께	신생대 두께	면적	트랩유형
동부곡강	9000	200~4800	3000~4700	2210	구조, 복합
중부곡강	8000	0~3000	100~5900	2160	구조, 복합
서부곡강	5000	0~1600	300~3200	1460	배사, 매구덮개
남부 함몰구역	/	부분 함몰 구역을 잃음	600~3600	약 10개의 작은 함몰구역	/

동구곡강, 전체적으로는 반 지구형이며 경계단층은 장기적으로 활성하여 곡강의 형성과 변화를 통제했다. 곡강의 내부는 단계별 균열 형성이어서 중-신생대 침적에 유리하다. 중부곡강의 단층은 동부곡강만큼 활성화되지 않았으며 침적을 통제할 수 있는 단층도 비교적 적고 구조트랩은 확장을 주로 하며 소량의 압출형 트랩이 있다. 서부곡강은 동쪽이 절단되고 서쪽으로 경사가 있는 모습이며 부분배사구조가 형성되어 있다. 남부 함몰지역의 단층 규모는 비교적 작고 침적의 두께도 작다.

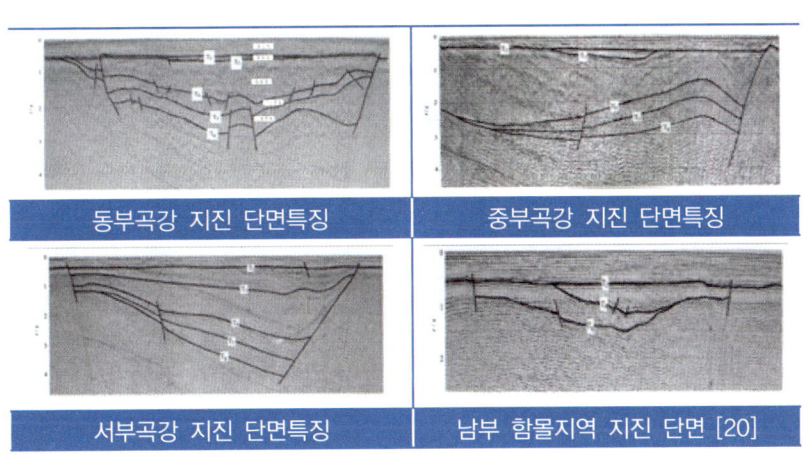

[그림-16] 북황해 분지 각 곡강 지진 단면특징

(2) 중-신생대 근원암 열변화조건

리우찐핑 등(刘金萍, 2013)은 쥐라계 근원암 매장과정 그림의 복원을 통해 백악기 말에 동부 곡강 주체부위의 중 쥐라기층 근원암 윗부분의 Ro수치가 0.8%를 넘은 것을 발견했다. 즉, 중 쥐라기 층 근원암은 백악기말에 이미 탄화수소생성의 정점에 달했으며 대량으로 탄화수소를 생성하기 시작했다. 백악기-팔레오세의 상승침식은 중 쥐라기층 근원암의 탄화수소를 생상작용을 멈추게 할 뿐만 아니라 첫번째 탄화수소 생성할 때 생성된 석유가스가 대부분 소실했다. 그 후 두터운 점신기 지층의 침적에 따라 중 쥐라기층 근원암의 매장 위치가 전에 비해 깊어졌으며 유기질 열변화 수준도 증가했다. 현재 동부 곡강 중 쥐라기 근원암 윗부분의 Ro값은 1.0%를 초과했으며, 제일 깊은 부분의 Ro값은 1.2%를 초과했다. 열변화 수준은 성숙-고성숙 단계에 달했으며 2차 탄화수소 생성 정점 단계에 속한다.[21]

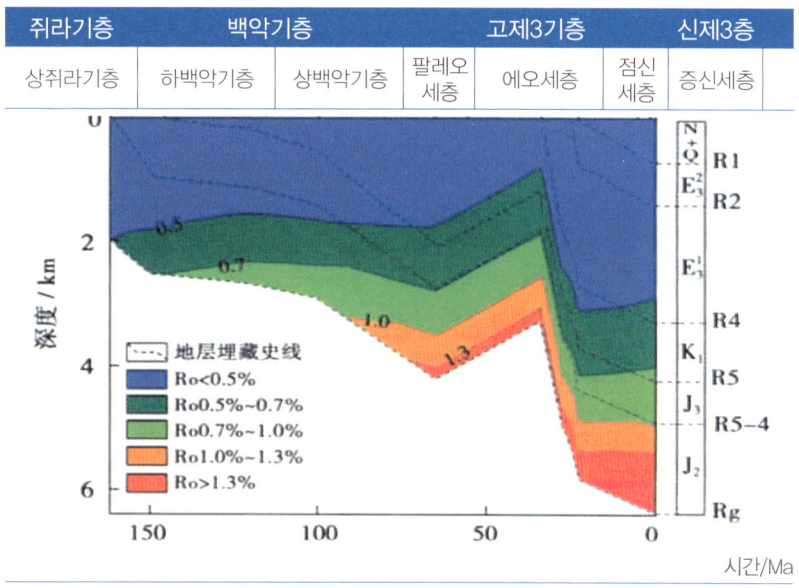

[그림 17] 북황해 분지 동부 곡강 근원암 성숙과정 그림[21]

(3) 중-신생대 각 곡강의 저장 조건

북황해 분지 동부 곡강의 저장층은 주로 하백악기층의 사암, 사력암, 상쥐라기층의 사암, 팔레오기의 사력암과 전중생대층 균열성 카보나타이트이다. 표-6에서 보면 팔레오기 저장층의 기포 정도와 투수율이 제일 좋다. 그 다음이 하백악기층이며, 상쥐라기층이 제일 낮다. 하지만 고대 지층에 관해 현재까지 발견한 구조가 아직 많지 않으므로 자원 전망은 아직 시간이 더 필요하다.

[표-6] 북황해 분지 동부곡강의 저장 특징표 [22]

층위	저장암성	저장층 유형	기포 정도(%)	투수율 ($10-3\mu m^2$)
고제3기층	사암	기포유형	20~35	1125
하백악기층	얇고-두꺼운 사암, 사력암	기포유형, 균열유형	11~25	200
상쥐라기층	얇은 사암	기포유형, 균열유형	<13	25

북황해 분지 동부 곡강의 고제3기 지층은 선상지-충적평야-삼각주-호수(沖積扇-沖積平原-三角洲-湖泊) 침적체계이며, 지층의 두께는 최고 3200m (일반적으로는 400-1200m이다)에 달한다. 지층 사암의 백분율 함량은 일반적으로 25%-50%(일부분만 25%보다 적다)이며, 이암형성, 이암단층의 두께는 일반적으로 20-30m이며 중생대층 및 팔레오기 내의 석유가스 보유 구역의 덮개암이 될 수 있다. 그 외에 탐사목적층(勘探目的層)의 중생대층은 우수한 부분 덮개암이 형성되어 있다. 중생대층과 제3계 지층에 분포된 이암은 303유정, 406유정, 606유정과 610유정에서 발생하는 사암층 내의 탄화수소를 보호할 수 있다.[22]

(4) 중생대층의 석유가스 보유시스템

동부곡강의 쥐라기층-백악기층의 석유가스 보유 시스템에서 석유가스 보유시스템의 근원암은 쥐라기층호수-소택이암이며, 유기질의 수량은 중급-양호이고, 유기질의 유형은 주로 Ⅱ1형이다. 석유가스 생성을 비교한 결과, 해당 층에서 생성되는 대부분 석유가스는 하백악기층의 강-호수사암으로 이동되며, 매우 적은 일부분 석유가스만 본 층 시스템에 측정이 된다. 덮개암은 하백악기 층이암과 팔레오기 이암이다. 동부곡강 중생대층의 석유가스 보유 시스템의 진행 그림을 그릴 수 있다. [22]

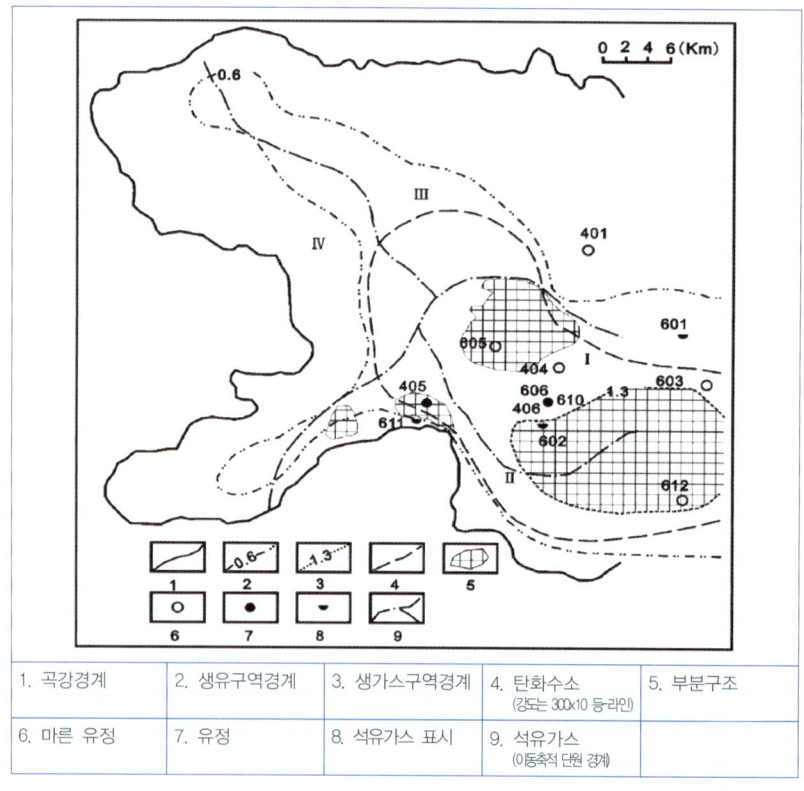

| 1. 곡강경계 | 2. 생유구역경계 | 3. 생가스구역경계 | 4. 탄화수소 (강도는 300x10 등라인) | 5. 부분구조 |
| 6. 마른 유정 | 7. 유정 | 8. 석유가스 표시 | 9. 석유가스 (0동축적 단원 경계) | |

[그림 17] 동부곡강 중생대층의 석유가스 보유 시스템의 진행 그림[22]

3. 남황해 분지의 석유가스 탐사개발 전망

황해 분지의 석유가스는 주로 중신생대 지층에 집중되어 있으며 고생대지층은 소홀히 했다. 2016년 CSDR-2유정을 착굴 했으며 이는 첫번째 고생대 지층을 만난 유정이다. 유정에는 4단의 명확한 탄화수소 상승단이 있다. 이의 성분은 대부분 메탄이다. 기름자국, 유점 등 석유가스를 보유하고 있다는 모습을 암석에서 40여곳이나 발견했다. 그러므로 남황해 탐사 개발은 고생대의 카보나타이트 균열성 석유가스 저장층까지 확대되어야 한다.

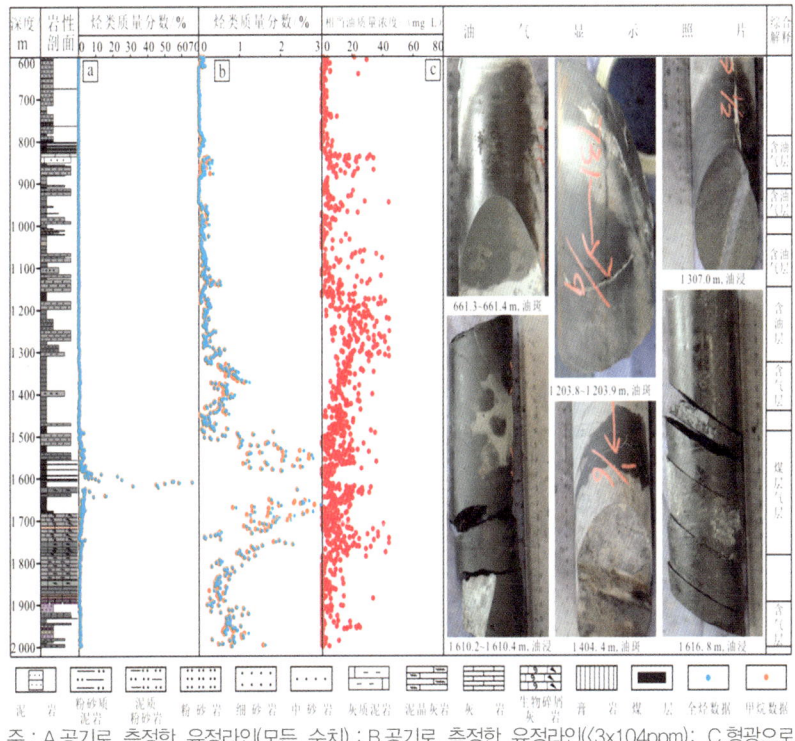

주 : A.공기로 측정한 유정라인(모든 수치) ; B.공기로 측정한 유정라인((3x104ppm); C.형광으로 기록한 유정 및 석유가스 표시 그림

[그림18] 남황해 분지 중부돌지역의CSDP-2유정에서 공기, 형광으로 측정한 것과 석유가스 표시 그림[18]

남황해 고생대 지층에서 위로는 근원암, 저장층과 덮개층이 형성되어 있다 이는 3개의 주요 소스-저장소-씰 조합이 존재할 수도 있다.

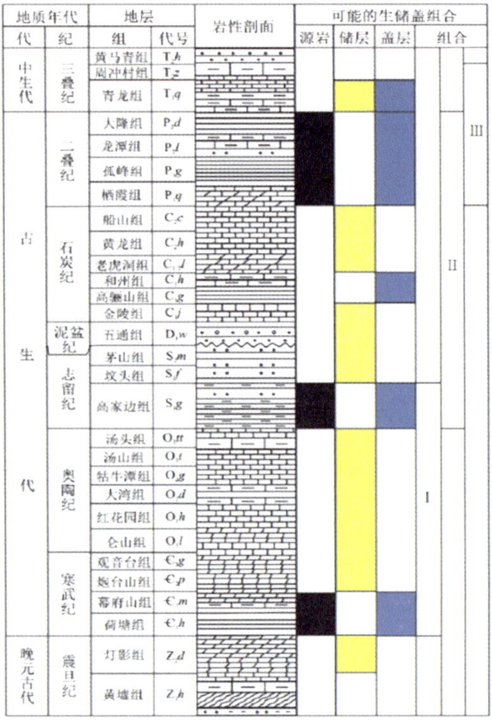

[그림 19] 남황해 분지 주요 소스-저장소-씰 조합[24]

(1) 하 캄브리아기 층 무푸산조(下寒武统幕府山组)의 셰일근원암(泥页岩 烃源岩)+중캄브리아기층(中寒武统炮台山组) 통파오타이산조-오르도비스계 백운암 및 석회암 저장층+하실루리아기층 까오쨔뻰조(下志留统高家边组) 쎄일 덮개층(泥页岩盖层)

(2) 하실루리아기층(下志留统高家边组) 까오쨔뻰조세일 근원암+중상실루아기층 펀토우조(中上志留统坟头组)와 마오산조(茅山组) 사암 및

석탄계(石炭系)-하페름기층 치샤조(下二**叠统栖霞组**) 석회암 저장층 + 상페름기층 룽탄조(上二**叠统龙潭组**)-대룽조 셰일 덮개층

(3) 상페름기층 룽탄조(上二**叠统龙潭组**) 근원암—따룽조세일+상페름기층 룽탄조(大隆组) 사암, 하 트라이아스기층 칭룽조 백운암 저장층+ 하 트라이아스기층(下三**叠统青龙组**) 회암과 석고염층 덮개층. 많은 소스-저장소-씰조합의 수평배치는 석유가스의 보존과 채굴에 도움이 된다. [24]

VI. 결론

남북황해 분지는 조산운동 전까지 각 다른 크레이톤(克拉通基底)에 속했다 하지만 중신생대 구조 변화와 침적 변화는 어느 정도 비슷한 면이 있다. 전체적으로 모두 확대응력장 조건에서 암출작용의 지속시간이 짧다. 구조 형식은 다양하며 주로 신전, 전단과 반전 3가지가 있으며 또 각마다 다른 유형으로 나누어진다. 분지는 중생대 이후의 침적작용은 강, 호수 침적 위주로 나타났다. 분지 형성의 모습은 주향이동성질의 단층, 곡강분지가 있다.

북황해 분지 중생대와 고제3기는 근원암이 형성되는 제일 유리한 시기이다. 상쥐라기층 분지는 주로 탄화수소 생성층이며, 동부곡강은 분지에서 석유가스가 생성되는 제일 유리한 지역이다. 분지는 탄화수소생성의 물질기초가 준비되어 있으며 탄화수소 생성의 가능성도 높고, 여러 소스-지장소-씰 조합이 있어서 석유가스를 모으는 것에 유리하다. 또한 북한은 이미 중생대지층에서 유류를 발견했으며 중생대 지층의 탐사를 강화하면 반드시 발견이 가능할 것이다.

남황해 분지에서 이미 26개의 유정을 굴착했으나 아직 공업성 유류가 발견되지 않았다. 최근 유정 굴착자료에 의하면 고생대층에 석유가스가 매장되어 있으며, 수평으로 위 측에 3가지 소스-저장소-씰 조합(储盖组合)이 있다. 따라서 분지 탐사의 중점은 고생대 지층에 두어야 한다.

참고문헌

[1] 赖万忠, 黄海海域沉积盆地与油气[C] / /黄海海域油气地质.北京 :海洋出版社, 2003 :28-37.

[2] 姚伯初, 黄海海域地质构造特征及其油气资源潜力[J], 海洋地质与第四纪地质, 2006, 26(2):85-93.

[3] 王立飞·王衍棠·胡小强, 北黄海盆地西部坳陷地层与沉积特征[J], 海洋地质与第四纪 地质, 2010(3):97-104.

[4] 王改云·刘金萍·简晓玲 等— 北黄海盆地下白垩统致密砂岩储层特征及成因[J], 地球科学, 2016, 41(3):523-532.

[5] 闫桂京·许红·杨艳秋, 苏北—南黄海盆地构造热演化特征及其油气地质意义[J], 天然气工业, 2014, 34(5):49-55.

[6] 赵淑娟·李三忠·索艳慧 等, 黄海盆地构造特征及形成机制[J], 地学前缘, 2017, 24(4):239-248.

[7] 简晓玲·万晓明·杜民, 北黄海盆地东部坳陷中新生代构造样式[J], 地质学刊, 2016, 40(2):314-319.

[8] 王建强·孙晶·陈建文 等, 南黄海盆地烟台坳陷构造样式及其特征[J], 海洋地质 前沿, 2016, 32(1):54-59.

[9] 李慧君·张训华·牛树银 等, 黄海盆地地质构造特征及其形成机制[J], 海洋地质与 第四纪地质, 2011(5):73-78.

[10] 王改云·刘金萍·简晓玲 等, 北黄海盆地中生界沉积充填及有利生储盖组合[J], 地质与勘探, 2016, 52(01):191-198.

[11] 张银国·梁杰, 南黄海盆地二叠系至三叠系沉积体系特征及其沉积演化[J], 吉林 大学学报(地), 2014, 44(5):1406-1418.

[12] 张银国·肖国林·吴志强 等, 南黄海盆地北部坳陷古近系沉积特征及其沉积

演化 [J]. 海洋地质前沿, 2014, 30(10):26-33.

[13] 牛树银·孙爱群·张福祥 等. 中国黄海海域的构造演化[J]. 地质论评, 2016, 62 (s1):325-326.

[14] 陈亮·刘振湖·金庆焕 等. 北黄海盆地东部坳陷中新生代构造演化[J]. 大地构造与成矿学, 2008, 32(3):308-316.

[15] 李文勇·李东旭·夏斌 等. 北黄海盆地构造演化特征分析[J]. 现代地质, 2006, 20(2): 268-276.

[16] 田振兴. 北黄海盆地断裂特征及其深部构造研究[D]. 中国海洋大学, 2005.

[17] 张莉·周永章·王嘹亮 等. 北黄海盆地生烃条件研究[J]. 天然气工业, 2009, 29(1):21-25.

[18] 蔡来星·王蛟·郭兴伟 等. 南黄海中部隆起中—古生界沉积相及烃源岩特征——以CDP-2井为例[J]. 吉林大学学报(地), 2017, 47(04).

[19] 赖万忠. 黄海海域沉积盆地与油气[J]. 海洋地质动态, 2002, 18(11):13-16.50(6):633-638.

[20] 陈玲·白志琳·李文勇. 北黄海盆地中新生代沉积坳陷特征及其油气勘探方向[J]. 石油物探, 2006, 45(3):319-323.

[21] 刘金萍·王改云·杜民 等. 北黄海盆地东部坳陷中生界烃源岩特征[J]. 中国海上油气, 2013, 25(4):12-16.

[22] 王辉·林小云·肖国林. 北黄海盆地东部坳陷成藏要素及其作用研究[J]. 石油天然气学报, 2008(6):203-206.

[23] 冯志强·姚永坚·曾祥辉 等. 对黄海中.古生界地质构造及油气远景的新认识[J]. 中国海上油气:地质, 2002, 16(6):367-373.

[24] 袁勇·陈建文·梁杰 等. 海陆对比看南黄海海相中——古生界的生储盖组合特征[J]. 石油实验地质, 2017, 39(2):195-202.

[25] 高顺莉·谭思哲·侯凯文 等, 南黄海海域侏罗系分布与构造意义[J], 海洋地质 前沿, 2015, 31(4):7-12.

[26] 胡小强·刘振湖·陈玲 等, 北黄海盆地某研究区块钻井层序地层及沉积特征[J], 海洋地质与第四纪地质, 2009(2):107-114.

[27] 蔡峰, 北黄海盆地中新生代沉积环境及特征[J], 海洋地质动态, 1997(8):1-3.

[28] 曲希玉, 南黄海盆地北部中,新生界沉积特征及油气远景[D], 吉林大学, 2004.

환황해 해양경제협력과 자원개발

07
북황해 수산업의 지속가능한 발전을 위한 새로운 메커니즘

宋伦(Song Lun)

북황해 수산업의 지속가능한 발전을 위한 새로운 메커니즘

宋伦(Song Lun*)

국문초록

　　최근 수십 년간 어획능력이 지속적으로 향상과 어획강도가 높아짐에 따라 어업자원이 감소하게 되고 지속가능한 수산업발전이 위협을 받게 되었다. 중국의 경우 수산물품질인증제도에 관한 논의가 활발하게 전개되고 있는 반면에 어업의 지속가능한 발전에 관한 논의가 상대적으로 적다. 국제적으로 수산물 인증제도에는 MSC인증과 ASC인증이 있는데 이는 수산업의 지속적인 발전에 필요한 새로운 메커니즘을 제공할 수 있다. 전자는 Marine Stewardship Council (MSC)의 약자로 야생수산물에 대한 품질인증제도이며, 후자는 Aquaculture Stewardship Council(ASC)의 약자로 양식수산물에 대한 품질인증제도이다. 수산물 인증을 받은 어종은 자원량이 풍부하고, 지속가능한 최대 생산량을 유지할 수 있으며, 어류군집 자원량의 회복이 빠른 등 특징을 갖는다. 수산물 품지관리에 관한 MSC인증과 ASC인증, 생태표지표제도 등은 어류군집의 건전한 성장과 국제적으로 인정하는 어업관리목표의 실현에 유리하게 작용한다. 아울러 소비자가 어업자원 관리과정에 참여함으로써 지속가능

---

* 요녕성해양수산과학연구원 해양환경연구실 부연구원. 메일 785020725@qq.com.

한 수산물 공급과 해양생태계 보존의 목표를 실현할 수 있다.

키워드: 지속가능한 수산업, MSC인증, ASC인증, 새로운 메커니즘, 북황해

Ⅰ. 서론

유엔 식량농업기구의 조사결과에 따르면 전 세계 어업자원의 28%는 남획되고 있으며, 50%는 이미 어획 포화상태에 이르렀다. 어획량은 1950년대부터 매년 증가하는 추세로 2000년 어획량은 1950년에 비해 10배 증가 되었으며, 2000년에 들어서는 어업자원의 감소로 인해 지속적인 감소세를 보였다. 나아가 과도한 어획으로 인해 해양생태계가 위험에 처하게 되었으며 어업자원과 생태계를 파괴하는 어로행위 및 IUU어업에 대한 규제 강화의 필요성이 제기되었다. 이와 동시에 수산물의 지속적인 공급과 수산물 품질안전에 대한 시민의 요구가 높아지고 있는 상황에서 시민단체의 주도하에 정부, 기업, 소비자 등 다양한 주체가 참여하는 가운데 지속가능한 수산물 관리방안을 모색하게 되었다.[1]

Ⅱ. 중국의 수산물 인증제도의 운영 현황

중국은 현재 8개의 수산양식 품질안전인증을 추진 중에 있는데, 그중 무공해 농산물 인증, 녹색식품 인증, 유기 농산물 인증, China GAP, ACC 등을 포함한 5개의 제품인증이 있으며, ISO9000·ISO14000, HACCP 등을 포함한 3개 제품의 품질체계기준에 관한 인증이 있다. 무공해 농산물, 녹색식품에 관한 세품인증은 중국의 경제발전과 시장수요에 근거하여 설립된 인증제도이고, 이를 제외한 5개의 품질인증제도는 국제무역과 수출에 필요한 국제기준, 국제규격을 제정한 품질보증제도이다. 최근 몇 년 동안 중국의 양식 수산물에 관한 인증은 대상품목이 꾸준히 증가하고 있는데 이는 수산양식업의 발전을

---

[1] 刘雯, 捕捞渔民转产转业的困境及对策研究[D], 浙江海洋大学, 2017 ; 杨锋, 舟山沿岸渔业现状调查与管理对策研究[D], 浙江海洋大学, 2017 ; 王威巍, 中国水产品市场价格波动状况研究[D], 上海海洋大学, 2016 ; 翟北北, 渤海渔业资源可持续利用研究[D], 中国海洋大学, 2015 ; 刘小兵, 国际渔业问题的治理研究[D], 上海海洋大学, 2015.

의미하며, 수산물 품질안전 관리 강화에 대한 중국정부의 강한 의지를 반영하고 있다. 그러나 양식수산물 품질안전 분야에서 이루어낸 성과는 양식업체, 수산 유통업 등 수산양식에 관련된 다양한 주체의 협력, 공동의 노력과 밀접한 연관이 있다. 그밖에 경제발전과 국민 생활수준의 향상에 따라 수산물 품질안전에 대한 시민의 요구가 날로 늘어나고 있다. 이에 따라 양식수산물 품질인증제도의 발전은 정부, 기업, 시민의 참여와 협력의 과정에서 다양한 요인들이 공동으로 작용한 결과라고 판단된다. 중국의 수산물 인증제도는 정부와 기업의 끊임없는 노력으로 인해 약간의 성과를 거두었으나 아래와 같은 여러 가지 문제점이 존재한다. ① 수산물 품질인증 대상품목의 수산시장 점유율이 꾸준한 상승세를 보이고 있으나 수산양식 총 생산량에서 차지하는 비중이 낮은 관계로 소비자들의 수요를 만족시키지 못하고 있다. ② 수산물 품질인증마크 사용률이 낮고 인증제도와 인증마크에 대한 인지도와 영향력이 낮다. ③ 수산물 품질에 대한 인증제도가 다양하여 소비자와 기업이 선택의 혼란을 겪고 있다. ④ 인증표준에 관한 과학성이 부족하며 이에 관한 기초기술 연구가 강화되어야 한다. ⑤ 인증절차와 관련하여 과학적 근거가 부족하며 수산업에 대한 산업관리가 부실하다. ⑥ 기존의 수산물 인증은 품질안전에 대한 규격과 기준이 대부분이며 지속가능한 어업에 대한 인증제도의 연구가 미진하다.[2]

Ⅲ. 지속가능한 어업에 대한 국제인증

1. MSC인증

세계야생동물보호기금과 자연보존을 위한 국제기구인 Untilever는 1996

---

[2] 孙志敏, 中国养殖水产品质量安全管理问题研究[D], 中国海洋大学, 2008 ; 刘熙, 天津塘沽地区水产品质量 安全监管问题研究[D], 天津大学, 2013 ; 赖建瓯, 温州水产品加工产业现状与发展方向研究[D], 宁波大学, 2011 ; 董啸天, 我国海水养殖产品食品安全保障体系研究[D], 中国海洋大学, 2014.

년 어업자원의 관리강화를 위해 해양관리위원회(MSC)를 발족하고 2000년 3월 1일부터 MSC표준이라는 수산물인증의 시행에 들어갔다. 해양관리위원회(MSC) 본부는 영국 런던, 미국 시애틀, 호주 시드니에 본부를 두고 있다. MSC는 지속가능한 수산물의 보호와 관리를 위해 국제 공인표준에 부합되는 기업과 제품에 "에코라벨"을 부여하는 방법으로 운영된다. 다시 말하자면 바다 어장(야생에서 포획되는 어류의 서식지)의 생태보호 및 관리에 대해 평가하고, 자원보호 규정을 준수한 어장에서 어획된 수산물에 "에코라벨" 또는 MSC 인증을 부여한다. MSC 인증제도의 시행 목표는 지속가능한 어획 및 해산물 추적을 통해 소비자들의 구매를 유도하고, 나아가 제품에 대한 소유권을 갖는 공급망에 포함되는 모든 기업이 MSC 인증을 취득하도록 요구함으로써 수산 시장이 지속가능한 어업을 실현하는 장으로 변화시키는 것이다. 이미 258개의 어업, 2만여 개 이상의 기업이 MSC 인증을 받고 있으며 중국에서는 심천연성 참치양식기업, 대련 장즈섬 큰 가리비(虾夷扇贝)양식기업 등 2개의 기업이 MSC 인증을 받았다.[3]

1) MSC인증의 원칙 및 표준

MSC 인증은 대상어류 종의 지속가능성, 생태영향 최소화, 자원보호 및 환경영향에 대한 효율적 기업관리라는 3대 원칙을 제시하였다.

원칙 1: 어업은 남획 또는 고갈을 초래하지 않는 방식으로 이루어져야 하고, 자원이 고갈된 경우 해당 어업은 자원이 확실히 회복될 수 있는

---

[3] 吕华当, 首批中国企业获MSC和ASC认证[J]. 海洋与渔业, 2015, (12):23 ; 崔和, 陈丽纯, 李的真, MSC认证三文鱼在我国来进料加工出口情况[J], 中国水产, 2015,(11):44-46 ; 周太友, 我国探索海洋可持续发展获新突破[N],中华工商时报, 2015-04-24(002) ; 唐学良, 獐子岛渔业集团通过MSC认证预评审[N],上海证券报, 2011-09-17 (005) ; 遇俐颖, 越南获东南亚首例MSC认证[N], 中国渔业报, 2009-11-16(007) ; 黄嘉荣, MSC认证真鳕鱼和野生三文鱼供应里约奥运成水产品供应量最多的一届奥运[J],海洋与渔业,2016,(09):19; 王茜, PNA围网黄鳍金枪鱼捕捞业获得MSC认证[J], 渔业信息与战略, 2016,31(03):240.

방식으로 이루어져야 한다. 기존에 어획하고 있는 어류에 대해서는 보다 높은 관리기준을 설정하여 종의 지속적인 생산력을 보장하여야 한다. 또한 안전계수를 설정하여 운영상의 오류와 불확실성을 방지하며, 대상어류 종의 자원량 회복 및 증대를 위해 어장의 체계성과 전체성에 대해 평가한다.

원칙 2: 어장에 대한 관리는 생태학적 접근에 적합한 관리체제를 구축하여야 하며, 어장에서 이루어지는 어획행위에 대해 평가함으로써 생태계, 서식지, 생태적으로 밀접한 연관이 있는 어종에 대한 영향을 최소화하여야 한다. 어업활동은 해당 어업이 이루어지는 생태계의 구조, 어류 종의 생산성, 생태기능과 생물의 다양성을 유지할 수 있는 수준이어야 한다. 생태계의 구조에는 서식지, 생태적으로 밀접한 연관이 있는 어종 등이 포함된다.

원칙 3: 어장의 효율적인 관리시스템을 구축하여 해당 어업자원의 이용을 필요로 하는 규모와 원칙1, 원칙2에 부합하는 관리조치를 시행하여야 한다. 아울러 어장은 해당 자원의 이용을 필요로 하는 지역·국가·국제적 차원의 법과 기준을 충족하여야 하며, 지속가능한 개발과 "책임 있는 어업"의 관련 법규범에 부합되어야 한다.

위에서 언급한 3 가지 원칙을 바탕으로 MSC 인증 평가는 어장 관리 성과 및 기타 31가지 항목의 세부기준을 준수한 기업과 그 제품에 지속가능한 수산물 인증을 뜻하는 "에코라벨"을 부여한다. 여기서 "성과지표"는 3대 원칙과 기준을 적용하고 점수화하여 평가한다. 31가지 항목의 세부기준은 100만점을 기준으로 하며 60점, 80점, 100점을 지속가능성 평가의 중요한 기점으로 한다. 이러한 평가기준은 전 세계 어장관리인, 연구자 및 기타 이해관계자의 경험에서 도출되었다.

나아가 MSC는 수산 및 환경 전문가들의 도움을 받아 평가 시스템을 마련하게 되었다. 평가점수가 60점에서 100점으로 증가하면 지속가능성이 높다는 것을 의미한다. 예컨대 해당 어장의 생태구조는 어업활동으로 인한 압력과 자연환경의 변화에 보다 잘 적응할 수 있으며, 위험요소를 인증기준이 요구하는 최저기준보다 낮다는 것을 의미한다. 60점은 MSC 어장관리기준에서 정하는 지속가능성 실천의 "최소 허용 한도"이다. 이는 어업활동에 의해 영향 받는 모든 생태적 요소가 현재와 미래에 있어 위협을 받지 않음을 의미한다. 80점은 "세계 모범사례"의 수준에 부합하는 어장관리시스템의 기대효과에 가까운 수치를 의미하는데 지속가능한 수산업의 확실성을 증가시킨다. "세계 모범사례"란 국제적으로 공인된 어장관리방법과 절차를 포함하는데 이는 전 세계 어업관리 경험에서 도출된 것이다. 100점은 "완벽에 가까운" 어장관리시스템이 기대하는 성과로서 어장관리 성과의 확실성이 높고 어로행위 또는 어업활동이 대상어종 및 생태기반에 대해 불리한 영향을 미치지 않음을 의미한다.

MSC 인증을 받기 위해서는 우선 사전평가를 통해 어업이 MSC 인증을 받을 수 있는 최소한의 기준을 충족하는지 여부를 조사한다. 사전평가에서 31가지 항목의 세부기준에 대한 성과지표에서 60점이상 점수를 받아야 하며, 다음으로 MSC 인증에 관한 어장관리 3대 원칙에 대한 평가를 진행하는데 원칙별 평균점수가 80점 이상이어야 한다. 평균점수는 당해 원칙하의 성과지표의 점수를 평균한 값이다. 또한 평가점수가 80점 이하인 항목에 대해서 수산물 인증 저리기간 또는 MSC 인증 신청 후 5년 이내에 수정·보완하여 다시 심사를 받아야 하는데 이 경우에도 평가점수는 80점 이상을 받아야 한다. 만약 심사대상 어장이 MSC 인증 평가기준에 부합되고 수정·보완 사항이 현저한 개선을 가져온 경우, MSC 인증을 취득하게 된다. MSC 인증기간은 5년이며 인증 후에도 연례 정기 검사가 진행된다.[4]

---

4) 俐颖, 斐济渔业申请MSC认证[N], 中国渔业报, 2011-06-20(007) ; 奥利, 澳大利亚瑞典联合推广MSC认证唤起公众保护生态[N], 中国渔业报, 2010-11-22(007) ; 遇俐颖, 加拿大努力

2) MSC인증의 평가절차

 MSC 인증은 국제적으로 공인하는 엄격한 평가기준을 적용하고 있으며, 공정성을 유지하기 위해 "제3자 전문인증기관"에 평가업무를 위탁하여 운영하고 있다. 이처럼 최고의 수준과 공정성을 확보하기 위해 해양관리위원회에서 직접 평가업무를 수행하지 않고 제3의 인증기관이 독립적으로 평가함으로써 평가기준에 부합되는 기업 또는 제품에 인증서를 부여한다. 이 방법은 독립적인 공인회계법인 및 비영리 조직에 재무제표의 작성을 의뢰하는 것과 유사한데, 국제사회의 모든 대규모 인증 및 심사계획에서 보편적으로 활용되고 있다.

 나아가 평가의 객관성과 공정성을 확보하기 위해 인증절차의 투명성을 중요시하며 평가보고서는 MSC 홈페이지를 통해 모든 정보가 공개된다. 인증기관은 최고의 전문가그룹에 인증평가를 위탁하게 되고 평가에 참여한 모든 전문가의 기본정보와 평가결과가 공개되며, 후보자의 적합성에 대한 정보공개 요청이 제기되기 전까지 전문가그룹의 선택을 중단시켜서는 안된다. 평가결과는 인증기관 및 전문가그룹에서 작성한 관련 보고서를 바탕으로 작성되며, 보고서에는 성과지표의 득점과 설명이 포함되어야 한다. 성과지표에 대한 평과에 세부항목에 대한 득점에 대해 해당 분야의 최고 전문가의 심사를 받도록 규정함으로써 채점결과와 이유의 정확성을 확보한다. 해당 분야 최고 전문가의 심사결과 또한 평가보고서에 포함되어야 하며 전문가가 지적한 수정보완 사항에 대해 이의제기가 가능하다. 이러한 과정을 거쳐 최종보고서를 작성하고 전문가는 최종보고서에서 어장관리가 MSC 인증기준을 충족하는지에 대해 결론을 내린다. 평가에 참여한 모든 당사자는 최종보고서 및 인증 결정에 대해 문제를 제기할 수 있다. 평가점수에 대한 설명과 평가절차에 대해 이의제기 또는 반대의견이 있을 경우 독립적인 심사원을 선정하여 처리하게 되며, 통상 수산업 사건처리에 경험이 풍부한 변호사를 심사원으로 정한다. MSC 인증을

实现全面销售MSC认证产品[N], 中国渔业报, 2010-05- 31(007) ; 新颖, 加拿大零售业2013年将全面销售MSC认证产品[N], 中国渔业报, 2010-05-10(007).

취득한 경우 대상어장과 수산물 공급망에 포함된 관련 업체도 MSC 인증라벨을 부착하거나 수산물 제품이 자원관리가 잘되고 지속가능한 어업을 하는 해역에서 어획됨을 주장할 수 있다. 나아가 인증관리의 연속성을 확보하기 위해 공급망 관리를 통해 수산물 이력추적이 가능도록 노력한다. 이에 따라 MSC 인증을 받은 수산물을 가공하는 모든 업체가 비승인 수산물을 혼합하거나 비승인 제품으로 인증제품을 대체하는 것을 금지하고 있다. 또한 주기적으로 유전자검사 및 제품의 기원에 대해 검사한다.[5]

3) 전 세계 어장의 성과지표 향상

MSC 경제학의 핵심 신조의 하나는 동기부여(요구-동인-유인)의 역할과 그것이 개개인의 행동에 미치는 영향을 분석하는 것이다. 경제학의 동기부여 이론은 MSC 인증제도의 시행에 있어서도 역할을 발휘할 수 있었다. 최초에 MSC 인증기준에 충족하여 인증을 취득한 어장은 약간의 개선사항이 있으나, 지금까지 대체로 잘 관리되고 있다. 초기에 MSC 인증을 획득한 어장과 기업의 관리경험은 당해 인증제도의 발전을 위해 기반을 마련하였으며, 인증기준을 충족하기 위해 취해진 관리조치 및 인증신청 경험은 기타 어장과 기업에 시사하는 바가 크다. 최근의 MSC 인증 사례를 살펴보노라면 특정 어업이 MSC 인증을 받기 위해서 평가를 받는 기간 동안 국내 수산자원관리기술을 바탕으로 환경에 관한 성과지표의 점수를 높이고자 노력하고 있다. MSC 인증제도는 동기부여 및 성과지표에 대한 평가시스템을 통해 어업자원의 보호와 어류의 서식지, 해양생태계의 보존, 수산자원관리를 강화함으로써 지속가능한 수산업을 실현하도록 노력하고 있다.[6]

---

5) 遇俐颖, 俄罗斯三文鱼积极申请MSC认证[N], 中国渔业报, 2009-12-14(007) ; 智利黑鲈鱼获MSC认证溢价销售[N], 中国渔业报, 2009-10-26(007) ; 俐颖, 法国渔业公司为绿青鳕申请MSC认证[N], 中国渔业报, 2009-09-28(007).
6) 魏友海, 张明.水产品可持续发展的现状,展望与实现探索[J], 科学养鱼, 2016, (12):13-17.

2. ASC인증

　세계인구가 증가함에 따라 수산물에 대한 수요도 급증하고 있다. 수산물은 고단백, 저지방, 영양이 풍부한 식품으로 소비자들의 수요가 많아지고 있으나 전통적인 어획행위에 의한 수산물 공급은 거의 한계점에 달했다고 할 수 있다. 어업자원은 제한적이며 이미 어업자원의 86%가 완전히 개발되거나 과도하게 어획된 것으로 야생 수산물의 공급은 한계에 이르렀다. 이러한 문제점을 해결하기 위해 양식어업이 대안으로 제시되고 있다. 양식어업은 과도한 어획으로 인한 어업자원의 감소를 완화하고 자원생산능력을 증강시킬 수 있다.

　수산양식은 세계에서 성장이 가장 빠른 식품생산업의 하나로 2018년까지 세계 수산물 생산량의 50%를 차지하게 될 전망이다. 그러나 수산양식업 발전의 가속화에 따라 양식의 과밀화, 양식장 관리 부실로 인해 오염과 생태계 파괴를 초래하게 되었다. 이와 같이 수산양식에 대한 관리의 미비로 인해 양식 해역의 환경과 주변 시민들에 불리한 영향을 미치게 되었고, 양식장에 대한 관리 강화의 필요성이 대두되었다. 체계적이고 효과적인 수산양식관리제도의 도입은 양식 수산물의 품질안전을 확보할 수 있을뿐더러 환경에 대한 파괴와 지역사회에 대한 영향도 최소화할 수 있다.[7]

　세계야생동물기금 WWF는 2004년부터 2013년에 걸쳐 8차례의 수산양식 어종에 대한 논의를 가졌으며 이러한 연구는 ASC인증제도의 확립을 위한 제도적 기반을 마련하였다. ASC인증은 수산양식장 운영이 환경과 사회적 부문에 미치는 부정적인 영향을 제거하고자 하는 취지에서 만들어졌다. 2009년 12월 WWF는 네덜란드 지속가능 무역행동계획(IDH)과 공동으로 양식관리협회(ASC)를 성립하였으며 본부는 네덜란드에 있다. ASC는 비영리 독립기구로서 지속가능한 양식인증제도에 필요한 국제표준을 설정하여 관리하고 있으며,

---

[7] 李明爽・肖乐, ASC认证介绍及在我国的发展现状[J], 科学养鱼, 2016,(09):1-3 ; 中国水产频道, ASC认证养殖场全球已超过200家[J], 天津水产, 2016,(01):7.

현재 틸라피아, 새우 등 어종에 대해 인증을 발급하고 있다. 세계적으로는 200여개의 양식장이 ASC인증을 받았는데 아시아지역의 베트남은 60여개 양식장, 중국은 3개의 양식장, 한국은 2개의 양식장, 태국은 1개의 양식장이 ASC인증을 받았다. 중국은 2012년 11월 12일에 ASC인증을 도입하여 지속가능한 양식장 관리를 추진하고 있다.[8]

1) ASC인증의 원칙과 표준

ASC인증제도는 지속가능한 양식업을 실현하기 위한 7대 핵심원칙을 제시하였는데 이에는 합법성, 양식장 주변 생태계의 생물다양성 보존, 수질 보호, 품종 및 야생어종의 다양성 보존, 책임 있는 동물사료 사용, 자원의 합리적인 이용, 사회책임(커뮤니티 이해관계자들에 대한 투명성) 등이 포함된다.

ASC인증은 양식어업의 법 준수, 생물다양성, 수질, 양식어종, 사료, 어류의 건강상태 등 7대 핵심원칙과 61개의 세부항목에 대해 평가하는데 그 중에서 양식장의 환경요소에 대한 평가가 65%를 차지하고, 기타 35%는 사회적 요인에 대한 평가로 양식장 및 제품의 환경적인 요인을 평가의 핵심으로 정하고 있다는 것을 알 수 있다. 이에 따라 ASC인증은 양식장의 활동에 대하여 환경적, 사회적인 측면에서 지속가능성을 요구하는 평가로서 국제적인 관심으로 모으고 있다. 현재 연어, 새우, 틸라피아, 팡가시우스, 송어, 전복 등 12가지 주요 어종이 양식업에 인증을 부여하고 있다. ASC인증을 받는 양식장은 판매하는 제품에 대해 ASC인증마크를 부착할 수 있으며, 고객과 소비자는 신뢰할 수 있는 상품을 구매할 수 있으며 친환경적인 소비활동에 참여함으로써 지속가능한 양식업의 발전에 기여할 수 있다.[9]

---

8) 李振龙, 中国首批罗非鱼养殖场获得ASC认证[J], 中国水产, 2015, (12):44 ; 吕华当, 首批中国企业获MSC和ASC认证[J], 海洋与渔业, 2015, (12):23.
9) 郝向举·隋然, 水产养殖管理委员会(ASC), 全球水产养殖联盟(GAA), 全球良好农业规范组织(GLOBALG.A.P.)共享负责任水产养殖目标[J], 中国水产, 2014,(06):38.

2) ASC인증절차

ASC인증절차는 ASC의 개방성, 포용성, 투명성을 중요시한다. ASC인증을 취득하기 위해 아래와 같은 절차를 거치게 된다. ① 양식장과 독립된 제3의 인증기구가 계약을 체결한다. ② 인증기구와 양식장은 공동으로 인증평가에 대응하게 되는데 인증평가 실시에 관한 내용은 평가 실시 30일 전 ASC웹사이트에 공개하여 관련 이해관계자의 의견을 수렴한다. ③ ASC인증은 다양한 핵심원칙과 기업의 사회책임 이행현황에 대해 평가한다. ④ 평가위원회는 2명의 전문기술원으로 구성되며 양식장의 양식기록, 영수증, 거래내역서 등을 바탕으로 관리 상태에 대해 평가하고, 직관 평가와 양식장 관리자 및 직원에 대한 인터뷰를 통해 양식장 운영 상태에 대해 평가한다. ⑤ 평가위원회는 앞에서 서술한 평가절차를 거쳐 평가보고서 초안을 작성하며, 심사 시 부적합이 발생하면 시정조치를 요구한다. 양식업체와 인증기구는 시정조치 기간에 대해 의견을 조율한다. ⑥ 주요 부적합 사항에 대한 시정조치를 완료한 경우, 주요 부적합 사항의 하위문제에 대해 시정계획을 수립하며, 이에 대한 판단을 거쳐 ASC인증 평가기준의 적합성 여부를 결정한다. ⑦ 여기서 통과되면 첫 번째 평가보고서가 만들어지고 ASC홈페이지를 통해 보고서를 공개하며, 약 10일 정도 이해관계자의 의견수렴과정을 거친다. ⑧ 인증기구는 심사결과 및 의견수렴에서 제기된 의견 및 그에 대한 답변서 등을 기반으로 최종 보고서를 작성하게 되며, ASC인증 평가기준 충족 여부를 입증하게 된다. ⑨ ASC 양식장 인증서는 인증기구에서 발급하며 유효기간은 3년이다. ASC인증을 획득한 양식업체는 연례 정기검사를 받아야 하는데 이에는 위험 분석, 양식장 부적합 사항에 대한 시정조치 이행 현황 등이 포함된다. ⑩ ASC인증의 사회적 책임에 관한 평가는 양식장 직원, 이웃 및 기타 이해관계자에 대한 인터뷰를 통해 평가하며, 인터뷰 내용을 바탕으로 인증기준에 부합되는지 여부를 판단한다.

ASC인증기준을 충족하는 경우 양식장에서 생산된 제품에 대해 ASC인증마크를 부착할 수 있으며, ASC인증마크는 최소한의 환경적, 사회적 영향 하에 양식된 제품임을 보증한다. 또한 ASC인증기준과 ASC인증마크의 신뢰성을 확보하기 위해 양식 수산물의 유통이력을 추적하는 이력추적관리제도를 시행하고 있다. 이에 따라 ASC인증을 획득한 양식장과 제품은 추적성 심사인 COC 절차를 거쳐야 하며 수산물 유통, 가공, 판매 등 공급망을 통해 수산물의 품질을 추적하기 위해 공급망에 포함된 관련 업체가 COC인증을 받을 것을 요구하고 있다. ASC 인증은 제품의 품질안전과 관리의 연속성을 확보하기 위해 ASC 인증을 받은 양식장에서 생산된 제품을 생산, 가공, 유통, 판매하는 과정에서 비승인 수산물을 혼합하거나 비승인 제품으로 인증제품을 대체하는 것을 금지하고 있다. 10)

3) ASC인증에 대한 감시

인증기구는 어장관리에 대한 평가를 위한 특정 업무수준을 충족해야 하며 ASC양식장 인증 및 평가기준과 절차에 따라 평가하여야 한다. 또한 심사원에 대한 교육을 진행함으로써 ASC인증제도 및 평가기준에 대한 전문교육과정, 실기평가시험을 거쳐 심사원자격을 취득하게 된다. 인증기구는 ASC인증 심사원자격을 갖춘 자를 고용하여 인증업무를 수행하게 되며, 제3자 독립적인 인증기구로서 통상 "인증자격을 갖춘 인증기구(CAB)" 또는 "인증기구", "인증기관"으로 불린다. CAB는 인증기구자격을 취득하기 위해 국제인증기구인 ASI의 평가를 받게 되며 인증을 취득한 자는 ASC 양식장 인증에 관한 평가업무를 수행할 능력이 있음을 입증할 수 있다. ASI는 검증기구로서 ASC양식장 인증 및 평가기준이 국제기준에 부합되는지 여부를 검토하며 ASI검증 기준을 충족하는 회사에 ASI인증을 부여한다. ASI인증을 취득한 인증기구는 회사경영에 대한 감시를 받게 되는데 ASC양식장 인증업무가 국제기준 및 절차에 따라 유지되고 관리되고 있음을 보여준다.

---

10) 郝向举·隋然, 挪威首家三文鱼养殖场获得ASC认证[J], 中国水产, 2014,(02):39.

3. 지속가능한 수산업 인증의 시행효과

연구결과에 따르면 MSC 인증을 받지 않은 수산물의 유해성은 인증을 취득한 제품에 비해 3-5배 높다고 한다. 전 세계에 만 5,000여 개 제품의 MSC 표준 인증 수산물이 유통되고 있는데 이중 유럽과 미국을 중심으로 MSC 인증이 확산되고 있다. MSC 인증제도의 시행효과를 평가하기 위해 MSC 인증 수산물 45개 어종과 인증을 받지 않은 179개 어종의 어군 현황 및 향후 발전전망에 대해 비교분석하였다. 분석결과 MSC인증을 받은 어종의 74%가 자원량이 높게 나타났으며, 어업자원의 최대 지속 생산량(MSY)을 유지하고 있는 것으로 나타났다. 반면에 인증을 받지 않은 어종 중 자원량이 높고 최대 지속 생산을 유지할 수 있는 어종은 전체 어종의 44%에 불과하였다. 지난 10년간 MSC 인증을 받은 어종의 자원량은 평균 46% 증가하였으며, 인증을 받지 않은 어종의 경우 자원량 상승폭이 9%로 MSC인증 어종에 비해 현저히 낮다. 앞에서 서술한 바와 같이 지속가능한 어업 MSC인증을 받기 위해 까다로운 인증절차를 거치게 되며, 대상 어종의 평균개발 이용률이 상대적으로 낮아야 한다. 즉 최대 지속 생산성이 62% 내외를 유지하여야 하며, 최대 지속 생산성이 92%를 초과할 경우 평가에서 탈락하게 된다.[11]

그밖에 자원의 지속가능한 이용과 자원의 회복에 대한 계획을 수립하여야 한다. MSC 인증제도는 소비자들이 수산물의 품질안정성 및 어종의 건강상태에 대해 파악할 수 있도록 도움을 준다. MSC는 지속가능한 수산물 생산과 유통을 확대하기 위해 끊임없는 노력을 기울여 왔으며, 최근에는 유럽, 미국 등 어업자원 관리에 풍부한 경험을 가진 선진어업국을 중심으로 확대되고 있다. 또한 불법 어업, 수산물 보호라는 지속가능성 측면에서 소비자와 이해관계자의 신뢰가 높아지고 있으며 MSC 인증을 받은 수산물제품은 어업에 대한 효과적인 관리가 이루어진 어장에서 어획되었음을 알 수 있다. 이로부터 알

---

11) 杨林林, 获得MSC认证的水产品种群健康水平较高[J], 渔业信息与战略, 2012, 27(04):344-345.

수 있듯이 어업자원의 남획과 어획강도를 낮추는 등 수산자원관리조치를 시행함과 동시에 대상어종의 어종 분포와 자원량에 대해 정확히 파악하고 자원량 변화에 효과적으로 대처하는 역량을 기르는 것이 무엇보다 중요하다. MSC 인증은 어업에 대한 관리를 통해 어업자원의 개발방식을 전환하고, 인증 취득 후의 사후관리와 연례심사를 통해 남획을 방지하고 체계적인 개발행위를 유도하고 있다. 또한 MSC 인증의 관리연속성을 유지하기 위해 인증 받은 제품이 공급과정 단계에서 인증 받지 않은 제품과 섞이지 않는 것을 증명함으로써 신뢰도를 높이고 있다. 본 연구결과에 의하면 지속가능한 어업 인증 및 생태마크 시스템은 어종군의 건강상태를 향상시키고 국제적으로 공인하는 어업관리 목표를 실현할 수 있도록 돕고, 소비자가 어업자원의 지속가능한 개발과 보존 실천에 참여함으로써 해양생태계의 건전한 발전과 지속가능한 수산물 공급을 촉진할 수 있다.[12]

---

12) 蔡中华, 现代渔业生产经营组织的发展研究[D], 上海海洋大学, 2015 ; 赵会芳, 中国海洋渔业演化机制研究[D], 中国海洋大学, 2013 ; 徐连章, 新制度经济学视角下的我国海洋渔业资源可持续利用研究[D], 中国海洋大学, 2010 ; 陈海明, 基于可持续发展的渔业资源管理研究[D], 华南理工大学, 2009.

참고문헌

[1] 刘雯, 捕捞渔民转产转业的困境及对策研究[D], 浙江海洋大学, 2017.

[2] 杨锋, 舟山沿岸渔业现状调查与管理对策研究[D], 浙江海洋大学, 2017.

[3] 王威巍, 中国水产品市场价格波动状况研究[D], 上海海洋大学, 2016.

[4] 翟北北, 渤海渔业资源可持续利用研究[D], 中国海洋大学, 2015.

[5] 刘小兵, 国际渔业问题的治理研究[D], 上海海洋大学, 2015.

[6] 孙志敏, 中国养殖水产品质量安全管理问题研究[D], 中国海洋大学, 2008.

[7] 刘熙, 天津塘沽地区水产品质量安全监管问题研究[D], 天津大学, 2013.

[8] 赖建瓯, 温州水产品加工产业现状与发展方向研究[D], 宁波大学, 2011.

[9] 董啸天, 我国海水养殖产品食品安全保障体系研究[D], 中国海洋大学, 2014.

[10] 吕华当, 首批中国企业获MSC和ASC认证[J], 海洋与渔业, 2015,(12):23.

[11] 崔和·陈丽纯·李的真, MSC认证三文鱼在我国来进料加工出口情况[J], 中国水产, 2015,(11):44-46.

[12] 周太友, 我国探索海洋可持续发展获新突破[N], 中华工商时报, 2015-04-24(002).

[13] 唐学良, 獐子岛渔业集团通过MSC认证预评审[N], 上海证券报, 2011-09-17(005).

[14] 遇俐颖, 越南获东南亚首例MSC认证[N], 中国渔业报, 2009-11-16(007).

[15] 黄嘉荣, MSC认证真鳕鱼和野生三文鱼供应里约奥运成水产品供应量最多的一届奥运[J], 海洋与渔业, 2016,(09):19.

[16] 王茜, PNA围网黄鳍金枪鱼捕捞业获得MSC认证[J], 渔业信息与战略, 2016,31(03):240.

[17] 俐颖, 斐济渔业申请MSC认证[N], 中国渔业报, 2011-06-20(007).

[18] 奥利. 澳大利亚瑞典联合推广MSC认证唤起公众保护生态[N]. 中国渔业报, 2010-11-22(007).

[19] 遇俐颖. 加拿大努力实现全面销售MSC认证产品[N]. 中国渔业报, 2010-05-31(007).

[20] 新颖. 加拿大零售业2013年将全面销售MSC认证产品[N]. 中国渔业报, 2010-05-10(007).

[21] 遇俐颖. 俄罗斯三文鱼积极申请MSC认证[N]. 中国渔业报, 2009-12-14(007).

[22] 智利黑鲈鱼获MSC认证溢价销售[N]. 中国渔业报, 2009-10-26(007).

[23] 俐颖. 法国渔业公司为绿青鳕申请MSC认证[N]. 中国渔业报, 2009-09-28(007).

[24] 魏友海・张明. 水产品可持续发展的现状,展望与实现探索[J]. 科学养鱼, 2016,(12):13-17.

[25] 李明爽・肖乐. ASC认证介绍及在我国的发展现状[J]. 科学养鱼, 2016,(09): 1-3.

[26] 中国水产频道. ASC认证养殖场全球已超过200家[J]. 天津水产, 2016,(01):7.

[27] 李振龙. 中国首批罗非鱼养殖场获得ASC认证[J]. 中国水产, 2015, (12):44.

[28] 吕华当. 首批中国企业获MSC和ASC认证[J]. 海洋与渔业, 2015, (12):23.

[29] 郝向举・隋然. 水产养殖管理委员会(ASC), 全球水产养殖联盟(GAA), 全球良好农业规范组织(GLOBALG.A.P.) 共享负责任水产养殖目标[J]. 中国水产, 2014, (06):38.

[30] 郝向举・隋然. 挪威首家三文鱼养殖场获得ASC认证[J]. 中国水产, 2014,(02):39.

[31] 王林. 海南罗非鱼企业试水"ASC认证"[N]. 中国渔业报, 2012-12-10(006).

[32] 杨林林. 获得MSC认证的水产品种群健康水平较高[J]. 渔业信息与战略, 2012,27（04）:344-345.

[33] 蔡中华. 现代渔业生产经营组织的发展研究[D]. 上海海洋大学, 2015.

[34] 赵会芳. 中国海洋渔业演化机制研究[D]. 中国海洋大学, 2013.

[35] 徐连章. 新制度经济学视角下的我国海洋渔业资源可持续利用研究[D]. 中国海洋大学, 2010.

[36] 陈海明. 基于可持续发展的渔业资源管理研究[D]. 华南理工大学, 2009.

환황해 해양경제협력과 자원개발

08
황해지역 수산자원 보존에 관한 법적쟁점 고찰

金银焕(Jin Yinhuan)

황해지역 수산자원 보존에 관한 법적쟁점 고찰

金银焕(Jin Yinhuan*)

국문초록

황해는 북태평양 남단에 위치하고 있어 난류와 한류가 교차하는 수역으로서 다양한 어종이 서식하고, 다양한 먹이와 미생물이 풍부해 다양한 수산자원의 산란장 역할을 하여왔다. 그러나 해양환경의 악화와 자원남획으로 인해 수산자원량이 감소하고 고갈되고 있다. 이에 따라 1990년대에 들어서 황해 어업자원은 쇠퇴기에 들어서게 되었고, 한중 어업협정의 체결에도 불구하고 중국 불법어업이 근절되고 있지 않은 관계로 양국 간의 어업분쟁이 빈번히 발생하고 있다. 본 연구는 황해 수산자원의 이용과 보존에 관한 의제를 둘러싸고 주변국 간의 수산자원 보존을 위한 협력관계 및 그 발전과정에 대해 살펴보고, 나아가 주변국들이 수산자원 보존 및 관리를 위한 노력과 그로 인한 관리성과 및 한계에 대해 분석하고 최종적으로 황해 수산자원의 효율적인 보존을 위한 제도적 장치를 확보하기 위한 몇 가지 대응책을 제시하고자 한다.

키워드: 황해 어업, 어업자원 보존, 어업분쟁, 어업자원보호의 기본원칙, 한·중간 어업, 어업협력

---

* 한국해양과학기술원 해양정책연구소 전문연구원, 법학박사, 중국변호사. 메일 jinyinhuan@kiost.ac.kr.

Ⅰ. 서론

황해는 수산자원이 풍부하고 어장 생산성이 높아 옛날로부터 중국, 한국, 북한, 일본 등이 이용하고 있는 전통어장이다. 이처럼 풍부한 수산자원을 자랑하고 좋은 황금어장이 있어 주변국들에게 높은 경제적 가치를 가질뿐더러 지정학적으로도 중요한 의미를 지니고 있다. 그러나 해양환경의 악화와 자원남획으로 인해 수산 자원량이 감소하고 고갈되고 있다. 예컨대 1950~1960년대에는 어업기술의 미발달로 인한 어획량이 많지 않아 황해수역 수산자원에 대한 영향이 적었으나 1970년대에 들어 중국, 한국, 북한의 조선공업의 발달로 인해 어선규모가 확대하고 어획생산량도 대폭 증가하는 추세를 보였다.[1] 1980년대에 들어서는 어로어선의 대형화, 첨단화, 현대화 등을 통해 어선규모가 지속적으로 증가하고, 새로운 어구의 개발로 이어지면서 지나친 어업경쟁으로 인해 수산자원의 고갈을 초래하였고, 1990년대에 들어서는 수산자원 개체수의 감소, 소형화 및 조숙화 등이 나타나는 어종이 많았고, 수산업의 발전은 자원악화로 인해 어려움을 겪게 되었다. 이러한 상태는 EEZ체제가 성립된 후 주변국들이 신어업협정을 체결하기 전까지 지속되었다.

한중 양국은 어업질서의 유지, 수산자원의 효과적인 보존과 관리를 위해 수차례의 협상 끝에 2000년 8월에 한중어업협정을 정식으로 체결하고, EEZ 경계획정과 별개로 황해에 잠정조치수역을 설정하여 수산자원에 대해 공동으로 이용하고 관리하기로 합의하였다. 한중어업협정은 시행된 지 어언 17년이 되었으나 협정체결 시부터 지적되어 오던 각종 문제점으로 인해 수산자원 고갈, 불법조업 등 어업문제를 해결하지 못하고 있다. 황해는 수산자원 남획, 해양환경 오염으로 인해 수산자원이 빠른 속도로 파괴되고 훼손되고 있는데 전 해역의 90%의 수산자원이 상업어업에 의해 멸종되었다. 최근에는 어족자

---

[1] 程家骅・张秋华・李圣法・郑元甲・李建生 著,《东黄海渔业资源利用》, 上海科学技术出版社 2006年版, 第312页。

원의 고갈과 함께 경쟁적인 조업, 중국어선의 불법조업으로 인해 한중 양국 간의 어업분쟁이 끊이지 않고 있다.2) 본 연구는 황해 수산자원의 이용과 보존에 관한 의제를 둘러싸고 주변국 간의 수산자원 보존을 위한 협력관계의 발전과정에 대해 살펴보고, 나아가 주변국들이 수산자원 보존 및 관리를 위한 노력과 그에 따른 관리 성과 및 한계에 대해 분석하고 최종적으로 황해 수산자원의 효율적인 보존을 위한 제도적 장치를 확보하기 위한 몇 가지 대응책을 제시하고자 한다.

II. 황해 수산자원 이용 현황 및 보호의 필요성

1. 황해 수산자원 이용 현황

황해는 북태평양 남단에 위치하고 있어 난류와 한류가 교차하는 수역으로서 다양한 어종이 서식하고, 다양한 먹이와 미생물이 풍부해 다양한 수산자원의 산란장 역할을 하여왔다.3) 역사상 1950년대부터 1960년대에는 어종이 다양하고 자원량이 풍부해 조기, 갈치, 삼치, 고등어, 넙치 등 대형·우량 경제성 어종들로 주를 이루었다. 그러나 높은 어획강도로 인해 자원량이 감소하게 되었으며 8190년대에는 주요 경제성 어종이 고갈되기 시작하고, 1990년대 중반이후 EEZ 체제가 성립되어 어장의 분할이 진행되었고 새로운 자원관리 및 단속방식이 형성되었다. 이러한 어업질서의 변화는 주변국들의 어업정책과 해양수산경제에 거대한 영향을 미치게 되었다.4)

---

2) 小远著：《东海和黄海渔业资源现状》，载《渔业信息》2005年10月，第6页；田甘云·马旅杰等著：《海洋渔业资源恢复法律制度研究—兼论浙江海洋渔业资源恢复法律建设》，海洋出版社 2010年出版, 第3页。
3) 刘静·宁平：《黄海鱼类组成区系特征及历史变迁》，载《生物多样性》第6期第19卷, 2011年9月, 第766页。
4) 林龙山·程家骅·姜亚洲 等 著：《黄海韩国东海小黄鱼产卵场分布及其环境特征》，载《生态学报》2008年第8期(总第28期)，第485页；小远：《东海和黄海渔业资源现状》，载《渔业信息》, 2005年10月, 第6页。

황해는 어느 지점에서도 육지간의 거리가 400해리를 초과하지 않기 때문에 중국과 북한, 한국 등 연안국들의 200해리 배타적 경제수역이 일부 중첩되었고 한중, 중일, 한일 간의 해양경계획정은 도서영유권 분쟁과 연결되어 있어 동북아지역에서의 해양경계획정을 더욱 어렵게 하고 있는 실정이다. 이러한 배경하에 동아시아 국가들은 서로 겹치는 영역에 대한 배타적 경제수역을 확정하기 전까지 잠정적으로 공동조업할 수 있는 구역을 설정하였다. 1998년 한국과 일본이 한일어업협정을 체결하고 1999년 1월 22일부터 정식 발효하였고, 그에 이어 일본과 중국, 한국과 중국도 양자어업협정을 체결하였고, 그러나 북한의 경우 정치적, 경제적 영향을 받아 정부 간 어업협정의 형태가 아닌 동해수역 공동어로협약을 체결하여 중국어선의 북한 동해수역에서의 조업을 허락하고 있는 상태이다.

한중어업협정은 황해 어업질서의 유지 및 수산자원의 공동관리를 위해 맺어진 것으로 2001년에 발효되어 황해 및 동중국해에서의 어업질서 구축의 토대를 마련하고 어업갈등 해소 및 어업자원의 보존 및 관리에 기여했다. 그러나 한중어업협정은 EEZ 경계가 획정되지 않은 상태에서 양국 어업인 간의 어업질서를 구축할 목적으로 성립된 것으로 수산자원의 개발이용 및 보존·관리에 한정해 유엔해양법협약 제74조의 이념을 구현한 잠정적 성격의 협정이다. 그러나 생물자원의 보존에 대한 효과적인 조치의 부재로 인해 수산자원의 대부분은 여전히 감소되는 추세를 보이고 있고 중국어선의 불법조업으로 인한 분쟁과 갈등도 더욱 복잡한 양상으로 전개되고 있다.[5]

2. 황해 수산자원 보호의 필요성

수산자원에 대한 보존 및 관리는 수산자원의 지속가능한 이용 및 보존을 위해 필요한 조치이다. 앞에서 서술한바와 같이 황해는 중국, 한국, 북한이

---

[5] 片岡千賀之 著：《日中漁業関係史1》，載《长崎大学水产学部研究报告》2006年总第87期，第23-26页.

공동으로 이용하는 수역으로 그동안 지역해 수산자원의 지속가능한 이용 및 보존을 위한 지역협력을 추진해 왔으나 연안국들의 불성실한 국제의무 이행과 효율적인 관리조치의 부재로 인해 수산자원은 지속적으로 감소되고 있는 상태이다.6)

황해는 하나의 광역생태계로서 유동성 및 통일성의 특성을 가지며 이러한 특성으로 인해 수산자원의 보존 및 관리는 해양생태계에 기반 한 보존 및 관리조치가 필요하다. 한중 잠정조치수역을 예로 들자면 당해 수역에서 한중 양국 간 수산자원 보존 및 관리에 관한 인식의 차이를 보이고 있다.7) 다시 말하자면 황해 수산자원에 대한 의존도가 높은 중국의 경우 수산자원상태 및 자원 잠재량 그리고 재생능력에 대해 한국에 보다 낙관적인 입장을 취하고 있다. 이에 반해 한중 잠정조치수역에 대한 의존도가 매우 낮은 한국의 경우 황해 수산자원 이용 및 보존에 대해 비관적인 입장을 취하고 있다.

중국은 연근해 수산자원의 고갈과 해양환경 오염으로 인해 해양생태계의 파괴가 심각하며 이를 해결하기 위해 연근해 어업활동에 대해 엄격한 관리규제를 적용하고 있다. 예컨대, 복철 휴어기 및 금어기를 확대하고, 어선감척 및 해양보호구역과 해양목장 건설을 핵심으로 하는 수산자원 및 해양생태계 복원사업 등이 있다. 나아가 국가 관할권 이원의 수역에서의 어업활동을 적극 육성하고 발전시킴으로써 원양어업 발전을 위한 국외 어장확보에 노력을 기울이고 있다.8)

이처럼 황해 연안국들은 연근해 수산자원에 대한 보호를 강화하는 반면에 관할권 이원 수역에서의 어업활동을 격려하고 경쟁적으로 어획하고 있는데

---

6) 小远：《东海和黄海渔业资源现状》，载《渔业信息》，2005年10月，第6页; 陈明宝：《南中国海渔业资源养护与管理措施及效果分析》，载《生态经济》2013年第10期(总第272期)，第99页.
7) 陈伟·卢秀容：《海洋渔业资源过度利用的原因分析》，载《湛江海洋大学学报》第25卷第5期，2005年10月，第4页; 谭柏平 著：《我国海洋资源保护法律制度研究》，中国人民大学法律系博士学位论文，2007年4月，序言部分.
8) 胡学东·王冠钰：《哈丁定律与渔业资源养护与管理探讨》，载《中国渔业经济》2013年第3期第31卷，第84页.

이러한 대내외적 차별적인 어업발전 정책은 황해 수산자원의 보존 및 관리에 어려움을 가하고 있으며, 종국적으로는 연안국 모두 손해를 보게 된다. 한국과 중국은 황해와 동중국해를 마주하고 있으며, 당해 해역의 수산자원을 공동으로 개발이용하고 있어 지역해 수산자원의 효과적인 보존과 관리를 위해서는 전략적인 대안과 협력이 필요하다.[9]

Ⅲ. 황해 주변국들의 어업관계 분석

1. 한중어업협정

역사적으로 볼 때 1980년대까지는 한국어선이 중국 연근해 수역에서 더 많은 조업을 했으나 1980년대 이후에는 중국어선의 한국 측 해역에서의 조업이 급증하고 한중간의 어업분쟁도 격화되자 양국은 2000년에 합의를 통해 어업협정을 맺었다.[10] 한중 양국은 해안선에서 200해리 EEZ를 긋게 되면 서로 겹치는 부분이 생기게 되는데 이에 대한 의견이 대립되고 경계획정이 어렵게 되자 겹치는 수역에 대해 잠정조치수역을 설정하여 공동조업 할 수 있도록 합의하였다.[11]

한중어업협정의 주요 내용은 한중 잠정조치수역 설정, 해양생물자원의 보존 및 관리에 관한 협력, 전통적 어업실적 보장을 위한 상호입어 허용, 과도수역 설정, 어업공동위원회 설치 등이 포함된다. 한중어업협정 제13조의 규정에 따르면 양국은 이 협정의 실시를 더욱 용이하게 하기 위하여 한중 어업공동위원회를 설치하며, 위원회는 체약당사자의 국민 및 어선에게 허용하는 어획가능 어종과 어획할당량 그리고 기타 구체적 조업조건에 관한 사항에 대해 협의

---

9) 郑志华·郑容:《渔权之争：论双边渔业协定应考量的若干问题》, 载《中国海商法研究》第25卷第1期, 2014年3月, 77页；朴贊浩·金韩泽 著：《国际海洋法》, 知音出版 2009年版, 第84页.
10) 張良福：《中国与周邊邻国初步建立新型渔业关系》, 载《中国海洋法学评论》2005年第2期, 第43页.
11) 朴贊浩·金韩泽 著：《国际海洋法》, 知音出版 2009年版, 第85页.

하고, 조업질서의 유지에 관한 사항, 해양생물자원의 상태와 보존에 관한 사항, 어업협력에 관한 사항에 대해 협의하고 양체약당사자의 정부에 권고한다. 한중어업협정에는 잠정조치수역, 과도수역, 유보수역 등 특정수역이 설정되어 있는데 아래에서는 특정수역에 관하여 간략히 살펴보도록 한다.

1) 잠정조치수역

잠정조치수역이란 황해에서 한중 양국의 중간에 설정되는 특정한 일정범위의 수역을 말하며, 이는 양국 EEZ 경제획정 전까지 잠정적으로 설정된 수역이며 양국이 공동 조업할 수 있는 어로수역이다. 당해 수역에서 해양생물자원 보존 및 관리, 총어획허용량의 결정, 금어기의 설정, 어구규격의 제한 등은 어업공동위원회의 결정을 통하여 공동으로 행사하고, 협약 및 국내법령 위반 선박에 대한 사법관할권은 기국이 행사하도록 하는 기국주의를 채택하고 있다. 한중어업협정 제7조 제3항의 규정에 의하면, 각 체약당사자는 잠정조치수역에서 어업활동을 하는 자국의 국민 및 어선에 대하여 관리 및 기타 필요한 조치를 취하고, 타방체약당사자의 국민 및 어선에 대하여는 관리 및 기타 조치를 취하지 아니한다. 일방체약당사자가 타방체약당사자의 국민 및 어선이 어업공동위원회의 결정을 위반하는 것을 발견한 경우, 그 사실에 대해 해당 국민 및 어선의 주의를 환기시킬 수 있으며, 그 사실 및 관련 상황을 타방체약당사자에게 통보할 수 있다. 타방체약당사자는 그 통보를 존중하여야 하며, 필요한 조치를 취한 후 그 결과를 상대방에게 통보한다.

2) 과도수역

과도수역이란 잠정조치수역의 양측 한계선부터 각각 20해리의 폭으로 설정되는 수역을 말하며, 동수역에 대하여는 협정 발효 후 4년까지는 공동관리의 방식으로 운영되고 그 이후에는 각각 연안국이 자국의 EEZ수역으로서 독자적인 관리를 하게 되는 수역이다.[12] 과도수역제도를 도입함으로써 한중어업협정 체결에 따른 국내어업의 영향을 최소화하고 과도기간 동안 한중어업협정에 따른 새로운 어업질서에 적응할 수 있게 돕기 위한 것이다.13) 한중어업협정의 규정에 따라 2005년 6월 30일부터 과도수역은 체약당사자의 EEZ에 편입되었다.

3) 현행어업활동유지수역

현행어업활동유지수역은 잠정조치수역 북단과 남단에 위치한 수역으로 양국 어선이 모두 조업할 수 있는 수역이다.14) 이 수역에서는 당사자 간에 별도 합의가 없는 한 현행 어업활동을 유지하며 각자 상대방의 국민 및 어선에 대하여 자국의 어업관련법령을 적용하지 아니하도록 하고 있다. 현행어업활동유지수역은 체약당사국과 제3국과의 해양경계분쟁이 존재하는 수역으로 당해 수역에서의 어업활동에 대해 양 체약당사국은 엄격한 단속과 통제를 실시하고 있다. 이와 같이 당해 수역은 정치적, 외교적, 군사적으로 민감한 수역에 속하여 해양생물자원의 조사와 보존 및 관리가 전혀 이루어지고 있지 않은 상태이다. 당해 수역에서의 해양생물자원의 효과적인 보존과 관리를 위해서는 실효적인 대책마련이 필요하다고 판단된다.

2. 북·중황해어업협정

중국과 북한은 황해를 마주하고 있으며 우호연방관계를 바탕으로 황해 해양생물자원으로 공동으로 개발이용하고 관리하여 왔다. 신중국 성립이후 양국은 황해 어업자원의 공동개발과 상호 협력을 규율하기 위하여 1959년 8월 25일 중북황해어업협정을 체결하였으며, 1960년 7월에 발효하여 5년간 유효하다.

---

12) 朴贊浩·金韓擇 著：《国际渔业法》, 知音出版2009年版, 第86页；黃瑤·黃明明：《中韩与中越渔业协定及其实施的比较分析：兼论中韩渔业冲突解决之道》, 载《中山大学法学评论》第11卷第2期, 2013年, 第61页.
13) 金大永：《我国海域内中国非法捕捞对策之研究》, 农林水产部2012年版, 第59页.
14) 参见《中韩渔业协定》第9条的内容.

본 협정은 중국과 북한이 최초로 체결한 정부간 어업협정으로 양국간의 어업 협정 증진에 있어 중요한 의미를 가진다. 협정기간동안 북한 어선이 중국 석도 와 연태 2곳의 항구에서 어로활동을 하였고 중국은 황해어업협정에 따라 관할 해역에서 조업하는 북한어선에 휘발유, 경우 등 연료와 선박수리 서비스를 제공하였고, 북한어민은 어획한 수산물의 일부분을 중국시장에 판매하였다. 그러나 1965년 이후 중국은 문화대혁명으로 인해 국내 정세가 급속하게 변화 하였고 양국 간의 어업협력도 중단되었다. 문화대혁명이 끝난 이후 1972년 4월 5일 중북 양국은 제2차 어업협정 즉 중북어업호조협력협정을 체결하고 수산분야의 양자협력을 재개하였다. 당해 협정의 규정에 의하면 양국은 어업 협력관계를 강화하기 위해 각각 4개의 항구를 개방하고 수산물 수출입 관세 및 항구 서비스 비용 면제할 것에 대해 합의하였다. 협정의 유효기간은 5년으로 1977년 4월 5일 기간연장에 합의하여 협정기간을 1985년으로 연장하였다.[15]

그러나 1977년 6월 21일 북한이 일방적으로 조선민주주의공화국 경제수역 법령을 반포하고 200해리 수역을 중간선으로 설정함을 선포하였다. 같은 해 8월 1일 조선인민군 최고사령부는 직선기선에서 50해리까지의 군사경계구역 을 선포하고 당해수역에서의 자국의 경제적 자원과 해상안보를 수호할 것을 대외적으로 선포하였다. 1977년부터 2000년 사이 중북 양국은 해양경계 획정 및 어업문제를 해결하기 위하여 여러 차례 협상을 가졌으나 합의에 이르지 못하였다. 그 후 2010년 4월 중국 원양어업협회와 북한정부는 북한동해어로 협력계약을 체결하고 중국어선은 입어료를 지불하고 동해에서의 조업권을 얻 게 되었다. 그러나 북한 동해수역어업사업은 정치, 외교, 군사적으로 매우 복잡하고 민감한 사안으로 중국은 자국 어선과 어민에 대해 엄격한 규제를 적용하고 있으며 산동성, 요녕성 그리고 대련시 어선에 한정하여 입어허가를

---

15) 李伟·刘敏, 《朝鲜扣押中国渔船 : 被挑战的潜规则?》, 载 《三联生活周刊》 2013年5月30日 新闻内容. http://news.ifeng.com/shendu/slshzk/detail_2013_05/30/25891552_0.sht ml, 最后访问网页日期为 2016年6月13日.

허용하고 있다.16)

3. 남북한 어업협력

　2000년 남북한 관계는 김대중 대통령의 햇볕정책으로 인해 화해와 통일의 물꼬를 트게 되었다. 6.15 남북 공동선언에 의하면 남과 북은 경제협력을 통하여 민족경제를 균형적으로 발전시키고 경제, 사회, 문화, 보건, 환경 등 제반분야의 협력과 교류를 활성화하기로 합의하였다. 경제분야와 관련하여 수산협력에 관한 내용도 포함되는데 서해 공동어로, 서해에서의 중국 불법조업 방지, 수산물 생산·가공·유통 및 기술교류 협력 등에 대한 합의가 이루어졌다.17)

　2005년 7월 북한 개성에서 개최된 제1차 남북수산협력실무협의회에서는 6.15 남북 공동선언의 기본정신에 따라 서해상에서의 평화정착과 남북어민들의 공동이익을 실현하기 위해 수산협력 5개항에 합의하였다. ① 남과 북은 평화정착과 공동이익의 원칙에서 서해상 일정 수역을 정하여 공동어로를 진행하기로 한다. ② 남과 북은 서해상의 일정 수역에서 쌍방의 어선이 아닌 불법어선들의 어로활동 방지를 위해 출입을 통제하는 조치를 상호 협력하기로 한다. ③ 남과 북은 수산물 생산·가공 및 유통분야에서의 협력사업을 진행해 나가며 이를 위한 구체적인 문제들은 남북수산협력 실무접촉에서 협의한다. ④ 남과 북은 수산물 생산향상을 위해 우량품종을 공동으로 개발한다. ⑤ 남과 북은 제3국 어장진출에 서로 협력하기로 한다. 제1차 남북수산협력 실무협의회에서 채택된 합의서는 남북수산협력의 새로운 틀을 제공하고, 한반도 수산업 발전을 도모할 수 있는 큰 획을 긋는 것으로 높이 평가되었고, 이를 현실화하기 위해 제2차 남북수산협력 실무협의회를 가지기로 합의하였으나 군사적, 정치적 상황과 맞물려 현재까지 큰 진전이 없이 답보상태에 있다.

16) 参见农业部办公厅 《关于2015年朝鲜东部海域捕捞合作项目有关问题的通知》 的相关规定.
17) 朴成俊, 《韩北韩水产合作研究》, 高丽大学北韩学统一政策专业博士学位论文, 2013年2月, 第68页.

Ⅳ. 황해 주변국들의 수산자원 보존 및 관리 위한 노력 및 성과

1. 유엔해양법협약 상 수산자원 보존 및 관리 규정

수산자원 보존에 관한 내용은 국제 어업규범에 있어서 중요한 지위를 차지하고 있으며 해양생물자원의 지속가능한 발전을 실현하기 위한 중요한 제도로 인식되고 있다. 1958년 "어업 및 공해생물자원 보존에 관한 협약"제2조의 규정에 의하면 생물자원의 보존이란 생물자원의 최대지속생산량을 유지함으로써 주어진 특정 자원으로부터 물량적 생산을 최대수준에서 지속적으로 실현하는 생산수준을 말한다. 1982년 유엔해양법협약은 1958년 "어업 및 공해생물자원 보존에 관한 협약"의 내용에 근거하여 당사국의 생물자원보존에 관한 국제의무를 명문화하고 연안국은 자국이 이용 가능한 최선의 과학적 증거를 고려하여 남획으로 인하여 EEZ에서 생물자원의 유지가 위태롭게 되지 않도록 적절한 보존·관리조치를 채택해야 한다고 규정하고 있다. 이러한 조치는 수산자원 관리 조치의 목표로서 최대지속적 생산(MSY)을 가져올 수 있는 수준으로 어획대상 어종의 자원량이 유지되도록 계획해야 한다.[18] 나아가 생물자원의 최대지속적 생산을 유지하기 위하여 협력할 의무를 진다. 이로부터 알 수 있는바 최대지속 생산은 수산자원학상의 개념으로 생물자원 보존 및 합리적 개발을 위한 중요한 목표 중 하나이다.[19]

나아가 연안국과 고도회유어종을 어획하는 국민에 대한 어업자원 보존의 의무와 최적이용목표 달성을 위한 국제협력을 의무화하고, 연안국들은 직접 또는 적절한 소지역구나 지역기구, 국제기구를 통하여 이러한 어족의 보존과 개발을 조정하고 보장하는데 필요한 조치에 합의하도록 노력하여야 한다.[20]

---

18) 王建廷: 《海洋生物资源养护国际法的新发展》, 载《当代法学》(总第142期), 第144页.
19) 林祥裕·欧红丽: 《汕头—台湾浅滩生态系统渔业资源生产量及最大持续产量评估》, 载《科技与区域社会发展》2006年第3期, 第40页.

그밖에 해양포유동물의 보존을 위한 협력의무를 명문화하고, 고래류 등 해양 포유동물의 절적한 보호를 위하여 국제기구를 통해 그것의 보존, 관리 및 연구를 위한 노력에 임할 것을 요구하고 있다.[21]

2. 황해 주변국들의 수산자원 보존 및 관리조치

1) 수산자원 보호를 위한 조치 및 성과

한중 양국은 해양경계 미획정 상태에서 공동 관심사항인 해양생물자원의 보존과 합리적인 이용을 도모하고 해상에서의 정상적인 조업질서를 유지하며 어업분야에서의 상호협력을 증진하기 위하여 한중어업협정을 체결하였다.[22] 한중어업협정은 수산자원 보존 및 관리에 관한 의무이행을 더욱 용이하게 하기 위하여 어업공동위원회를 설립하고, 해양생물자원의 상태와 보존에 관한 사항을 협의하도록 규정하였다. 또한 2003년에는 해양생물자원전문분과위를 설치하여 황해수역의 수산자원을 효율적으로 보호 및 관리하기로 합의하였다. 당해 분과위는 2004년에 설립된 이래 잠정조치수역에서의 자원조사 및 EEZ에 입어하는 어선들의 어획실적 보고 대상 어종의 조정 등에 관한 논의를 추진하였으나 양국 정부의 입장차이로 인해 제기능을 발휘할 수 없었고 사실은 유명무실하게 되었다.[23]

또한 각 체약당사자는 잠정조치수역에서 어업활동을 하는 자국의 국민 및 어선에 대하여 관리 및 기타 필요한 조치를 취하고, 타방체약당사자의 국민 및 어선에 대하여는 관리 및 기타 조치를 취하지 아니한다. 일방체약당사자가 타방체약당사자의 국민 및 어선이 한중 어업공동위원회의 결정을 위반한 사항

---

20) 魏德才:《联合国海洋法公约海洋渔业资源养护制度评析》,载《中国海洋大学学报(社会科学版)》2015年第6期, 第11页.
21) 联合国环境规划署(UNEP):《全球环境展望2008》, 中国环境科学出版社2008年版, 第185页.
22) 《中韩渔业协定》第7条第2款: 缔约双方为养护和合理利用海洋生物资源, 在暂定措施水域采取共同的养护措施和量的管理措施.
23) 崔宗和:《韩中渔业协定实施效果分析》, 载《海事法研究》第21卷第1期, 2009年3月, 第11页.

을 발견한 경우에도 그에 대한 단속 또는 체포 등 사법권을 가지지 않고 그 사실에 대하여 해당 국민 및 어선의 주의를 환기시킬 수 있으며, 그 사실 및 관련 정황을 타방체약당사자에게 통보하는 것에 그친다.[24] 이와 같이 잠정조치수역에서 기국주의를 채택할 경우 어선 및 어민 조업활동의 자유를 보장할 수 있으나 수산자원의 보존 및 이를 위한 의무이행을 감독하는데 있어서는 불리한 영향을 미치게 된다. 수산자원의 효율적인 보존관리를 위해서는 효율적인 이행제도의 수립과 동시에 수산자원 보존을 위한 규칙들의 효율적인 준수를 확보하기 위하여 기존의 기국관할권을 더욱 강화하여 자원의 보존관리에 기여하도록 조정하여야 한다.[25]

2) 수산자원 관리를 위한 조치 및 성과

잠정조치수역에서 각 체약당사국들이 자유로운 조업을 하고 있으므로 해양생물자원의 지속가능한 개발과 이용을 위해서는 적절한 자원관리제도가 필요하다. 한중어업협정은 어획노력량을 규제하는 허가제도, 금어기, 금어구, 체장제한, 망목제한 등 관리제도를 실시하고 있다. 한중어업협정 체결 이래 한중 양국은 자국 국민 및 어선에 대해 어획노력량 규제와 기술적 규제제도 및 어획량을 규제하는 TAC 제도를 통해 수산자원을 관리하여 왔으며 제도 시행으로 인해 눈에 띄는 성과를 거두었다. [26]

통계자료에 의하면 한중어업협정 발효 이후 2002년 첫해 중국의 입어척수는 22만 2,300척에서 2014년 19만 1,900척으로 감소하고, 엔진 마력수는 2002년 총 1,269만 2,000 마력에서 2014년 1,408만 7,000 마력으로 증가하였다. 이처럼 어선수량은 전체적으로 감소되었으나 선박의 대형화로 마력수가

---

24) 参见, 《中韩渔业协定》, 第7条第3款的相关规定.
25) 胡学东・王冠钰: 《哈丁定律与渔业资源养护与管理探讨》, 载 《中国渔业经济》 2013年 第3期第31卷, 第84页.
26) 崔宗和: 《韩中渔业协定实施效果分析》, 载 《海事法研究》 第21卷第1期, 2009年3月, 第1页.

급격히 높아지고 어업비용 역시도 증가하고 있다. 유의할 점은 2001년부터 2007년 7년간 중국은 연근해 어선 감척사업을 대규모로 추진하여 어선어업을 폐업하고 다른 산업 또는 양식업으로 전환할 수 있도록 적극 지원하였는데 이 기간 동안 어선척수가 급격히 감축하는 추세를 보였으나 2008년부터 어업 연료보조금 및 원양어업보조금정책의 시행으로 인해 어선이 대형화되고 어법과 어구의 개발이 급속하게 이루어져 어획량이 증가하는 추세를 보였다.

한편 한국의 경우 2002년 어선척수 1만 7,000척에서 2014년에는 6,700척으로 감소하였고, 엔진 마력수도 1,727만 마력에서 1,405만 마력으로 감소하였다. [27] 해양수산부 통계자료에 의하면 2002년 한국 측 EEZ에서의 중국어선 입어척수는 939척에서 2014년 1,554척으로 증가하였으나, 중국 측 EEZ에서의 한국어선 입어척수는 2002년 329척에서 2014년 136척으로 대폭 감소하였다.

이처럼 한국 측 EEZ에서의 중국어선의 어획량과 조업척수의 소진율도 한국보다 월등히 높은 것으로 나타나고 있는데, 이는 한국보다 중국이 상대방 어장에 대한 의존도가 더 크다는 것을 알 수 있다. 또한 한국 측 EEZ에서 중국어선의 불법조업이 빈번히 발생하고 있으며 심각한 경우 양국 간 정치적, 외교적 충돌로 이어지고 있다. 중국어선의 불법조업에 관한 통계자료를 살펴보노라면 영해침범, 특정금지구역 침범, 무허가 조업, 망목위반, 조업수역 및 방법 위반, 조업일지 위반 등 유형으로 나타나고 있다.

그렇다면 한국의 집중 강력 단속에도 불구하고 황해에서 중국어선의 불법어업 건수가 지속적으로 증가하고 있는 원인은 무엇일까? 가장 먼저 꼽을 수 있는 원인은 중국 근해자원에 대한 과도한 어획으로 인해 자원이 고갈된 것이다. 다음으로는 중국정부의 불법어업에 대한 인식이 낮고 단속 및 처벌 의지가 부족하다는 것이다. [28]

---

27) 农业部渔业渔政管理局编: 《2015中国渔业统计年鉴》, 中国农业出版社2015年版, 第3页.
28) 邹德炜: 《渔业行政执法中存在的问题与对策》, 载《中国-东盟博览》2012年第12期, 第216页.

V. 황해 수산자원 보호제도의 문제점 및 개선 대책

1. 잠정조치수역에서의 공유지의 비극 발생

잠정조치수역에 대해서는 어업공동위원회의 결정에 따라 공동의 보존조치 및 양적 관리를 실시하여 각 체약당사국은 자국 국민 및 어선에 대해 기국관할권을 가진다. 한중어업협정은 잠정조치수역에서 수산자원 보존 및 관리에 관한 기본제도와 틀을 마련하고 있으나 수산자원 관리를 위한 실질적인 진전은 미약하다고 평가할 수 있다. 각 체약당사국은 자국 관할수역내의 수산자원 보존을 위하여 엄격한 관리기준을 적용하여 온 반면, 누구나 자유롭게 조업할 수 있는 잠정조치수역의 수산자원에 대해 무분별한 어획활동과 자원을 둘러싼 경쟁이 심화되면서 수산자원이 과다하게 사용되어 공유지의 비극을 초래하였다.[29]

한중 양국은 2009년 잠점조치수역 내 10개 지점에 대한 수산자원의 분포특성과 생태계에 대한 조사를 진행한바 있는데, 조사결과에 따르면 잠정조치수역의 해구별 평균 출현 어종은 12종이었으며, 평균자원밀도는 419kg/km^2 (23~938kg/km^2)로 2006년과 2007년에 비해 각각 20%, 14% 수준으로 감소했다.[30] 특히 황아귀, 꼼치와 같은 저서어류의 자원밀도는 2006년부터 4년 연속 감소하였다. 또한 잠정조치수역에 대한 의존도에 있어서 한국에 비해 중국이 현저히 높은 것으로 나타나고 있다. 그밖에 공동 관리하는 수역에서의 체계적이고 과학적인 자원보존과 관리가 이루어지 않은 관계로 자원이 지속적으로 고갈되고 있는데 이에 대한 대책마련이 시급하다.

그렇다면 우리는 어떻게 잠정조치수역에서 수산자원의 "공유지의 비극"을 해결할 수 있을까? 공유지의 비극을 해소하는 방법은 크게 네 가지로 구분할 수 있다. 첫 번째 방법은 해양경계를 획정하여 자원의 소유권을 분명하고도 명확하게 하는 것이다. 두 번째 방법은 잠정조치수역에서의 과도한 어획노력

---

29) Garrett Hardin, The Tragedy of the Commons, 162 SCIENCE 1243-1248(1968).
30) 韩国国家水产科学研究院内部资料.

을 제한하고 불법·비보고·비규제 어업에 대한 관리 및 규제를 강화하는 것이다. 세 번째는 수산자원 회복을 위한 해양보호구역 설정, 수산종묘 방류 등 자원량 회복 그리고 생태계 복구작업을 추진하는 것이다. 네 번째는 잠정조치수역 수산자원의 주요 이용국인 중국이 어업 구조조정을 통해 어선감척사업과 더불어 어선 마력수를 통제함으로써 총생산량을 감소시키는 것이다.31)

2. 잠정조치수역 자원보존에 있어서의 기국주의 한계

지금까지 한중 양국은 잠정조치수역과 현행어업활동유지수역에서의 규제조치 위반어선에 대해 기국주의를 채택하고 있어 타방체약당사국 어선의 규제조치 위반행위에 대해 사법관할권을 갖지 않았다.32) 다시 말하자면 각 체약당사국은 잠정조치수역에서 어업활동을 하는 자국 어선에 대하여 관리 및 기타 필요한 조치를 취하고 타방체약당사국의 어선에 대하여는 관리 및 기타 조치를 취할 권리가 없다. 이 경우 자국 어선의 어업활동에 대한 보호가 용이하나 한편으로 자국 어선의 규제조치 위반에 대한 단속을 소홀히 하거나 단속의지 부족으로 인해 관리효과가 떨어지는 단점을 갖고 있다.33)

이에 따라 잠정조치수역 내 수산자원에 대한 적절한 보존을 위해 규제조치 위반행위 및 불법어로행위에 대한 단속을 강화하고 유엔해양법협약 및 한중어업협정 상 생물자원 보존 및 관리의무를 충실히 이행하고, 잠정조치수역에서 어업활동을 하는 자국의 국민 및 어선에 대하여 보다 강화된 관리 및 보존조치를 취할 필요성이 있다고 판단된다. 사실상 잠정조치수역의 자원관리는 어업공동위원회를 통한 공동관리 그리고 각 체약당사국이 자율적인 자원관리를 위한 조치를 취하고 있지만 어업세력이 강한 나라가 어장을 독점하고 있는바

---

31) 郭涛：《无鱼之渔》，浙江新闻2014年4月10日新闻　参见http://zjnews.zjol.com.cn/system/2014/04/10/019960276.shtml，最后访问日期为2016年7月30日.
32) 屈广清主编：《海洋法》，中国人民大学出版社2005年版，第178页.
33) 张良福：《中国与海洋邻国初步建立新型渔业关系》，载《中国海洋法学评论》2005年第2期，第54页.

충분한 공동관리가 이루어지지 못하고 있는 실정이다.34)

나아가 한중 양국은 잠정조치수역에서 기국주의의 한계점을 극복하고 수산자원의 보존을 위한 규칙들의 준수를 확보하기 위하여 기존의 기국관할권을 강화하고 잠정조치수역에서의 공동단속을 정기화하며 연안국의 불법·비보고·비규제 어업 관련 어선에 대한 승선 및 검색권을 강화하는 조치들을 취할 필요성이 있다.35)

3. 체계적인 자원관리 부족

한중어업협정은 수산자원을 효율적으로 보호하고 수산자원을 적절하게 관리하며 어업을 지속적으로 발전시키기 위하여 금어구, 금어기, 어구제한, 어획량 제한, 체장제한 등 규제조치를 복합적으로 사용하고 있다.36) 그러나 잠정조치수역에서의 자원관리와 어업조정은 진정이 되지 않고 있으며, 어선척수가 다소 감소된 반면에 어선 톤수와 마력수는 오히려 증가하고, 어구 및 어법기술의 발전으로 인해 어선세력 및 어획능력이 향상되고 어획량도 꾸준히 증가하는 추세를 보이고 있다. 또한 잠정조치수역에서 중국어선이 압도적으로 이용하고 있기에 중국은 자원관리에 대해 소극적인 자세를 취해왔고 이로 인해 자원관리를 구체화하는 방안이 마련되지 않고 있다. 특히 중국은 자원에 대한 파괴를 초래하는 저인망과 유지망이 주력이므로 향후 이들 업종과 어선을 중심으로 조업척수와 어획할당량을 줄여나가야 할 것이며 자원이용의 불균형을 고려하여 현재의 무상입어에서 유상 또는 생태계이용부담금 등을 부과하는 경제적 유인책을 마련할 필요성도 있다고 판단된다.

---

34) 黃瑛, 路岩:《国际法框架下船旗国对IUU捕鱼的责任及应对措施研究》, 载《河北渔业》2016年第6期(总第270期), 第61页.
35) 韩阿友:《我国行政执法合作执法环境及改进研究》, 载《贵州社会科学》2010年第8期(总248期), 2010年8月, 第54页.
36) 中韩渔业联合委员会第15届年会决议附件3《中华人民共和国专属经济区管理水域大韩民国渔船入渔和作业条件》的相关规定.

나아가 한중 간에는 어종별 할당제 도입이 진행되지 못하고 있다. 어종별 할당제도를 시행하기 위해서는 대상어종에 대한 자원의 조사와 평가가 사전에 이루어져야 하며 자국 어선에 대한 관리시스템 및 감시체제가 마련되어야 한다.[37] 한일 간에는 상호입어와 관련하여 꽁치, 전갱이, 고등어류, 정어리, 살오징어, 가자미류, 참돔, 갈치, 삼치 등 어종에 대해 할당량을 정하여 시행하고 있다.[38] 향후 황해수역의 자원관리를 위해 한중 어업공동위원회는 자원관리 및 어업규제와 관련된 어종별 할당량을 결정하고 이를 시행함으로써 자원량의 회복과 생태계 복구를 위해 기여하여야 한다.

4. 불법어업 단속 강화

한중어업협정 시행 현황을 살펴보노라면 중국 연안수역 수산자원의 고갈과 어업규제 강화로 인해 한국 측 EEZ에서 중국어선의 불법어업이 근절되지 않고 있다.[39] 2015년 5월 21일, 제7차 한중어업문제협력회의에서 양국은 중국어선에 대한 전자어업허가증제도를 도입하여 시행하며 무허가 어선 및 영해 침범 등 중대 위반 어선에 대한 인수인계를 강화해 이중처벌을 강화하는데 합의하였다.[40] 한국은 본 회의 결과에 대해 대체로 긍정적인 반응을 보이고 있으나 중국은 이에 관한 간략한 브리핑 외에 세부적인 추진체계 또는 대책을 마련하고 있지 않다. 한중어업협정 발효 이래 17년 간 중국정부의 태도를 살펴보면 어업협정에서 규정한 해양생물자원의 보존·관리, 어업질서의 확립을 위한 의무 이행을 미뤄왔고, 국가 간 협상의 중점을 한국 EEZ 내 어획할당

---

37) 唐启升主编 : 《中国区域海洋学 : 渔业海洋学》, 海洋出版社2012年版, 第217页.
38) 张健,包特力根白乙 : 《我国实施TAC制度面临的问题及政策建议》, 载 《河北渔业》 2008年 第12期(总第180期), 第2页.
39) 唐启升, 앞의 저서, 217면.
40) 김청중, 중어선 전자어업증제 추진, 중대 위반 어선 이중처벌 도입, 세계일보, 2015년 5월 21일 기사 내용 참조(http://www.segye.com/content/html/2015/05/21/20150521005693.html?OutUrl=naver, 2015년 7월 3일 방문).

량 확보를 통해 수산물 공급의 안정을 도모하는 등 자국의 이익을 극대화하는데 중점을 두었다는 점이 안타깝다. 중국은 유엔해양법협약 및 한중어업협정의 관련 규정에 따라 수산자원의 보존 및 관리에 관한 국가의 책임과 의무를 다함으로써 해양생물자원의 효과적이고 체계적인 보존과 지속적인 이용을 위해 자국 어선에 관한 규제를 강화하여야 할 것이다.

5. 자원보존 및 관리를 위한 지역협력 강화

한중어업협정은 해양생물자원의 보존과 합리적 이용을 도모하고 해양생물자원의 지속가능한 개발의 실현을 궁극적인 목적으로 설정하고 있다. 이러한 목적을 실현하기 위해서는 지역협력을 필요로 하며 수산자원 보존에 관한 협력을 추진하기 위한 공동 자원관리시스템 마련이 시급하다. 현재 잠정조치수역은 각 체약당사국의 경쟁어업으로 인해 자원수준이 악화되어 있으며 이 수역에 대한 어업규제가 기국주의에 의거하고 있어 자원관리가 전혀 이루어지고 있지 않다.41) 잠정조치수역에서의 수산자원의 공동관리를 효과적으로 실행하기 위하여 우선적으로 잠정조치수역에 대한 자원조사를 양국에서 공동으로 추진하고 자원조사 결과를 토대로 어종별 어획할당량, 어구 및 체장규제, 보호구역 설정, 금어기 및 휴어기 설정 등 보존 및 기타 필요한 조치를 마련하여야 한다.42) 2016년 어업공동위원회 회의 당시 양국은 조업어장을 교대로 이용하거나 황폐화된 어장의 공동정소에 합의하고, 또한 어종별 할당량을 설정하기 위한 공동조사를 지속적으로 추진해 나가는데 합의하였다. 이와 같이 한중 양국은 국제수산규범의 변화에 적극대응하기 위해 어종별 할당량, 어장청소, 보호구역 설정 등 국제수산기구의 권고에 따른 자원관리 방식을 단계별로 추진하고 어업협정 및 국제수산규범의 이행을 포함한 협력관계를 발전시켜나가야 할 것이다.

---

41) 屈广清, 앞의 저서, 252면.
42) 朴峰奎·李昇哲: 《东亚海洋安全和国际合作研究》, 载 《政治情报研究》 第12卷第2期, 2009年10月, 第112-114页.

V. 결론

황해는 전형적인 반폐쇄해로서 적절한 수산자원 보존 및 관리를 위한 연안국들의 협력이 절실히 필요하며, 수산자원의 보존관리를 위한 연안국들의 협력은 수산자원 관리 조치의 목표로서 최대지속적 생산(MSY)을 가져올 수 있는 수준으로 어획대상어종의 자원량이 유지되도록 계획해야 한다. 나아가 한중 양국은 기본정신에 입각하여 수산자원의 보존과 합리적인 이용을 위하여 협력관계를 증진하고 양국 어업이 상생할 수 있는 어업협력을 추진하여야 한다. 이러한 목적을 실현하기 위하여 한국과 중국 그리고 북한 등 황해 연안국들은 모든 관련 국가들의 협력을 이끌어내고 자원보존 및 관리에 필요한 조치를 결정하고 이행함으로써 황해 수산자원 공동관리를 위한 협력의 기초를 마련하여야 한다. 황해 수산자원의 효율적인 공동관리를 위하여 한국, 중국 그리고 북한 3국의 노력이 필요하며 각국의 참여의지가 매우 중요하다. 북한도 황해 수산자원 보존 및 관리 그리고 황해에서의 어업관계 개선 및 유지를 위한 노력이 필요하다고 판단된다. 그리고 북한의 참여를 유도하기 위하여 다각적인 해양수산 분야의 지원과 협력의 기회를 부여하는 것도 필요하다고 생각된다. 이들에 대해서는 향후 보다 깊이 있는 연구가 필요하다.

참고문헌

[1] 唐启升等, 中国区域海洋学：渔业海洋学, 海洋出版社, 2012年.

[2] 屈广清 等, 海洋法, 中国人民大学出版社, 2005年.

[3] 姜黃池, 国际海洋法下册, 学林文化事业出版社, 2004年.

[4] 程家骅·张秋华·李圣法·郑元甲·李建生, 东黄海渔业资源利用, 上海科学技术出版社, 2006年.

[5] 田其云·马英杰, 海洋渔业资源恢复法律制度研究—兼论浙江海洋渔业资源恢复法律建设, 海洋出版社, 2010年.

[6] 林景祺, 海洋渔业资源导论, 海洋出版社, 1996年.

[7] 刘静·宁平, 黄海鱼类组成区系特征及历史变迁, 生物多样性, 第6期第19卷, 2011年9月.

[8] 小远, 东海和黄海渔业资源现状, 渔业信息, 2005年10月.

[9] 黄瑶·黄明明, 中韩与中越渔业协定及其实施的比较分析：兼论中韩渔业冲突解决之道, 中山大学法律评论, 2013年第2期.

[10] 林龙山·程家骅·姜亚洲 等, 黄海南部和东海小黄鱼产卵场分布及其环境特征, 生态学报, 2008年第8期(总第28期).

[11] 陈明宝, 南中国海渔业资源养护与管理措施及效果分析, 生态经济, 2013年第10期(总第272期).

[12] 陈伟·卢秀容, 海洋渔业资源过度利用的原因分析, 湛江海洋大学学报, 第25卷第5期, 2005年10月.

[13] 谭柏平, 我国海洋资源保护法律制度研究, 中国人民大学法律系博士学位论文, 2007年4月.

[14] 胡学东·王冠钰, 哈丁定律与渔业资源养护与管理探讨, 中国渔业经济, 第31卷第3期, 2013年.

[15] 郑志华·郑溶·渔权之争：论双边渔业协定应考量的若干问题, 中国海商法研究, 第25卷第1期, 2014年3月.

[16] 黄瑛·路岩, 国际法框架下船旗国对IUU捕鱼的责任及应对措施研究, 河北渔业, 2016年第6期(总第270期).

[17] 张良福, 中国与海洋邻国初步建立新型渔业关系, 中国海洋法学评论, 2005年第2期.

[18] 王建廷, 海洋生物资源养护国际法的新发展, 当代法学, 2010年第4期(总第142期).

[19] 韩舸友, 我国行政联合执法困境及改进研究, 贵州社会科学, 2010年第8期(总248期), 2010年8月.

[20] 张健, 包特力根白乙, 我国实施TAC制度面临的问题及政策建议, 河北渔业, 2008年第12期(总第180期).

[21] 林祥裕·欧红丽, 汕头-台湾浅滩生态系统渔业资源生产量及最大持续产量评估, 科技与区域社会发展, 2006年第3期.

[22] 邹德纬, 渔业行政执法中存在的问题与对策, 中国-东盟博览, 2012年第12期.

[23] 魏德才, 联合国海洋法公约海洋渔业资源养护制度评析, 中国海洋大学学报(社会科学版), 2015年第6期.

[24] 朱玉贵·初建松, 大海洋生态系管理的理论与现实反思, 太平洋学报, 第22卷第8期, 2014年8月.

09

북황해 해조장(海藻場) 조성 기술에 대한 연구 및 응용

田涛(Tian Tao), 陈勇(Chen Yong), 刘永虎(Liu Yonghu),
杨军(Yang Jun), 尹增强(Yin Zengqiang), 陈雷(Chen Lei)

북황해 해조장(海藻場) 조성 기술에 대한 연구 및 응용

田涛(Tian Tao*), 陈勇(Chen Yong), 刘永虎(Liu Yonghu), 杨军(Yang Jun), 尹增强(Yin Zengqiang), 陈雷(Chen Lei)

국문초록

북황해 해역의 해조장이 지속적으로 감소되고 있다. 본 연구는 다시마(海带, Laminaria japonica), 참미역(Undaria pinnatifida, 裙带菜) 등 대형조류 해조장 조성을 통해 해양생태계 보호 및 해양생물자원 조성관리를 위해 관련 기술연구를 추진하게 되었다. 따라서 주어진 실험조건에서 참미역 포자 용액 농도(孢子液浓度)와 부착기저(附着基)의 경사도(坡度) 및 해수의 탁도(浊度) 등 다양한 요소가 해조류 부착밀도에 미치는 영향에 대해 분석하였다. 연구 결과에 따르면 다시마 포자의 부착밀도는 포자 용액 농도의 증대에 따라 증가하고, 부착기저 경사도가 증대함에 따라 감소하고, 해수 탁도가 높을수록 감소하였다. 그밖에 성게의 피해를 막을 수 있는 인조 조초와 신소재·신구조의 조초모형을 개발하고 다시마, 참미역 이식에 관한 기술표준을 작성하기 위해 노력하였다. 또한 장즈도(獐子岛)해역에서의 시범운영을 통해 좋은 결과를 얻었고 파괴된 해조장이 효과적으로 복원되었다.

---

* 대련해양대학교 교수, 요녕성 해양목장공정기술연구센터 연구원. 메일 ttbeyond@126.com.

키워드: 북황해, 해조장, 인조 조초(藻礁), 해조류 이식, 표준화 작업, 해조장 설치 효과

I. 서론

1900년대 이후 과도한 남획과 연근해 해양오염 및 생태 환경의 악화로 인해 전 세계 해역에서 부영양화 현상과 대규모 적조현상이 발생하게 되었고 어업 자원의 감소, 생물다양성의 감소 등 환경문제가 발생하게 되었다. 특히 근해 저인망어선의 어로활동으로 인해 해조장과 홍수림 등 해양생태계에 심각한 피해를 입혔으며 일부 연안해역의 해저 황폐화(갯녹음 현상) 현상이 나타나게 되었다. 해조장은 바다 생물(어패류)의 산란장, 성육장 및 서식장소가 되는바 해조장이 파괴됨에 따라 이에 서식하는 해양 생물이 감소되고 연안어업의 지속가능한 발전에 심각한 영양을 미치게 된다. 이에 따라 연안 생태계의 안정과 해양어업의 지속가능한 발전을 확보하기 위해 연안해역 친연해조장을 보호하고 복원하는 것이 최우선 과제로 대두되었다.[1-5]

해조장은 대형조류가 많이 모여서 서식하는 곳으로 연안 해양생태계의 중요한 구성부분이다. 특히 암초 밑에 조성된 대형조장은 해양생태계의 중요한 구성부분으로 해양 생물의 산란장, 성육장 및 서식장소가 되며 주변 해양생태계 먹이사슬에서 기초 탄소원의 역할을 하게 된다.[6] 해조류는 바다생태계 먹이사슬을 유지하는 기초가 되며 해양생태계의 복원과 안정을 담당한다. 지난 세기부터 중국 연구자들은 다시마와 참미역, 김 등 다양한 해조류의 생물학, 번식 및 생활사(生活史)에 대한 체계적인 연구에 착수하였다.[7-12] 특히 1980년대 이후 중국해역의 천연조장이 감소되고 해삼, 전복의 대규모 양식으로 인해 지충이(鼠尾藻, Sargassum thunbergii)의 자원량 감소가 심각해 자원 고갈에 직면하게 되었다.[13]

최근에 진행된 해조류 생태현황에 대한 조사결과에 따르면 중국 연안해역의 해조류 자원량은 매년 감소하는 추세를 보이고 있으며, 일본과 한국 등 주변국가도 같은 문제에 직면해 있다. 과거에 일본에서 생산되는 홍조류인 우뭇가사리(石花菜)는 과도한 채취로 인해 멸종의 위기에 처해있으며, 전체 해역의 천연 해조장 면적이 감소하는 추세를 보이고 있다. 해조장의 감소로 인해 부영양화 및 영양염 불균형 현상이 나타나게 되었고, 생물다양성이 감소하고 수역의 황폐화 등 환경문제가 더욱 심각해지고 있다. 연안해역 생태환경의 개선과 어업자원의 회복을 위해 인조 해조장의 건설이 시급하다고 판단된다.

황해 북부해역은 다시마, 참미역, 지충이 등 다양한 종류의 경제성 해조류, 특히 참미역의 성장에 적합한 장소이다. 해양생태계의 기초 생산자로서 해조장은 경제성 어류와 새우, 패류 특히 해삼, 성게, 전복 등 해양 생물의 서식장소를 제공할 뿐만 아니라 이들의 먹이가 된다. 나아가 연안지역 경제의 가속화, 환경오염의 심화, 연근해 가두리 양식으로 인해 해양환경이 파괴되고 해조류가 서식하지 못하게 되었고 바다 속이 황폐해지는 현상이 발생하게 되었다. 그밖에 해조류를 먹이로 하는 성게 등 해양 생물의 증식으로 인해 해조류가 급속히 감소되었으며 해조장 조성을 통한 생태복원이 시급하게 되었다.

본 연구는 북황해 해조장이 지속적으로 감소되는 문제를 해결하기 위해 다시마, 참미역 등 대형조류를 연구대상으로 해조장 조성 기술개발을 추진하게 되었다. 주어진 실험조건에서 참미역 포자 용액 농도(孢子液浓度)와 부착기저(附着基)의 경사도(坡度) 및 해수의 탁도(浊度) 등 요소가 부착밀도에 미치는 영향에 대해 연구하였다. 또한 광도(光照)가 다시마 포자체(孢子体)의 부착(생존)과 성장에 미치는 영향에 대해 연구하고 다시마 포자체의 생존에 적합한 부착기저를 개발하기 위해 노력하였다. 아울러 성게의 침해를 차단하기 위한 인조 조초 및 신소재, 신구조의 조초모형을 개발하고 다시마, 참미역 이식기술 표준화규범에 대해 연구하고, 이러한 양식기술을 장즈도(獐子岛) 해역에서 활용함으로써 북황해해역 해조장 복원 및 건설에 과학적 근거를 제공하고자 한다.

II. 재료 및 방법

1. 황참미역 포자 부착 실험

1) 재료

본 실험의 연구대상은 대련 흑시초(黑石礁)해역의 가두리 양식장에서 재배한 성숙된 참미역의 포자엽(孢子叶)이며, 실험용 해수는 모래를 여과(砂濾)한 해수를 사용하였다. 실험에 사용된 부착기저 받침대(支架), 혼탁해수(渾浊海水)는 자체 제작하였다.

2) 방법

(1) 포자 용액 제조

바다에서 채취한 신선한 포자엽(孢子叶)은 26℃이하의 그늘지고 통풍이 잘되는 장소에서 1시간 30분 말린다. 그늘에서 말린 포자엽을 사각형으로 잘라 헝겊으로 잎에 붙은 이물질과 점성물질을 닦아낸 후 여과한 해수를 담은 비커에 넣어 포자를 분리한다. 온도는 얼음 팩으로 조절하여 20℃를 유지한다. 포자가 분리되는 과정에서 해수를 가볍게 흔들어 고르게 분포되도록 한다. 30분간 분리한 후 포자엽을 꺼내어 포자 용액을 완성한다. 포자 용액 1mL를 덜어내어 혈구계산판(血球計数板)으로 포자 용액 농도를 측정한다. 통계 및 분석의 정확성과 편의성을 위해 해수로 포자 용액을 일정한 농도로 희석하여 실험에 적합한 농도로 맞춘다. 포자 용액은 비커에 넣고 저은 후 부착기저를 비커 바닥에 넣고 용액을 저어준다. 매번 실험 시 부착시간은 4시간이며 실험 과정에 정기적으로 포자 용액을 저어주어 포자가 고루 분포되게 한다. 평균 온도는 19℃이며 해수 염도는 35이고, pH는 7.55-7.56으로 한다.

(2) 포자 용액 농도가 참미역 부착밀도에 미치는 영향

실험 시의 포자 용액 농도를 9가지(P1, P2, … P9)로 구분하였으며 P1=3

250ind/mL, P2=2P1, P3=3P1, …, P9=9P1으로 설정하였다. 실험은 각각 3개의 반복구로 실험하였으며, 매번 3개의 부착점을 취하고 평균치를 포자의 부착밀도(ind/cm²)로 계산하였다.

(3) 부착기저 경사도가 참미역 포자 부착밀도에 미치는 영향

본 실험은 검경판(載玻片, 75 mm×25 mm×1 mm)을 부착기저로 사용하였으며, 부착기저와 비커 바닥 간의 경사도를 두기 위해 철사로 받침대를 만들었고 경사도는 각각 10°, 20°, 30°, 40°, 50°, 60°, 70°, 80°, 90°로 구분하였다. 실험 시 검경판을 받침대 위에 놓은 다음 다양한 경사도의 부착기저를 비커에 넣고, 농도가 1.3×10^4ind/mL인 포자 용액을 추가하였다. 4시간이 경과한 후 부착기저를 꺼내어 현미경(×100)으로 부착밀도를 조사하였다. 실험은 각각 10반복구로 실험하였으며, 매번 3개의 부착점을 측정하여 포자의 부착밀도를 조사하고 평균치를 취하였다. 또한 부착기저의 경사도가 0°(수평)시 부착밀도를 100%로 설정하고, 그 밖의 경사도에서 진행된 실험은 상대 값을 취하였다.

(4) 해수탁도가 참미역 포자 부착밀도에 미치는 영향

실험 시 탁도(浊度)는 광전탁도계(散射式光电浊度仪)로 측정한 탁도 값을 의미한다. 혼탁해수(渾浊)의 제조방법은 아래와 같다. 해변에서 채취한 진흙을 해수에 넣어 휘저은 후 침전시킨다. 12시간 경과 후 윗부분 해수를 채취하여 실험에 사용하고, 여과해수를 배합하여 탁도를 각각 0.3, 0.7, 1.1, 1.5, 1.9, 2.3, 2.7, 3.1, 3.5, 3.9, 4.9, 5.9, 6.9, 7.9 총 13개 기준으로 구분하였다. 실험 시 탁도별 각각 3번씩 실험하고, 매번 세 개의 부착점을 취하여 관찰하였으며, 탁도별 부착밀도를 조사하였다. 탁도가 0일 경우 부착밀도를 100%로 설정하고, 그 밖의 13개 탁도에 대해 각각 상대 값을 산출하였으며, 포자 용액 농도는 1.3×10^4ind/mL으로 설정하였다.

2. 신형 인조 조초(人工藻礁)의 설계에 대한 실험

1) 성개 침해 방지 인조 조초 실험

(1) 재료

실험대상은 둥근성게(光棘球海胆, Strongylocentrotus nudus), 북쪽말똥성게(中间球海胆, Strongylocentrotus intermedius)로 산동성 고록수산 유한회사(高绿水产有限公司) 종묘장에서 제공하였다. 이는 중국의 북방지역 양식장에서 기르는 일반적인 경제성 어종이다. 실험 시료를 채취하여 수중에서 10일 동안 유지·관리하며 실험 시 랜덤으로 둥근성게 36마리를 채취하였고 껍질 직경(壳径)은 (5.75±0.65)cm이다. 북쪽말똥성게는 120마리 채취하였고 껍질 직경에 따라 3세트로 구분하여 대 32마리(5.74±0.33cm), 중 40마리(2.91±0.29cm), 소 48마리(1.51±0.21cm)로 구분하였다. 실험 시 조초는 콘크리트구조로 4 m×4.2 m×1.5 m 크기의 수조 4개를 사용하였다. 실험용 해수는 신선한 여과해수로 24시간 이내에 순환된다. 수조의 수심은 88cm이며 수온은 18.5-20.2℃를 유지하였다.

(2) 방법

본 실험은 8개의 각각 다른 형태 및 크기의 조초(그림-1)를 사용하였는데 규격은 아래와 같다. A형은 60cm×60cm×60cm의 정육면체로 4개의 옆면은 반경이 10cm의 반원기둥모양의 홈이 있으며, 측면과 중앙의 홈 사이 간격은 20cm이다. 성게가 조초에서 등반하는 것을 방지하기 위해 큰 반원기둥 홈으로 설계하였다. B형은 A형과 유사한데 60cm×60cm×60cm의 정육면체로 4개의 측면에 각각 2개의 반경이 5cm인 반원기둥모양의 홈이 있다. 이 또한 성게가 조초에 등반하는 것을 방지하기 위한 것이다. C형은 60cm×60cm×60cm의 정육면체로 4개 측면에 수직으로 직경 5cm의 PVC 파이프를 삽입하였으며 파이프가 외부에 약 5cm 정도 노출되게 설계하였다. 파이프

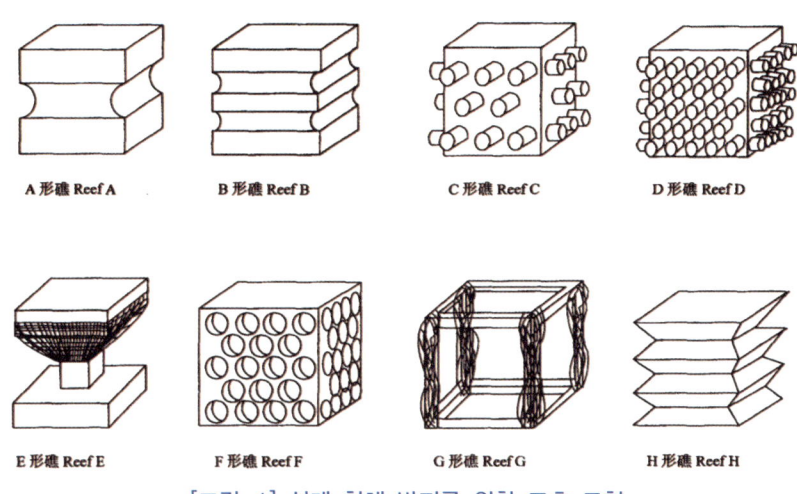

[그림-1] 성게 침해 방지를 위한 조초 모형

간의 간격은 2-3cm이다. 파이프를 삽입하여 간격이 좁은 틈새(성게 껍질 직경보다 작게 설계함)를 만들어 성게가 조초에 진입하지 못하도록 하였다. D형은 C형과 유사한데 60cm×60cm×60cm의 정육면체로 4개의 측면에서 수직으로 직경 5cm의 PVC 파이프를 삽입하였으며 파이프가 외부에 약 5cm 정도 노출되게 설계하였다. 파이프 간의 간격은 1cm미만이다. 파이프를 삽입하여 간격이 좁은 틈새(성게 껍질 직경보다 작게 설계함)를 만들어 성게가 조초에 진입하지 못하도록 하였다. E형은 높이가 60cm인 "工"자 모양의 조초로서 상하부가 50cm×50cm×15cm 사각형이다. 중간부분은 20cm×20cm×30cm의 사각형이며, 조초 윗부분에 직경이 1cm보다 큰 사창(紗窓) 또는 오래된 메쉬 등 유연한 소재로 포장하였다. 이는 다공의 유연한 재질의 부드러운 특성을 활용하여 성게의 흡착을 저해하고 조초에 올라오는 것을 방지하기 위한 것이다. F형은 60cm×60cm×60cm의 정육면체로 4개의 측면에 수직으로 직경 5cm의 원기둥모양의 홈이 있고, 홈의 깊이는 5cm이고, 홈 간의 간격은 2cm 미만이다. 이러한 구조는 성게가 조초에 등반하는 것을 방지하기 위한 것이다. G형은

60cm×60cm×60cm의 L형강(角钢) 골격구조로 4개의 기둥부분에 직경이 1cm보다 큰 사창(纱窗) 또는 오래된 메쉬 등 유연한 소재로 포장하였다. 이는 다공의 유연한 재질의 부드러운 특성을 활용하여 성게의 흡착을 저애함으로써 조초에 올라오는 것을 방지하기 위한 것이다. H형은 60cm× 60cm×60cm 의 정육면체로 옆면은 톱날모양 길이는 20cm이며, 각도는 45°이다. 이러한 톱날모양은 성게가 조초에 올라가지 못하도록 방지하는 역할을 한다.

실험을 시작하기에 앞서 4종의 조초를 각각 4개의 실험조 중간부분에 넣고 10일간 먹이를 주지 않은 성게를 4개의 실험조에 투하하여 24시간 경과시켰다. 다음날 오전 8시부터 실험을 시작하여 성게의 먹이인 다시마를 조초 상단에 넣고, 성게가 먹이를 발견할 수 있도록 다시마는 조초의 길이보다 길게 하였다. 그리고 1시간 마다 성게의 먹이 섭취상태를 확인하여 48시간 동안 관찰하였다. 48시간 내에 성게가 조초 상단에 올라가 먹이 섭취에 성공한 실험조에 한하여 조초에 올라간 성게의 수량과 먹이 섭취시간을 기록하였다. 이에 이어 각각의 실험조에 다른 성게를 교체하여 반복 실험하였다. 본 실험은 총 6일간 지속되었다. 그 후 나머지 4종의 조초에 대해 같은 방법과 절차에 따라 실험하였다. 전술한 실험을 거쳐 마지막으로 성게의 침해를 효과적으로 방지할 수 있는 조초를 선택하여 기타 형태의 조초에 올라간 성게의 수량 및 먹이섭취를 위해 머문 시간에 대해 비교분석하였다. 모든 실험에서 얻은 데이터는 SPSS통계 소프트웨어를 사용하여 분산분석(ANOVA)을 하고, Duncan's의 나중범위검증을 통해 분산분석에서 표본 평균들 간에 의의가 있는지, 어떤 표본들의 평균치가 의의 있는지를 검정하였다.

2) 철분함유 조초에 대한 실험

(1) 철분함유 조초 모형

모형은 콘크리트 소재로 만든 L형강으로, 국가표준 C25콘크리트 배합표준에 따라 시멘트, 모래, 돌, 물을 각각 1 : 2.5 : 3.9 : 0.76의 비율에 따라 제조하였다. 아울러 아래 표-1에서 나타나는 비율에 따라 철 분(铁粉)말 또는 철 피복(铁屑)을 첨가하였으며, 철 분말과 철 피복이 포함되지 않은 소재, 철 분말 소재, 철 피복 소재, 혼합소재로 구분하여 실험하였다. 조초모형의 틀이 되는 L형강 골조에 철 분말 또는 철 피복이 포함되지 않은 소재로 조초를 제작하였으며, 조초 규격은 30cm×30cm×5cm이며 무게는 약 10kg이다. 모형제작 완료 후 담수 수조에 1개월 간 유지하며, 유지시간이 끝나면 받침대 위에 고정하여 바다에 투하한다. 또한 모든 유형의 테스트용 조초모형은 강도 테스트를 거쳐야 하며, 강도 테스트에 사용되는 모형은 일정한 콘크리트 배합 기준에 따라 만들어졌으며 크기는 10cm×10cm×10cm이다.

[표-1] 모형번호 및 철분함량

group	No.	Iron powder/g	Iron scraps/g	Percentage of Iron(%)
대조조	1#, 2#	0	0	0
철 분말	3#, 4#	5	0	0.05
	5#, 6#	10	0	0.10
	7#, 8#	50	0	0.50
	9#, 10#	100	0	1.00
	11#, 12#	200	0	1.96
	13#, 14#	300	0	2.91
철 피복	15#, 16#	0	5	0.05
	17#, 18#	0	10	0.10
	19#, 20#	0	50	0.50
	21#, 22#	0	100	1.00
	23#, 24#	0	200	1.96
	25#, 26#	0	300	2.91
혼합소재	27#, 28#	5	5	0.10
	29#, 30#	50	50	1.00

(2) 조초모형 고정에 사용되는 받침대(기저)

받침대는 철근 콘크리트 소재이며 규격은 120cm×80cm×50cm이다. 조초모형을 넣은 후 상단 중간부분에 콘크리트 보강용 강철봉을 삽입하여 고정함으로써 바닷물에 흘러가는 것을 방지한다. 받침대는 담수 수조에서 1개월간 유지한 후 바다 속에 투하한다.

(3) 유압범용시험기

최대 압력은 400kN으로 이는 표준모형강도시험에 사용된다.

(4) 강도실험

유압범용시험기를 사용하여 표준모형에 대해 강도 실험을 하였다. 본 실험은 조초 모형이 강도기준에 부합하는지 여부를 검정한다.

(5) 부착실험

대련(大连) 흑석초(黑石礁)해역의 조간대에서 부착실험을 하였다. 당해 해역은 밑바닥은 자갈과 모래이다. 조초 모형을 받침대에 고정시킨 후 바다에 투하하며 1개월에 한 번씩 조사한다. 시료채취 시간은 대조일(大潮日) 저조시로 정하였으며, 각 모형에 버니어 캘리퍼스로 2cm x 2cm 방형구(样方)를 측정하고 무작위로 3개의 방형구를 선택하여 조심스럽게 조류를 채취한 후 비닐봉투에 넣어 포르말린으로 고정시킨 후 봉인하여 라벨을 붙인다. 이렇게 채취·보관된 시료는 실험실에서 분석되며 오븐에서 건조하여 분석 저울(分析天平)로 무게를 측정한다.

(6) 부착 생물량 계산

부착 생물량 계산식은 P=m/S이다. 여기서 P는 부착 생물량(kg/m^2)이고, m는 방형구 내의 부착 생물량(kg)이고, S는 방형구의 면적(0.0004 m^2)이다.

3) 다시마와 참미역의 이식 표준화 연구

수년간의 조초 현장 실험결과와 다시마, 참미역의 생물학, 환경영향 등 다양한 요소에 관한 기존의 문헌과 자료를 바탕으로 조사, 모조(母藻) 채취, 이식, 통계(計數), 투하, 평가 등을 주요 내용으로 하는 이식표준을 개발함으로써 다시마와 참미역의 이식과 이조 조장설치에 대한 규범화된 참고자료를 제공하고자 한다.

3. 해조장 건설 실천

1) 해역 기본상황

북황해 해역의 장즈도(獐子島)는 요동반도(辽东半岛) 동남단, 대련시(大连市) 동부, 창산열도(长山列岛) 최남단에 위치해 있다. 장즈도는 타련도(褡裢岛), 대모도(大耗岛), 소모도(小耗岛) 등 4개의 도서와 11개의 암초로 구성되어 있으며, 지리적 좌표는 E122°42′02″-122°52′25″, N38°40′48″-39°05′10″이다. 장즈도의 북쪽과 북서쪽은 창산열도의 대창산(大长山), 샤오창산(小长山), 광루도(广鹿岛)와 인접하며, 동쪽은 해양도(海洋岛) 및 한반도와 마주하고 있고, 남쪽은 산동반도와 마주하고 있으며 대륙과의 거리가 가장 가까운 곳은 31해리이다. 장즈도 주변 해역의 바닥은 대부분이 이사(泥沙)이며 물의 흐름이 원활하고 이사 퇴적물이 적은 관계로 해조장 설치에 적합한 자연조건을 갖추고 있다. 또한 생물자원이 풍부하고 수심이 적합하며 수질이 어업수질표준에 부합되고 어류의 먹이가 풍부하고 수질이 깨끗하고 오염이 적고 대규모 담수의 유입이 없으며, 물 흐름이 원활하고 흐름의 방향이 일정하고, 조석이 규칙적이고 해수의 투명도가 높고, 수온이 0.55-23℃이고, 염도가 29-33, PH는 7.8-8.4이기 때문에 어류와 희귀종의 증식에 적합한 수역으로 평가되고 있다.

2) 인조 조초 건설 현황

장즈도 주변 해역에 0.8cm×0.8cm×0.8cm의 정육면체 콘크리트 소재의 인조 조초 277개를 투하하였으며 기타 구조의 응석(凝石)어초 333개를 투하하였다. 어초의 구조는 그림-2와 같다.

[그림-2] 인조 조초의 구조도

III. 실험결과 및 분석

1. 참미역 포자 부착실험

1) 포자 용약 농도와 부착밀도의 관계

포자 용액 농도가 3250, 13000, 22750, 29250개/mL 시, 포자 부착밀도는 각각 767, 2320, 5018, 7890개/cm^2으로 나타났다. 즉 포자 부착밀도는 포자 용액의 농도가 증가함에 따라 증가하는 추세를 보였다.

포자 용액 농도가 3,250~16,250개/mL일 때 포자 부착밀도의 증가폭이 상대적으로 낮고, 포자 용액 농도가 16,250개/mL 이상일 때 포자 부착밀도의 증가폭이 크다. 포자 용액 농도가 29,250개/mL일 때 부착밀도는 초기농도의 11배로 나타났다. 실험결과에 따르면 참미역 포자 용액 농도와 포자 부착밀도 $y1$과의 회귀방정식은 $y1=724e0.00008\ x1$, $R2=0.978$이다.

2) 부착기저 경사도와 포자 상대 부착밀도의 관계

부착기저의 경사도가 90°일 때 포자 부착밀도는 경사도가 0°일 때의

31.87%이며, 부착기저 경사도가 0°에서 10°로 변화하는 동안 부착밀도는 14.76% 감소하였다. 다음으로 부착기저 경사도가 50°에서 60°으로, 30°에서 40°로 변화한 경우 부착밀도의 변화는 각각 10.67%와 10.07% 감소하였다. 부착기저 경사도가 20°에서 30°일 때 부착밀도의 변화폭이 3.37%로 가장 작게 나타났고, 다음으로 10°에서 20°, 70°에서 80° 2개의 구간에서의 변화폭은 각각 3.55%와 3.71%로 나타났다. 다시 말하자면 부착기저의 경사도가 증가함에 따라 부착밀도와 부착기저 경사도는 역상관(负相关) 관계를 갖는다. 본 실험결과에 따라 가장 가까운 추세곡선을 적용할 수 있으며 기저 경사도(x_2)와 포자 부착밀도(y_2)의 회귀방정식은 $y_2=-0.7507 x_2+97.447$, $R^2=0.9866$이다.

3) 탁도와 포자 상대 부착밀도의 관계

포자의 상대적 부착밀도는 해수탁도가 증가함에 따라 감소한다. 탁도 값이 7.9일 때 상대 부착밀도는 탁도 값이 0일 때의 34.54%에 해당한다. 해수탁도가 0.3-1.9일 때 변화범위가 안정적으로 나타났으며 변화수치는 4.96%-7.08%이다. 탁도가 1.9-3.1일 때 변화폭이 작으며, 탁도 값이 0.4씩 증가할 때마다 상대 부착밀도의 감소의 양은 1% 미만으로 나타났다. 탁도 값이 3.1에서 3.5로 변화하는 동안 상대 부착밀도에 미치는 영향이 가장 크게 나타났는데 상대 부착밀도가 8.88% 감소하였다. 해수 탁도가 0에서 0.3으로 변화하는 동안 감소폭은 8.54%이고, 탁도가 3.9를 초과할 시 변화범위가 안정하다. 즉 탁도 값이 1씩 증가할 때마다 상대 부착밀도 감소량은 2.43%-5.98%이다. 해수가 맑음에서 약간 흐린 상태로 변화하는 동안 상태 부착밀도에 미치는 영향이 큰 것으로 나타났다. 해수 탁도가 8을 초과할 시 포자 생대 부착밀도에 미치는 영향은 크지 않은 것으로 나타났다. 실험결과에 따르면 탁도(x_3)와 포자 상대 부착밀도(y_3)의 회귀방정식은 $y_3=-0.1354x_3^3+2.3802x_3^2-18.557 x_3+98.571$, $R^2=0.9896$이다.

2. 신형 인조 조초 실험연구

1) 성게침해 방지 조초 실험

(1) 설험초반 성게의 행동 및 반응

실험 시작 전 대부분의 성게는 수조 바닥이나 구석, 벽면에 머물렀고 소수 몇 마리만 수조 밑바닥 중앙에 흩어져 있었다. 그러나 먹이를 넣은 후 몇 시간 안에 성게가 지속적으로 조초에 올라갔으며 둥근성게의 행동이 가장 빨랐다. 북쪽말똥성게는 둥근성게에 비해 느리게 반응했고 몸집이 큰 북쪽말똥성게가 몸집이 작은 개체보다 행동이 빨랐다.

(2) 성게 먹이섭취 방지를 위한 조초모형

8종의 실험용 조초 중 E형과 H형 조초에 성게가 올라간 현상을 관찰하지 못하였는데 이는 성게 침해효과가 뛰어남을 의미한다. 기타 6종의 조초에는 모두 성게가 먹이 섭취를 위해 조초 상단에 올라갔으나 상단에 올라간 성게의 수량과 크기는 다소 차이를 보였다. 이에 따라 E형과 H형 조초모형이 조장건설에 적합한 참고모델로 선정하였다. 그림-3와 그림-4는 조초에 등반하여 먹이 섭취에 성공한 성게의 종류에 대한 실험결과인데 E형과 H형 조초를 제외한 기타 6종의 조초모형에는 수량과 크기가 다양한 성게가 먹이섭취를 위해 등반한 상태를 관찰할 수 있다. 실험결과 A형과 B형 조초의 경우 둥근성게와 대, 중, 소(껍질 직경) 북쪽말똥성게 모두가 소초 상단에 등반하여 먹이를 섭취하였으며, C형 조초는 중, 소(껍질 직경) 북쪽말똥성게가 조초 상단에 등반하였고, D형 조초의 경우 소형(껍질 직경) 북쪽말똥성게가 조초 상단에 등반하였고, F형 조초의 경우 대형(껍질 직경) 북쪽말똥성게가 조초 상단에 등반할 수 없었고, G형 조초의 경우 소형(껍질 직경) 북쪽말똥성게만이 조초 상단에 등반하였고, E형과 H형의 경우 둥근성게와 북쪽말똥성게 두 종의 모든 크기의 성게가 조초 상단에 오르지 못했다.

(3) 먹이섭취에 성공한 성게 수량

실험에서 같은 종 및 같은 크기의 성게 개체가 조초에 등반한 데이터에 약간의 차이가 있을 뿐더러 같은 종의 성게가 다양한 조초모형에 등반한 수량도 약간 차이가 있다. 이에 대한 연구결과는 그림-3과 같다. 그림-3에서 나타나는 것과 같이 E형과 H형 조초의 성게침해 차단효과 가장 좋았는데 둥근성게와 북쪽말똥성게 두 종의 성게가 크기에 관계없이 조초 상단에 등반한 개체가 없었다. A형과 B형 조초는 4 세트의 성게가 모두 상단에 등반했으나 개체 간의 차이를 보이고 있다. 그중 둥근성게과 대형 북쪽말똥성게의 조초 상단 등반 수량이 동 실험조의 50%를 초과하지 못하였고, 소형 및 중형 북쪽말똥성게의 수는 50% 이상으로 나타났다. C형 조초의 경우 소형, 중형 북쪽말똥성게만이 조초 상단에 등반하였지만 등반에 성공한 성게의 수가 비교적 많아 전체 성게 수의 70%에 달한다. D형 조초와 C형 조초의 실험결과가 유사하게 나타났는데 소형 북쪽말똥성게의 60%가 조초상단에 등반하였다. F형 조초의 경우 대형 북쪽말똥성게를 100% 차단할 수 있으며, G형 조초는 오직 소형 북쪽말똥성게만이 조초 상단에 등반하였고, 등반성공한 성게의 수량 또한 매우 적어 소형 북쪽말똥성게 수의 40%미만이다.

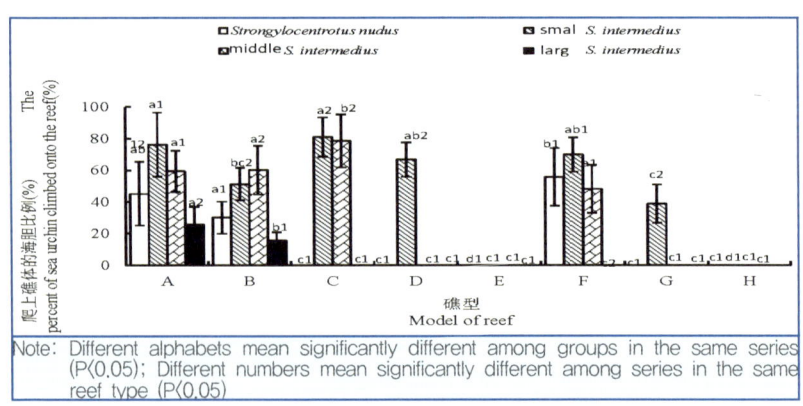

[그림-3] 다양한 인조 조초에 올라간 성게의 비율

(4) 먹이섭취를 위해 조초에 머문 시간의 평균치

실험에서 성게의 종류와 크기에 따라 먹이섭취를 위해 조초에 머문 시간(먹이섭취 시간)에 약간의 차이를 보였다. 이에 대한 실험결과는 그림-4와 같다. 그림-4와 같이 A형, B형, F형 조초에 올라간 둥근성게는 먹이섭취를 위해 2시간 가량 머물렀으며, 북쪽말똥성게의 먹이섭취 시간은 둥근성게에 비해 짧았다. A형, B형, F형 조초를 제외한 기타 조초의 실험결과 소형 북쪽말똥성게의 먹이섭취 시간이 보다 길게 나타났는데 이 또한 8시간을 초과하지 않았고, 대형과 중형 북쪽말똥성게의 먹이섭취 시간은 4시간에서 8시간으로 나타났고, 소형 북쪽말똥성게가 G형 조초에서의 먹이섭취 시간이 4시간으로 가장 짧았다.

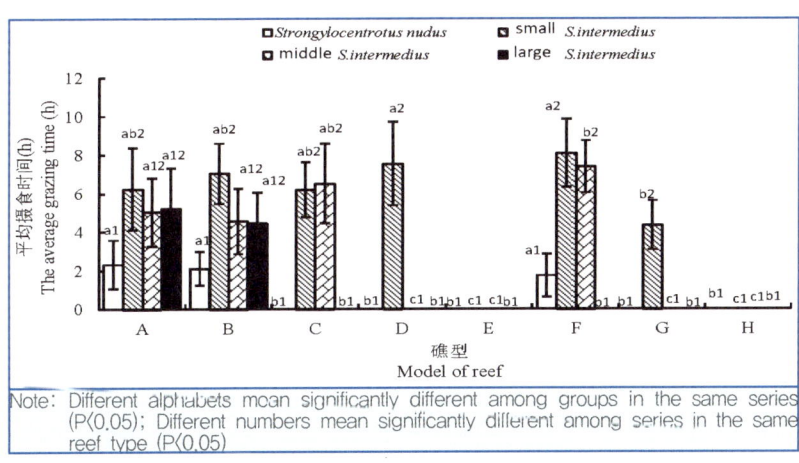

[그림-4] 다양한 인조 조초에 올라간 성게의 평균 먹이섭취 시간

2) 철분함유 조초에 대한 부착실험

(1) 철분함유 조초모형의 강도

그림-5는 철분함량이 다른 인공어초 모형의 강도 측정결과를 나타낸다.

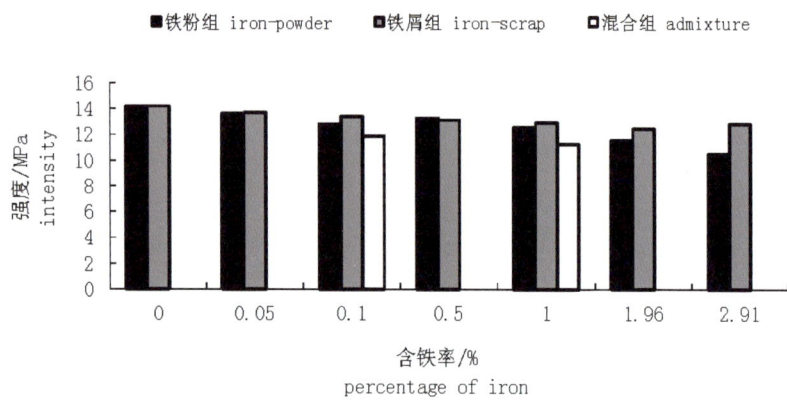

[그림-5] 철분함량이 다른 인공 조초의 강도 데트스 결과

철 분말 또는 철 피복이 함유되지 않은 대조조(对照组) 모형의 강도가 14.2 MPa로 가장 크다. 철분함유 모형의 강도는 철분함량이 증가함에 따라 강도가 감소하는 추세를 보였으며, 처분함유 모형에 대한 실험에서 철분함량이 2.91% 모형의 강도가 10..5 MPa로 가장 작고, 기타 모형의 강도는 11-13MPa로 나타났다. 또한 철 분말 함유 모형의 강도가 철 피복 함유 모형의 강도 보다 낮다. 혼합소재의 모형은 단일 철분함량 모형보다 강도가 낮다.

(2) 부착 생물종 및 생물량

조초 투하 후 첫 3개월 동안 조류가 부착되지 못하였기에 1차 시료채취는 3월 13일에 진행되었다. 시료채취 시 수온은 6.9℃이고 염도는 34이다. 실험에 사용된 조초는 해수에 3.5개월 동안 배치하였으며, 조초 본체에 부착된 생물량이 부착기저(받침대)에 부착된 생물량보다 많으나 생물종이 적다. 조초 본체에 부착된 생물에는 주로 막조류(膜翼藻, Membranoptera alata (L.) Stackh), 창자파래(肠浒苔, Ente- romorpha intestinalis), 초록실(软丝藻, Ulothrix flacca (Dillw)Thur.), 북극 그물홑파래(北极礁膜, Monostroma arcticum Wittr.), 초록털말속(尾孢藻, Urospora acrogona Kjellm.), 방사

무늬 돌김(条斑紫菜, Porphyra yezoensis, 김(甘紫菜, Porphyra tenera Kjellm.), 미끌풀(单条胶粘藻, Dumontia simplex Cotton), 불등가사리(海萝, Gloiopeltis furcata (P.et R.)J.Ag.), 단지꼴폴리시포니아(多管藻, Polysiphonia urceolata Grev.), 바위수염(肠髓藻, Myelop- hycus caespitosus Kjellm.), 갈조(萱藻, Scytosiphon lomentarius (Lyngb.) J. Ag.), 불레기말(囊藻, Colpomenia sinuosa (Mertens ex Roth) Derb. et Sol.) 등이 있다. 그밖에 부유생물에 속하는 3종의 물벼룩(双刺纺锤水蚤(Acartia bifilosa), 大同长腹剑水蚤(Oithona simills), 大尾猛水蚤(Harpacticus uniremis Kröyer), 分叉小猛水蚤(Harpacticoida))이 부착되었다.

2차 시료채취는 3월 22일에 진행되었으며 수온은 7.2℃이고 염도는 34이다. 모든 조초모형에 생물체가 부착되었으며 조초 본체에 부착된 생물량이 부착기저에 부착된 생물량보다 많았다. 부착된 생물종에 대해 1차 시료채취 실험결과와 비교하여 다소 증가하였다. 부착된 생물에는 주로 막조류(膜翼藻), 창자파래(肠浒苔), 초록실(软丝藻), 북극 그물홑파래(北极礁膜), 초록털말속(尾孢藻), 방사무늬 돌김(条斑紫菜), 김(甘紫菜), 미끌풀(单条胶粘藻), 불등가사리(海萝), 단지꼴폴리시포니아(多管藻), 바위수염(肠髓藻), 갈조(萱藻), 참미역(裙带菜), 불레기말(囊藻) 등이 있다. 부유생물에는 小拟哲水蚤 (Paracalanus parvus (Claus)), 双刺纺锤水蚤(Acartia bifilosa), 大同长腹剑水蚤, 大尾猛水蚤, 分叉小猛水蚤 등 여러 종의 물벼룩이 부착되었다.

3차 시료채취는 4월 5일에 신행되있으며 수온은 8.1℃이고 염도는 33.9이다. 이번 시료채취 결과는 앞에서 진행된 두 차례의 시료채취에 비교하여 큰 변화를 보였다. 모든 조초모형에 부착된 생물체가 현저히 감소하였고 조초 본체의 부착밀도가 부착기저보다 낮았고, 일부 조초는 결여된 부분이 발견되었다. 부착생물의 생물량은 그림-6, 그림-7, 그림-8과 같다. 3월 13일 시료채취 시 철분함량이 1.96%인 철 피복세트의 부착 생물량이 0.459kg/㎡으로 가장 높았다. 그중 철분을 함유하지 않은 모형의 실험에서 부착생물량이 가장 작게 나타났는데 생물량은 0.082kg/㎡이다. 철 분말 모형에 대한 실험에서 부착생물량 최대치는 철분함량 0.1%이며, 생물량은 0.4kg/㎡이고, 최소치는 0.05%으로 생물량은 0.152kg/㎡이다. 철 피복 모형에 대한 실험에서 부착생물량 최대치는 철분함량 1.96%이며, 생물량은 0.459kg/㎡이고, 최소치는 2.91%으로 생물량은 0.123kg/㎡이다. 혼합소재 모형에 대한 실험에서 부착생물량 최대치는 철분함량 0.1%이며, 생물량은 0.205kg/㎡이고, 최소치는 1%으로 생물량은 0.15kg/㎡이다.

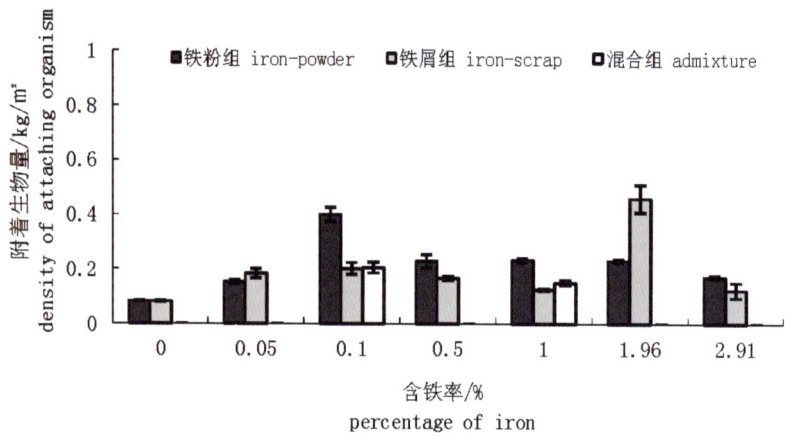

[그림-6] 3월 13일 조사결과

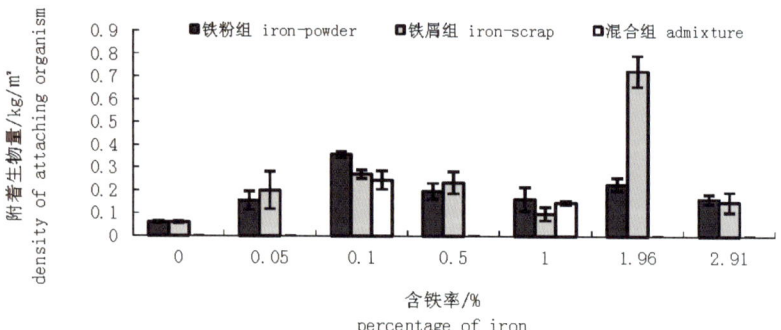

[그림-7] 3월 22일 조사결과

3월 22일 시료채취 시 철분함량이 1.96%인 철 피복세트의 부착 생물량이 0.725kg/㎡으로 가장 높았으며 철분을 함유하지 않은 대조조의 부착 생물량이 0.060kg/㎡로 가장 적게 나타났다. 그중 철 분말 모형에 대한 실험에서 부착생물량 최대치는 철분함량 0.1%이며, 생물량은 0.357kg/㎡이고, 최소치는 0.05%으로 생물량은 0.155kg/㎡이다. 철 피복 모형에 대한 실험에서 부착생물량 최대치는 철분함량 1.96%이며, 생물량은 0.725kg/㎡이고, 최소치는 1%으로 생물량은 0.098kg/㎡이다. 혼합소재 모형에 대한 실험에서 부착생물량 최대치는 철분함량 0.1%이며, 생물량은 0.245kg/㎡이고, 최소치는 1%으로 생물량은 0.146kg/㎡이다.

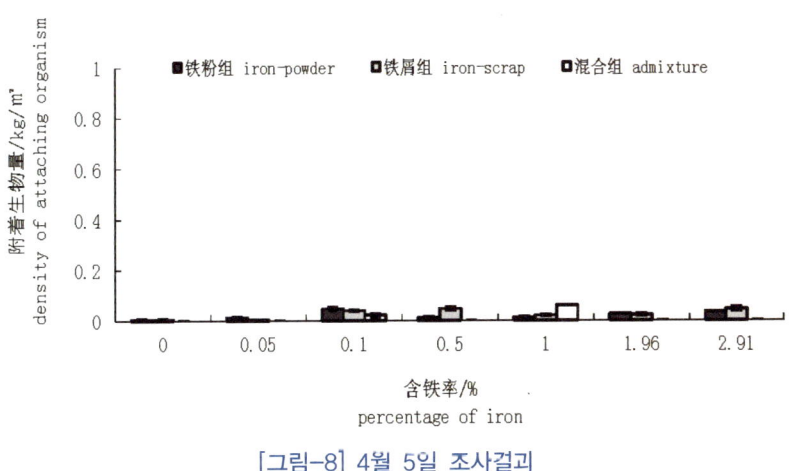

[그림-8] 4월 5일 조사결과

4월 5일 시료채취 시 철분함량이 1%인 혼합소재 조차의 부착 생물량이 0.0596kg/㎡으로 가장 높았으며 철분함량이 0.05%인 철 피복 조초의 부착 생물량이 0.0042kg/㎡으로 가장 적게 나타났다. 또한 철 분말 모형에 대한 실험에서 부착생물량 최대치는 철분함량 0.1%이며, 생물량은 0.0468kg/㎡이고, 최소치는 0.5%로 생물량은 0.0125kg/㎡이다. 철 피복 모형에 대한 실험에서 부착생물량 최대치는 철분함량 0.5%이며, 생물량은 0.047kg/m²이고, 최소치는 0.05%으로 생물량은 0.0042kg/m²이다. 혼합소재 모형에 대한 실험에서 부착생물량 최대치는 철분함량 1%이며, 생물량은 0.0596kg/m²이고, 최소치는 0.1%으로 생물량은 0.0212kg/m²이다. 2, 4, 8, 10, 15, 23, 28호 조초에는 부착된 해조류가 없었다.

(3) 다시마, 참미역 이식기술표준화에 대한 연구

해조장 건설에 대한 경험과 기존 문헌 및 데이터를 참고하여 다시마와 참미역의 이식기술 및 정의, 이식해역의 환경수준, 기본 조사, 조류 채취, 운송, 통계, 투하, 이식효과에 대한 조사 및 평가, 관리 등의 내용을 포함하는 기술표준을 마련함으로써 다시마와 참미역 이식기술을 규범화하고 표준화하고자 한다.

(4) 해조장 건설에 대한 연구

2012년 7월 다이빙 시료채취 후 분석한 결과 조초 투하 6개월 경과 후 조초(0.8m³)에서 석순(孔石莼) 3.5kg과 다시마 3kg를 수확하였으며, 해조류가 조초 표면의 80%를 덮고 있었으며, 어초 내부 생물다양성이 풍부하고 해삼, 석순, 다시마, 둥근성게, 북쪽말똥성게, 갈색띠매물고둥(香螺, Neptunea cumingi Crosse)과 일본 철갑상어(日本鲟) 등 경제성 생물이 서식하는 것을 발견하였고 어초 내부에서 대량의 해면동물(海绵动物)이 서식하는 것을 발견하였다.

시범구의 해조자원량에 대한 추정에 따르면 2012년 5월 장즈도(獐子岛) 타련도(褡裢岛) 해양목장의 단일 조초에서 채취한 석순과 다시마 시료의 총 무게는 각각 3.5kg과 3kg이다. 이에 따라 빌공 당 석순과 다시마는 1.39kg과 1.19kg이 생식할 수 있다. 타련도(褡裢岛) 해양목장에는 총 420개의 조초를 투하하였으며, 인공어초의 체적은 1058.3 공 (空)m³이며,[1] 2012년 타렌도

---

[1] 공(空)m³이란 단위는 공(빌공) 단위로써 콘크리트나 모래처럼 m³으로 체적을 계산하면 혼선이 생길 수 있어 공(空)m³으로 표기한다.

어초구역에는 2.7톤의 해조류가 번식할 수 있다.

2013년 5월 장즈도(獐子岛) 마야탄(马牙滩) 해양목장에서 참미역 시료채취 하였으며, 시료의 평균무게는 0.42kg이고, 조초별 참미역 채취 평균수량은 40포기이다. 조초당 참미역 수확량은 16.8kg이며 공(빈공) 단위 참미역 번식량은 7.3kg이다. 마야탄 해양목장에 총 190개의 조초를 투하하여 478,747 공 (空)m³의 인공어초구역을 조성하였으며 2013년 참미역 생산량은 3.5톤에 달할 것으로 추정된다.

Ⅳ. 논의

1. 신참미역 포자 부착 실험

포자 용액 농도가 부착밀도에 미치는 영향을 관찰하는 것은 단위수체(单位水体) 중 서식하는 포자수가 부착물의 단위면적당 포자수에 직접적인 영향을 미치기 때문이다. 실험결과에 따르면 포자 용액 농도가 클수록 부착물 단위면적당 포자수량이 많으며 부착밀도가 크다. 부착물의 경사도가 부착밀도에 미치는 영향을 관찰하는 것은 부착물 경사도 부착기저 수직상승방향의 유효 면적을 결정하기 때문이다. 실험결과에 따르면 경사도가 클수록 유효 부착면적이 작고, 포자 상대 부착밀도가 낮다. 해수 중 부유입자는 포자의 부착을 저해하는 요소로 평가된다. 그 이유는 포자가 해수 중의 부유입자와 결합할 경우 조초에의 부착에 불리한 영향을 준다. 이에 따라 탁도가 높을수록 포자 상대 부착밀도는 작다.[14] 이 실험결과는 아라카와 히사유키(荒川久幸)[14]의 해조류의 대황(黑海带, Eisenia bicyclis) 실험결과와 유사하다.

참미역 등 대형조류의 포자가 바다에 떠다니면서 암초(礁石)를 만나면 당해 부착물에 부착되며 외력의 작용이 없을 시 미끄러지거나 떨어지지 않는다. 이와 같이 암초 등 부착물에 부착된 해조류는 성장에 적합한 환경에서 자라나

군락을 형성하고 수많은 해조류 군락이 모여 참미역 등 해조장을 형성한다.[15] 해조장 조성과 대형조류 포자가의 부착밀도가 밀접한 연관성을 가지는데, 해조류 성장에 적합한 환경 하에 부착밀도가 클수록 해조군락 및 해조장 조성의 확률이 높다. 천융(陈勇)의 연구결과에 따르면 재생 인조 조장(再生式人工藻礁)의 표면 파손속도(cm/d)와 흑색 다시마(黑海帶) 포자 부착밀도와의 관계에 대해 분석한 결과 양자는 역상관(负相关) 관계를 나타내고 있음을 관찰하였다. 포자의 부착밀도가 2,150개/cm^2일 때 부착밀도는 조초 표면에서 10-6cm/d의 속도로 떨어져나갔으며 크기가 점차 작아졌으나 흑색 다시마는 이러한 영향을 받지 않고 군락을 형성하고 대규모의 해조장을 조성하였다. 본 실험에서 포자 용액 농도가 9750개/mL 이상일 경우 부착 경사도가 〈70°이고, 해수 탁도가 〈0.34 일 때 참미역 포자의 부착밀도는 2150개/cm 이상에 달하였다. 이에 따라 3개 요소가 일정하고 기타 환경 요인이 적합할 경우 참미역군락과 참미역 해조장을 조성할 가능성이 높다.

2. 성게 침해 방지 실험

성게는 주로 관족(管足)과 침(棘)을 사용하여 움직인다. 성게는 체표에 갈래가시 또는 둥근가시가 있으며 가시 사이에는 앞 끝에 빨판이 붙어 있는 관족이 뻗어 나와 있다. 관족은 수관계와 연결되어 체액이 주입되면 팽창하여 이동 등의 목적에 쓰이게 된다. 관족의 끝은 흡착할 수 있도록 되어 있어 다른 물체에 붙을 수 있다.[18-21] 이에 따라 조초 표면의 장애물을 설치하여 관족의 흡착을 차단함으로써 성게의 움직임을 저해할 수 있다. 성게의 수평적 움직임은 비교적 느리지만 등반에 강하다. 실험 중 A형과 B형 조초 표면에 설계된 원기둥모양의 홈은 성게의 등반을 차단할 수 없었고, 2종의 성게 모두가 조초 상단에 올라갔다. C형과 D형 조초 표면에 파이프를 삽입하였는데 이는 성게의 등반을 어느 정도 방지하였다. C형 조초의 파이프 간격은 2-3cm로 대형 성게의 등반을 효과적으로 차단하였으나 소형 성게 특히 껍질 직경이 2-3cm 미만인 성게는 틈새를 통과하여 자유롭게 올라갈 수 있었다. 중형 성게의 경우 옆으로 기어 올라갔다. F형 조초의 성게 차단효과 역시 만족스럽지 못하였다. 대부분의 성게가 원기둥모양의 홈을 따라 상단으로 올라갔고 원기둥모양의 홈에서 벗어나 상단으로 올라갔다. 소형 북쪽말똥성게의 경우 G형 조초의 사창으로 포장되지 않은 L형강 모서리로 등반하였으며 내측기둥을 타고 올라갔다. 그러나 G형 조초는 대형, 중형 성게의 등반을 효과적으로 차단할 수 있다. 이는 사창의 다공 유연한 재질의 부드러운 특성이 성게 관족의 흡착을 저해했기 때문이다. 그밖에 F형 조초는 둥근성게가 등반한 반면에 같은 크기의 북쪽말똥성게가 등반한 것을 관찰하지 못하였다. 이는 둥근성게의 등반실력이 북쪽말똥성게에 비해 강하다는 것을 의미한다. E형 조초의 모든 등반통로에 사창으로 포장한 관계로 조초로 등반한 성게가 없었다. H형 조초의 성게 차단효과도 뛰어났는데 이는 톱날모양의 장애물이 성게의 관족 흡착을 저해함으로써 올라갈 수 없었던 것이다.

그림-3과 같이 동일한 조초에 등반한 성게 중 크기가 다른 성게의 수량이 서로 다르다. 이는 동일한 조초가 다양한 크기의 성게 차단 효과가 다르다는 것을 의미한다. 실험결과에 의하면 모든 종류의 조초는 껍질 직경이 작은 개체가 큰 개체보다 수량이 많았는데, 이는 크기가 큰 성게에 비교하여 작은 성게의 활동능력이 약하지만 작은 틈새와 장애물을 넘는 능력이 강함을 의미한다. 또한 같은 크기의 성게가 같은 종류의 조초를 등반한 수량에 있어서 약간 차이를 보이고 있다. 이는 E형과 H형을 제외한 기타 모형의 조초 또한 성게의 침해를 100% 차단할 수 없으나 어느 정도 차단효과가 있음을 의미한다.

그림-4와 같이 다양한 크기의 성게가 같은 모형의 조초에 머문 시간 즉 먹이섭취 시간이 서로 다르게 나타났다. 이는 크기가 다르기에 먹이 섭취량이 다르며, 계절과 밤낮 등 시간적 요소가 다름에 따라 먹이섭취 시간이 다르다는 것을 의미한다.[18-19] 그밖에 먹이섭취 시간은 성게의 활동성과 연관을 갖는다. 실험결과 서식, 먹이 섭취에 있어서 둥근성게의 활동성이 북쪽말똥성게보다 활발하다. 실험수조에서 둥근성게는 활발한 움직임을 보였으며, 이 또한 조초 상단에서 머문 시간이 짧은 것과 일치하다. 한편 북쪽말똥성게는 먹이섭취를 위해 머무른 시간이 상대적으로 길게 나타났는데 최장 기간은 8-10시간이다. 단 8-10시간의 먹이섭취는 조초를 투하하지 않은 자연 상태에서 먹이섭취 시간보다 짧다. 이는 먹이섭취 시의 주변 환경과 연관성이 있는 것으로 파악되는데, 자연 상태에서 성게의 먹이섭취는 해저에서 이루어지지만, 본 실험에서 성게가 먹이섭취를 위해 조초 상단에 오를 경우 수면과의 거리가 가깝고 조명과 인간 활동에 의한 스트레스를 받기 때문에 먹이섭취 시간이 자연 상태의 먹이섭취 시간보다 짧다.

3. 철분함량 조초의 부착실험

어초의 재료가 다름에 따라 생물 부착효과가 다르다. 황신룽(黃梓荣, 2006년)은 인공어초 재료에 대한 생물부착효과에 대한 연구를 수행하였다.[22] 실험은 주장하구(珠江口) 해역에서 진행되었으며, 인공어초 시설물 재료는 철근콘크리트 구조물, 폐타이어, 고무판, 석회벽돌, 화강암 판, 홍사암 판, 플라스틱 판, 목판, 오래된 알루미늄 창틀, 알루미늄 판, 녹슨 요형 철강(槽钢), 철판, 아연도금 철판, 동판 등 14종이 있으며 실험기간 동안 두 차례 샘플을 채취하였다. 전술한 소재 중 생물 부착효과가 뛰어난 것은 플라스틱 판, 목판, 철판 및 콘크리트 판이 있으며, 이를 원자재로 만든 조초에는 대량의 생물이 부착되었다. 이들 소재 중 동판의 생물 부착효과가 가장 나쁘게 나타났다. 이와 같은 실험결과는 어초의 재료가 생물의 부착효과에 영향을 미친다는 것을 의미한다. Shao, Chen(1992년)은 타이완성(台湾省) 북부에 위치한 만리해안(万里海岸)에 100개의 매회(煤灰)로 만든 어초를 투하하고 이에 대해 관찰하였다. 관찰결과 매회어초와 콘크리트어초의 어류 유인효과와 저서생물 부착효과가 유사한 것으로 나타났다.[23] 이 실험을 통해 폐기물을 활용한 어초제작이 가능함을 증명하였다.

　12월 말, 받침대가 달린 철분함유 조초모형을 바다에 투하였으나 다음해 1월과 2월이 겨울철이고 수온이 낮아 조초에 부착된 해조류가 거의 없었기 때문에 시료채취를 하지 않았다. 그 후 조수(潮水)의 영향을 받아 월별 시료채취가 어려웠고, 이로 인해 실험데이터 통계에 약간의 어려움을 겪게 되었다.

　해역별 지리적 위치와 환경, 해류, 기후, 생물군락의 구조가 다양하기 때문에 인공어초 재료와 생물 부착효과의 관계에 대한 실험결과가 다를 수밖에 없다.[24] 본 연구의 실험은 북황해 대련(大连) 흑석초(黑石礁)해역에서 진행되었으며 이는 대련수산학원 인공어초 투하구역으로 지리적으로 중위도 해역에 속하며 한대, 아한대의 생물종과 열대, 아열대 생물종이 서식하고 조류자원이 풍부하고 생물의 계절변화가 분명한 특징을 가진다.[25-26]

　이 실험에 사용된 모든 조초는 가까운 위치에 투하되었으며 두개 조초 사이의 최장 거리는 5m미만이다. 따라서 환경적 요소가 부착효과에 미치는 영향은 배제할 수 있다. 실험에 사용된 조초를 바다에 투하한 후 3.5개월이 지난 후 시료 채취하여 관찰하였으며 분석결과 조초 표면에 대량의 생물이 부착된 것을 발견하였다. 이는 조초 투하 후 짧은 시간 내에 대량의 생물 유생(幼体)이 부착되었으며 지속적으로 성장하였음을 의미한다. 하지만 외부조건이 동일한 상태에서 조초모형의 부착 생물량에는 현저한 차이를 보였다. 철분함유 조초의 생물 부착량은 대조조보다 많았는데 이는 철분 요소가 부착 생물량에 직접적인 영향을 미침을 의미한다. 또한 조초 투하 초반에 철 분말 소재의 부착효과가 철 피복 소재에 비교하여 높았는데, 이는 철 분말이 철 피복에 비해 해수침식으로 인해 철분 방출이 빠름을 의미한다. 그러나 시간이 경과됨에 따라 철 분말과 철 피복의 부착효과가 그다지 차이가 없었고 서로 장단점이 있었다. 이는 시간이 지남에 따라 철 분말과 철 피복 양자의 부착효과가 모두 탁월함을 의미한다. 마지막 시료 채취 결과에 따르면 철함량 1%의 혼합소재 조초의 부착효과 또한 탁월하였으며 강도가 11.3MPa로 기타 실험세트와 현저한 차이가 없다. 앞에서 진행된 두 차례의 실험에서 철 함유 조초의 생물 부착량이 철분을 함유하지 않은 조초보다 많은 것으로 나타났다. 이는 조초모형의 철분이 수중의 용해철과 열역학적 균형을 이루거나 부유생물에서 배출된 가용성 물질에 용해되어 주변의 해조류가 흡수하였을 가능성이 크다. 그러나 세 번째 관찰실험에서 조초의 생물 부착량은 현저히 감소하였으며 철 함유 조초의 생물 부착량이 철분을 함유하지 않은 조초보다 적었다. 심지어 일부 조초는 "제로" 부착 상태가 나타나 세 번째 시료채취의 결과에 큰 편차가 나타났다. 이러한 결과가 나타나게 된 원인에는 여러 가지가 있으나 주로 세 가지가 있다. 첫째, 1차, 2차 시료채취 시 부착된 해조류가 작고, 물에 떠내려갈 확률이 낮으나, 해조류가 성장함에 따라 물에 떠내려갈 확률이 높다고 본다. 또한 실험해역이 조간대에 위치하여 있어 물의 흐름이 세다. 따라서 3차 시료채취 시 조초에 해조류가 제거된 현상이 나타났다. 또한 조초 제작 시 표면조도(表面粗糙度) 작업이 이루어지지 않아 조수 간만 차이가 크고 반복하여 씻어내는 경우 조류 부착률에 영향을 미치게 된다. 둘째, 실험대상 해역에는 다양한 종류의 해조류가 서식하고 있고 시기별, 계절별 해조류가 필요로 하는 미량원소가 다르다. 아울러 새로운 우점종이 철분에 대한 수요가 크지 않은 것으로 판단된다. 셋째, 조초 부착물은 다양한 해양동물의 천연 먹이가 될 수 있기 때문에 조초에 부착된 생물이 빠른 속도로 성장할 시 이를 먹이로 하는 소비자를 유인할 것이며, 천적의 침해로 인해 부착물이 대폭 감소할 가능성이 있다.

4. 해조장 건설에 대한 연구

해조장 설치 이후 해조류의 성장이 양호하며 해삼, 성게, 소라와 게 등 경제성 생물이 서식하게 되었으며, 어초 내부에서 대량의 해면동물이 서식하는 것을 관찰하였다. 이는 해조장 설치는 다양한 해양생물의 서식장소를 제공하고 풍부한 먹이를 제공함으로써 생태적 효과가 탁월하다는 것을 의미한다.

참고문헌

[1] 于沛民·张秀梅·郝振林 等, 藻场的生态意义及人工藻场的建设[J], 齐鲁渔业, 2006, 23(6): 49-50.

[2] 于沛民, 建设人工藻场的意义[J], 齐鲁渔业, 2006, 23(10): 39-40.

[3] Csirke J·Garcia S M, Marine Fishery Resources, Global State of[J]. Encyclopedia of Ocean Sciences, 2009:576-581.

[4] 王世表·宋怿·李平 等, 我国渔业资源现状与可持续发展对策[J], 中国渔业经济, 2006(1):24-27.

[5] 毕士川·黄冬梅, 我国近海渔业资源可持续发展问题分析与建议[J], 中国水产, 2005(4):75-77.

[6] Yong Qiang Yu, Quan Sheng Zhang, Yong Zheng Tang, et al., Establishment of intertidal seaweed beds of Sargassum thunbergii through habitat creation and germling seeding[J]. Ecological Engineering, 2012, 44: 10-17.

[7] 曾呈奎, 海带养殖学[M], 科学出版社, 1962.

[8] 段德麟·缪国荣·王秀良, 海带养殖生物学[M], 科学出版社, 2015.

[9] 金振辉·刘岩·张静 等, 中国海带养殖现状与发展趋势[J], 海洋湖沼通报, 2009(1):141-150.

[10] 戴继勋·崔竞进·欧毓麟 等, 海带孤雌生殖和染色体自然加倍的研究[J], 海洋学报, 1992, 14(1):105-107.

[11] 王飞久·刘涛·段德麟 等, 海带种质特征[J], 渔业科学进展, 2004, 25(1): 48-51.

[12] Dai J·Cui J, Genetical study on the parthenogenesis in Laminaria japonica[J]. Acta Oceanologica Sinica, 1993, 12(2): 295-298.

[13] 何平・许伟定・王丽梅, 鼠尾藻研究现状及发展趋势[J], 上海海洋大学学报, 2013, 20(3): 363-367.

[14] 荒川久幸・松生洽, 褐藻類ワカメ・カジメ遊走子の着生と成長, 生残および成熟に及ぼす海底堆積粒子の影響[J], 日本水産學會誌, 1992, 58(4): 619-625.

[15] 荒川久幸・松生洽, 褐藻類カジメ・ワカメの遊走子の沈降速度および基質着生に及ぼす海中懸濁粒子の影響[J], 日本水産學會誌, 1990, 56(11): 1741-1748.

[16] 陳勇, 海底堆積泥(ヘドロ)利用の海藻礁に関する研究 [D], 东京: 东京 海洋大学, 1996.

[17] 陳勇・荒川久幸・森永勤, 海底堆積物(ヘドロ)利用のブロックの損壊度と褐藻アラメの成長および生残との関係[J], 日本水産學會誌, 1995, 61(3): 346-355.

[18] 高绪生・常亚青, 中国经济海胆及其增养殖[M], 北京: 中国农业出版社, 1999, 14-17.

[19] 常亚青・丁君・宋坚 等, 海参,海胆生物学研究与养殖[M], 北京: 海洋出版社, 2004, 202-216.

[20] 张群乐・刘永宏, 海参海胆增养殖技术[M], 青岛: 青岛海洋大学出版社, 1998, 121-123.

[21] 山东海洋学院主编, 无脊椎动物学[M], 北京: 农业出版社, 1962, 295-323.

[22] 黄梓荣・梁小芸・曾嘉, 人工鱼礁材料生物附着效果的初步研究[J], 南方水产, 2006, 2(1): 34-38..

[23] Shao K・Chen L, Evaluating the effectiveness of the coal ash artificial reefs at Wan Li, northern of Taiwan[J], Journal of the Fisheries Society of Taiwan, 1992, 19(4): 239-250.

[24] 张伟·李纯厚·贾晓平 等. 人工鱼礁附着生物影响因素研究进展[J]. 南方水产, 2008, 4(1): 64-68.

[25] 邵魁双·李熙宜. 大连海区潮间带底栖海藻生物群落的季节变化[J]. 大连水产学院学报, 2000, 15(1): 29-34.

[26] 胡颢琰·黄备·唐静亮 等. 渤,黄海近岸海域底栖生物生态研究[J]. 东海海洋, 2000, 18(4): 39-46.

환황해 해양경제협력과 자원개발

저 자 소 개

저자소개

양희철 박사

양희철 박사는 현재 한국해양과학기술원 해양정책연구소 소장으로 재직 중이며, 해양법 영역중 특히 해양경계획정, 심해저제도, 동북아 해양분쟁, 극지법과 정책 등을 중심으로 연구를 수행하고 있다. 국제해저기구 정부대표(법률자문), IHO - ABLOS Hydrographer : Experts in Maritime Boundary Delimitation의 전문가로 참여하고 있고, Journal of International Maritime Safety, Environment Affairs and Shipping(SEAS)과 Ocean and Polar Research의 편집위원이면서, 해양환경안전학회, 대한국제법학회, 세계국제법학회, 중국법학회의 등 학술단체에서 활발한 활동을 전개하고 있다.

이메일: ceaser@kiost.ac

郭锐(Guo Rui) 교수

귀루이 교수는 현재 길림대학교 행정대학 국제정치학부에 재직 중이며, 길림성사회과학 중점연구기지 "한반도연구기지" 학술위원, 북경대학교, 복단대학교, 길림대학교, 중산대학교, 재정부재성과학연구소 국가거버넌스혁신센터 연구원, 길림대학교 북한연구소, 한국연구소, 일본연구소 연구원, 연변대학교 한반도연구협동혁신센터 연구원, 국가영토주권 및 해양주권협동혁신센터 겸임연구원, 중국행정관리학회 출판부이사를 역임하여 왔다. 국제공법, 이론경제학을 주된 연구분야로 활동하고 있으며, 북한 김정은 시대의 정치변화, 한반도 정치론, 한국해양안보전략, 연변조선족집거구역 종교 현황 및 발전전망, 동북아 지정학적 관계와 정세변화, 동북아지역의 국제환경변화와 중국 변방전략구상, 동북안 안보 위험 및 중국의 지속가능한 안보전략, 한중해양주권분쟁 및 중국의 대응책, '일대일로'구상과 동북지역 경제개발전략, 동북아 안보위험 평가 및 위험관리, 중국의 동북아전략 및 대책, 동북아 힘의 균형-한국의 지역전략 등에 관한 연구에 주력하고 있다. 현재 중국국제무역학회 도문강 분과위원 이사, 중국조선사연구회 이사, 흑룡강동북아연구회 이사, 길림성정치학회 이사로 학술단체에서 보직을 맡고 있으며, 봉황위성, 신경보, 신화평론에 한반도 정세, 국제관계 현안, 중국외교, 지역전략 등에 관한 전문가평론을 기고함으로써 사회적 영향력을 넓혀가고 있다.

이메일: guorui1025@126.com

李宝刚(Li Baogang) 교수

리보우강 교수는 현재 중국석유대학교 화동캠퍼스 지구자원 및 정보학부에 재직 중이며, 석유자원 탐사, 석유개발지질학, 지각구조, 석유형성 등을 주된 연구분야로 활동하고 있다. 최근에는 중국 신강위그르자치구 타림분지 유전탐사 및 지질구조 분석, 타림분지 지각구조와 형성에 대해 연구하고 있으며, 중국지질학회, 산동성 지질학회, 중국석유지질학회 등 대외 학술단체에서 활동하고 있다.

이메일: 44354345@qq.com

金银焕(Jin Yinhuan) 박사

김은환 박사는 현재 한국해양과학기술원 해양정책연구소에 재직 중이며, 해양환경법, 행정법, 중국 해양정책을 주된 연구분야로 활동하고 있다. 최근에는 해양공간계획 및 관리에 관한 법제도, 황해의 어업자원 보존을 위한 국제협력, 동북아 해양갈등 관리를 통한 남북한 해양정책 수립, 중국 IUU 어업에 대한 국내법적 대응, 한중 해양공간계획의 법제도 비교분석 등에 관한 연구에 주력하고 있다. 한국해양환경안전학회, 한국해양정책학회, 한중법학회, 한국법학회, 한국비교공법학회, 한국해사법학회, 환경법학회, 국제해양법학회 등 대외학술 단체에서 활동하고 있다.

이메일: jinyinhuan@kiost.ac.kr

田涛(Tian Tao) 교수

텐토우 교수는 현재 대련해양대학교 해양생명공학부에 재직 중이며, 수산학, 수산어획, 수산양식공학을 주된 연구분야로 활동하고 있다. 최근에는 인공어초 건설 및 인공어초 설계, 어류행동학, 해양목장개발계획 수립, 북황해 인공어초 조성 및 해양목장 조성, 장자도 인공어초 조성 및 해상낚시단지 구성, 인공어초 주변 수역 생태환경 조사 및 평가에 관한 연구과제를 수행 중에 있으며, 북방해역의 해양목장 조성에 관한 핵심기술 연구 및 시범구역 운영과제, 인공어초의 조성 및 집어효과에 관한 응용연구는 국가해양국의 우수 연구상을 수상하였다. 중국수산학회 해양목장연구회, 중국 국제해양목장포럼, 대련시 해양어업협회, 요녕성수산학회 등 대외학술 단체에서 활동하고 있다.

이메일: ttbeyond@126.com

宋伦(Song Lun) 연구원

쏭룬 연구원 요녕성해양수산과학연구원 해양환경연구실장으로 재직 중이며, 수산학, 해양환경학을 주된 연구분야로 활동하고 있다. 최근에는 해양수산품 질관리 및 인증제도, 기후변화와 발해수산자원 변동, 기후변화가 수산식품 공급에 미치는 영향 및 대책, 요동만해역 갈조생물종에 대한 관찰, 해양생태생태학 및 환경위험 평가, 갈조발생 원인 및 대응책, 외래 해양생물종 이동 및 유입 등에 관한 연구에 주력하고 있다. 중국수산학회, 요녕성수산학회, 중국해양학회, 해양환경학회, 환경과학 및 환경보존학회, 해양환경과학학회 등 대외 학술 단체에서 활동하고 있다.

이메일: 785020725@qq.com

田其云(Tian Qiyun) 교수

교수는 현재 중국해양대학교 법정대학 법학부에 재직 중이며, 환경법, 해양환경법, 에너지법을 주된 연구분야로 활동하고 있다. 최근에는 해양자원의 효율적인 이용·개발 및 보전, 생태복원법, 해양생태복원기술에 관한 법제도, 해양자원 및 해양생태법 등에 관한 연구를 수행해 왔다. 현재 산동성 생태문명연구회 이사, 중국법학회 환경자원법학연구회 이사, 중국해양대학교 해양환경자원법연구센터 부소장을 역임하고 있으며, 중국법학회 환경법학회, 산동성 법학회, 에너지학회 등 대외 학술단체에서 활발한 활동을 전개하고 있다.

이메일: tianqiyun@263.net

玄东日(Xuan Dongri) 교수

현동일 교수는 현재 중국 연변대학교 경제관리대학 경제학부 학과장으로 재직 중이며, 국제경제, 거시경제학, 지역경제학을 주된 연구분야로 활동하고 있다. 최근에는 두만강포럼, 두만강유역개발, 창지투경제개발, 중국과 러시아, 북한, 한국 간의 경제협력, 북한의 정치·경제체제, 북한의 경제발전 현황 및 경제특구 개발에 관한 내용을 중심으로 연구를 수행하고 있다. 동북아 협력의 창구-연길 및 두만강지역 국제투자무역위원회 위원, 동북아경제포럼 이사, 연변조선족자치주인민정부 경제자문위원회 위원, 연길경제개발구관리위원회 위원을 역임한바 있으며, 연변조선족자치주경제학회, 연변물류경제학회, 연변순환경제협회, 연변대외경제교류협회 전문가로 활동하고 있다.

이메일: drxuan@ybu.edu.cn

王璇(Wang Xuan) 박사

왕수엔 박사는 중국 길림성사회과학원 북한·한국연구소에 재직 중이며, 한국 동국대학교 유라시아실크로드연구소 연구원을 역임하고 있다. 정치학, 국제관계, 중국과 한반도 정세를 주된 연구분야로 연구를 수행하고 있으며, 동아시아 해양국경분쟁의 역사적 근거 및 대안 탐구, 조선시대 선비들의 동아시아 인식, 북한 정치변화가 길림성 경제발전에 미치는 영향, 김정은 정부의 대외정책연구, 역사상 한반도 해양활동 및 동북아 해양실크로드의 형성, 한국정부의 대북정책의 변화 및 탈북자 문제 등에 관한 연구에 주력하고 있다. 현재 한민족공동체연구소 한민족연구회, 단국고조선학회, 한국정책학회, 길림성정치학회, 길림성사회발전학회 등 대외 학술단체에서 활동하고 있다.

이메일: ubichina@naver.com

환황해 협력 1
환황해 해양경제협력과 자원개발

2018년 7월 31일 초판 1쇄 인쇄
2018년 7월 31일 초판 1쇄 발행

편 저	양희철
발 행 처	한국해양과학기술원
	(49111) 부산광역시 영도구 해양로 385 (동삼동 1166)
제 작	㈜비전테크시스템즈
	서울특별시 송파구 위례성대로 16길 27
	02-3432-7132
	admin@visionts.co.kr
출판등록	제2009-000300호

ⓒ 한국해양과학기술원
ISBN 979-11-86184-71-4 93910

값 18,000원